한국
근대사
산책 ④권

한국 근대사 산책 4

ⓒ 강준만, 2007

초판 1쇄 찍음 2007년 11월 12일 • 초판 7쇄 펴냄 2020년 1월 9일 • 지은이 강준만 • 펴낸이 강준우 • 편집 박상문, 김소현, 박효주, 김환표 • 디자인 최진영, 홍성권 • 마케팅 이태준 • 관리 최수향 • 펴낸곳 인물과사상사 • 출판등록 제 17-204호 1998년 3월 11일 • 주소 서울시 마포구 양화로 7길 4(서교동) 삼양E&R빌딩 2층 • 전화 02-325-6364 • 팩스 02-474-1413 • www. inmul.co.kr • insa@inmul.co.kr • ISBN 978-89-5906-074-0 04900 [978-89-5906-070-2(세트)] • 값 13,000원 • 이 저작물의 내용을 쓰고자 할 때는 저작자와 인물과사상사의 허락을 받아야 합니다. 파손된 책은 바꾸어 드립니다.

한국 근대사 산책

4권

러일전쟁에서 한국군 해산까지

강준만 지음

인물과
사상사

차례

제**1**장

러일전쟁 전야

01

용암포 개항 사건

4년 동안 20번 바뀐 외부대신

점점 더 가중되는 외세의 지배하에서 대한제국의 외부대신은 있으나 마나 한 자리였다. 외부대신은 외세와 황실 사이에서 오락가락하면서 파리 목숨 신세가 되었다. 스스로 그 자리에서 도망가려는 외부대신들도 있었다. 1901년에서부터 1904년까지 4년 동안 외부대신이 20번이 넘게 교체된 이유도 바로 그런 비참한 상황에 기인한 것이었다.[1]

같은 사람이 병을 이유로 잠시 물러났다가 나중에 되돌아오는 경우가 많았으므로 실제 외부대신의 수는 그렇게 많지 않았지만, 외부대신이 굴욕의 자리였던 건 분명하다. 이미 1898년 7월 외부대신 유기환이 독일영사 크리엔(D. Krien)에게 불려가 모욕과 구타를 당하는 해괴한 일이 일어났을 정도로, 외부대신의 지위는 땅에 떨어져 있었다.[2]

사실 바로 이런 사건들이 대한제국이 이미 망국(亡國)으로 가는 열차에 올라타고 있음을 보여준 것인지도 모를 일이었다. 외세는 대한제국의 이런 상황을 파고들어 한껏 이용하는 데 혈안이 돼 있었다. 1903년에 일어난 이른바 '용암포 개항 사건'도 바로 그런 경우였다.

러일전쟁의 원인이 된 사건

1896년 두만강, 압록강의 삼림벌채권을 차지한 러시아는 1903년부터 본격 벌채에 나서면서 판을 크게 벌이기 시작했다.[3] 1903년 5월 러시아가 100명의 군대를 보내 압록강변의 벌목 목재 집산지 용암포를 독점 점유하면서 압록강 유역에 대한 러·일·청 3국의 이해관계가 충돌하는 국경분쟁이 일어났다. 이른바 용암포 개항 사건이다.[4]

러시아는 용암포에 자국민 40명을 거주하게 하고 포대를 설치한 다음 조선 정부에 러시아 삼림회사에 용암포를 조차해줄 것을 강요하여 이를 실현시켰다. 이에 러시아의 팽창을 두려워한 일본·영국·미국은 용암포 점령의 불법을 내세워 개항을 요구하고 나섰다. 한국 정부는 다시 조차를 취소하고 개항을 함으로써 사건은 일단락되었다. 하지만 러일 간의 대립이 날카로워졌고 이로 인해 이듬해에는 러일전쟁이 일어났다.[5]

러시아는 한때 용암포를 기점으로 압록강과 두만강에 이르는 한만 국경 1300킬로미터에 만리장성과 견줄 만한 방책선을 두른 뒤 요새를 구축하려는 계획을 추진했던바, 용암포 사건은 러시아의 압록강 산림 이권 독점에 대한 영국·일본·미국 등 열강의 견제 차원을 넘어선 사건이었다. 만주 일대를 차지하고 있던 러시아의 압록강 국경 지역에 대한 영향력 확산을 차단하려는 열강들의 의도가 강하게 나타

난 사건이었다.[6]

용암포 개항 사건의 와중에서 러시아의 횡포가 심했다. 러시아는 용암포를 '포트 니콜라이'로 이름을 바꾸고 포대를 쌓아 이곳을 러시아령으로 표시했으며, 의주에 다수의 군대를 주둔시켰다. 러시아 군대는 의주에 거류하는 일본인 부인을 능욕하고 일본상점을 약탈하는 등의 만행을 일삼았고, 이를 조사하러 간 공사관 서기관 하기하라는 러시아 군대의 거부로 조사도 하지 못한 채 돌아오고 말았다.[7]

러일전쟁 개전설과 삼국제휴론

용암포 개항 사건을 전후로 러일전쟁 개전설이 유포되었다. 이와 관련, 대한제국 일각에선 이른바 '삼국(한·중·일)제휴론'이 제기되었다. 예컨대, 1903년 8월 『황성신문』은 러시아는 중국의 진(秦) 같은 침략국가로서 결코 만주에서 철병하지 않을 것이라고 주장하면서 "러시아가 동아시아의 문호인 만주를 지배하면 한국이 위험하고 중국도 분열된다. 그렇게 되면 러시아는 동아시아로 세력을 확장시켜 일본을 병탄할 것이므로 동아시아의 황인종이 멸종할 것이다"라고 주장했다.[8]

그러나 『황성신문』도 삼국제휴론의 전망을 밝게 보진 않았다. 1903년 8월 12일자 논설은 삼국의 길고 긴 분쟁의 역사를 떠올리니 단결은 어려울 것 같다며 다음과 같이 우울한 심사를 토로했다.

"같은 황인종에 속하는 우리 삼국은 서로 의존적이다. 마치 수레와 수레 축, 입술과 치아처럼, 우리는 우리의 힘을 한데 모으고 단결하여 우리의 영토와 인종을 보호해야 한다. 어떻게 서로 돕는다는 원칙을 무시하고 임시방편만 마련하려 들고, 사사로운 이익을 좇으며, 중요

1903년 발생한 용암포 사건은 다음 해 발발한 러일전쟁의 한 원인이 됐다. 당시 용암포의 모습.

한 의무는 잊어버리는가."[9]

양무호 사기 사건[10]

이는 당시 『황성신문』을 포함하여 한국 사회의 일각을 지배하고 있던 아시아주의의 표현이었다. 고종과 대한제국 정부도 그런 흐름으로부터 자유롭지 않았다. 그래서 그만큼 위기감이 덜했던 건지도 모르겠다. 이즈음 일어난 '양무호 사기 사건'도 그런 느슨한 정신 자세의 결과는 아니었을까?

1903년 4월 15일 제물포항에 한국 최초의 근대식 군함인 양무호가 도착했다. 이 군함은 원래 일본의 미쓰이물산이 1894년 영국으로부터 석탄운반용으로 25만 원을 주고 구입한 3432톤급 증기화물선이었다. 미쓰이물산은 이 배를 9년 동안 써먹고도 대한제국 정부에 구입가의 두 배가 넘는 55만 원에 팔아먹었다. 오늘날의 돈으로 환산하면 약 440억 원이나 되는 큰돈이다.[11]

고종의 즉위 40주년 기념행사를 맞아 "외국의 축하사절들이 오면 항구에서 예포를 쏘며 맞는 예전 행사에 쓰려고 양무호라는 노후한 군함을 일본에서 사들였다"는 주장도 있지만,[12] 그건 아닌 것 같고 근대식 해군을 창설하려는 고종의 뜻에 따라 이 배를 구입한 것 같다. 그런데 이 배의 구입이 일본 측의 완전한 사기극이었다는 게 곧 드러났다.

성능은 부실한데 연료소모량은 많고 게다가 자주 기관 고장까지 일으켰다. 미쓰이물산이 처치 곤란 상태에 있던 배를 대한제국 정부에 속여 팔아먹은 것이었다. 게다가 승무원은 모두 일본인을 고용한다는 조건까지 붙여 팔아먹었으니, 세상에 이런 날강도가 없었다. 정부는 이 화물선을 군함으로 개조한다며 25만 원을 추가 지출함으로써 정부 1년 예산의 두 배에 가까운 돈을 썼다. 그래놓고선 배를 쓰지도 못한 채 제물포항에 계류시켜놓았다가 러일전쟁이 터지자 일본에 의해 징발되었으니, 이건 사기도 2중, 3중의 사기극인 셈이었다. 이 사기 사건은 주한 외국인들의 비웃음은 물론 유럽의 신문에까지 보도되어 국제적 망신을 샀다.[13]

도대체 어찌하여 이런 가능했던 걸까? 박노자는 "군부 관료들에게 뇌물을 먹여 대한제국에 '바가지'를 씌운 일제와 친일파 탐관오리들이 '합심협력'하여 구입한 한국 군대의 대포와 군함 등은 고물에 가깝거나 성능다운 성능을 보유하고 있지 못했다"며 다음과 같이 말했다.

"그런데 러시아 · 프랑스의 기술자와 일본 제총(製銃) 기계를 보유한 1900년대 초기에 서울의 기기창은 도대체 무엇 때문에 외제 무기 수리나 하면서 '대한제국 국산 소총'을 끝내 만들지 못했을까? 일제의 방해와 무기수입으로 커미션을 챙기는 비리 관료들의 사리사욕도 문제였겠지만, 무기 개발에 장기적으로 투자하지 않고 필요한 무기를 그때그때 완제품으로 사려 했던 고종 정권의 행정 편의주의와 안일주의, 장기적 투자전략의 결여 때문에 예속은 계속 강화되었다."[14)

그러나 '행정 편의주의와 안일주의, 장기적 투자전략의 결여'를 말하기엔 대한제국은 이미 너무도 깊은 수렁에 빠져 있었다. 4년 동안 외부대신이 20번이나 바뀐 사실이 그런 현실을 말해준다. 하지만 적어도 지난 20여 년간 굶주린 열강들에 의해 당할 대로 당한 상태였던지라 이미 정신이 혼미해 있었던 건 아니었을까? 그렇게 볼 수밖에 없는 사건들이 연이어 일어났다.

고종의 황제 즉위 40주년

즉위 40주년, 50회 탄신일 잔치

노동이민이 이루어지고 있던 그즈음 한반도는 식민지를 건설하려는 외국 열강들의 치열한 각축장이 되어갔고 민생은 도탄에 빠졌다. 그렇지만 지배층은 전혀 딴 세상에서 살고 있었다. 1903년 7월 25일은 고종의 황제 즉위 40주년에 고종의 50회 탄신일이었다. 이날 3000명의 중앙 공무원들이 덕수궁 뜰에 앉아 잔치를 벌였다. 정환덕의 회고록 『남가몽』은 그 장면을 이렇게 기록했다.

"기생이 노래하고 춤을 추고 악공이 북을 치고 피리 불기를 한결같이 세자의 탄신 때와 같이 하였다. 상을 겹겹이 차릴 필요가 없었으나 고기는 산처럼 쌓아놓고 포는 숲처럼 준비하였으며(肉山脯林) 술은 샘처럼 많아 잔치를 즐기니(酒泉需雲) 보통 때의 수라상에 비하면 10배가 넘는 가짓수였다. 또 상에 진열한 것으로 논하면 주척(周尺)으로 1척 이

한반도는 식민지로 만들려는 외국 열강의 치열한 각축장이 되어갔고 민생은 도탄
에 빠졌다. 1903년 7월 25일 고종의 황제 즉위 40주년에 50회 생일을 맞아
3000명의 중앙 공무원, 외국 사신들을 초청하여 덕수궁 뜰에서 화려한 잔치를 벌
였다.

상 높이 진열하였다. 내직 3000명의 관료에게 균일하게 지급하여 주
어 함께 먹게 하니 흡사 함께 떼 지어 강에서 물을 마시는 것과도 같
았다. 각자가 배를 채우되 한 사람도 모퉁이에 돌아앉아 탄식하는 자
가 없었으니 위대하도다, 왕의 덕이여."[15]

이미 외세(外勢)에 의해 국운이 기운데다 극심한 가뭄으로 많은 백
성이 굶주리고 있을 때 그런 짓을 벌였으니, 이 당시 공직이라 함은

백성 뜯어먹는 면허장 그 이상의 것은 아니었던 걸까?

박성수는 "고종이 26대 임금인데 23대 순조부터 내리 4대에 걸쳐 모두가 단명, 재위 40년에 향년 50년을 채운 분이 없었다. 22대 정조는 재위 24년에 수(壽)는 49세였고, 23대 순조는 34년에 45세, 24대 헌종은 더욱 짧아 15년에 23세, 25대 철종도 14년에 불과 33세였다. 따라서 당시의 정부는 고종 즉위 40주년 경축행사를 성대하게 치를 수밖에 없었다"며 다음과 같이 말했다.

"나라는 외채 때문에 빚더미에 올라 오늘내일 하는 지경인데, 엄청난 예산을 들여 잔치를 벌이고 외국 사신을 초청하고, 그 때문에 새로 영빈관을 짓고, 광화문 네거리에 비각을 세웠다. 광화문 비각에는 이런 글이 새겨 있다. 신민의 간절한 소망에 부응하여 원구(圜丘)에서 하늘에 제사를 올리고 제위에 오른 뒤 천하를 소유할 칭호를 대한이라 하고 연호로 광무라 하였다 이 얼마나 좋은 글귀인가. 대한이 천하를 소유하고 무(武)에 빛났다 하여 연호를 광무라 했다는 것이다. 그러나 현실은 글귀와는 한참 동떨어져 있었다. 1897년에 조선왕조가 허울 좋은 대한제국을 선포하여 겉으로는 면모를 일신한 것처럼 보였으나 6년 만인 1902년(광무 6년) 마침내 외채 위기를 맞게 되고 2년 뒤 러일전쟁 발발, 그리고 을사조약으로 이어지는 것이다."[16]

월미도 매각사건

잔치판이 벌어지고 있을 때 인천 감리(監理) 하상기로부터 월미도가 일본인 손에 들어갔다는 보고가 들어왔다. 담당관리가 뇌물을 먹고 몰래 섬을 팔아버리고 달아난 사건이었다. 하상기는 "신은 인천 감리

로 있으면서 이 사실을 알지 못하였사오니 죽어 마땅합니다. 바라옵
건대 폐하께서는 신에게 엄벌을 내리시옵소서. 두려운 마음 그지없사
옵니다"라고 했다. 고종은 분노하고 당황해 어찌할 바를 몰랐다. 월
미도가 어떤 섬인가?

박성수는 "인천은 수도 서울의 현관이라 할 수 있는데, 월미도는
그 현관에 딸린 대문이나 다름없었다. 지금의 월미도는 육지와 연결
된 육계도(陸繼島)이지만 원래는 북쪽의 큰 섬(대월미도)과 남쪽의 작은
섬(소월미도)으로 구성되어 있었다. 영국인이 처음 보고 너무도 예뻐
장미섬이라 이름 붙인 월미도는 당시 한국의 급소라 해도 과언이 아
니었다. 월미도를 차지하는 나라가 곧 한국을 차지하는 것이었다"며
다음과 같이 말했다.

"그래서 열강은 앞다투어 이 섬에다 거점을 만들고자 발광을 했다.
본시 일본이 대월미도에 해군 석탄창고를 만들어 일본 깃대를 꽂았었
는데 그 뒤 1897년에는 러시아가 소월미도에 석탄창고를 지어 러시
아 깃발을 휘날렸다. 배가 인천항으로 들어서면 대월미도와 소월미도
사이의 좁은 해협을 통과하도록 되어 있었는데, 그 양쪽에 일본과 러
시아의 국기가 나부꼈으니 마치 남의 대문에 두 나라 문패를 나란히
걸어놓은 격이었다. 러시아는 부산의 영도에도 석탄창고를 만들어 깃
발을 올렸으니 당황한 것은 일본이었다. 일본은 러시아세력을 한반도
에서 몰아내고 한국을 독점하기 위해 서둘러 영국과 동맹(영일동맹,
1902년)을 맺는 한편 한국 정부에 압력을 넣어 어떻게든 월미도를 차
지하려 애썼다."[17]

힘없는 한국 정부로서는 당하는 수밖에 없었다. 일본군은 러일전쟁
이 벌어지자 월미도에 포대를 설치하고 군사기지로 만들어버렸다.

베베르의 한국 방문 소감

1885년부터 1897년까지 12년 동안 러시아공사로 재직하면서 고종의 최측근 인사로 통했던 베베르는 1903년 한국을 방문해 느낀 소감을 글로 남겼다. 고종의 황제 즉위 40주년 행사를 전후로 한 한국의 모습일 게다. 그는 "대한제국을 떠난 지 5년 만에 다시 와보니 거리의 남루한 복장은 이전보다 두 배나 많았다. …… 고종황제는 무당을 불러 굿을 하는 엄비(嚴妃)를 따라 미신을 신봉하고 있었다"며 다음과 같이 말했다.

"정치적인 상황은 더욱 악화되어 있었다. 일본인들이 다시 절대적인 영향력을 행사하고 있었다. 한국인은 러시아, 일본 기타 열강의 국제관계 및 그들의 정치적 의도를 제대로 이해하지 못하고 있었으며 나라가 어떤 처지에 놓였는지 제대로 몰랐다. …… 관직은 강대국과 종속관계에 놓여 독립심이 박약하고 의타심이 강하다. …… 고종은 아주 호감을 주는 인품이지만 많이 쇠약해졌으며, 관직은 공적과 능력에 따라 임용되지 않고 뇌물의 액수에 의해 결정됐다. 1903년 다시 서울에 와보니 일본인들은 대한제국의 독립을 보장한다면서도 정치, 경제적 예속화를 촉진시키는 데 모든 수법을 동원하고 있었다. 한국인들은 일본의 속셈을 알지 못했고, 러시아는 법적으로 그런 정책을 중지시킬 권한을 보유하고 있지 못했다. 일본은 은밀하면서도 조직적으로 대한제국의 조정과 국민 자산을 잠식하고 있었다."[18]

베베르는 일본의 영향력이 확산될 수밖에 없는 7가지 이유를 열거하면서 대한제국이 조만간 일본의 정치적 속박을 받게 될 것이라고 보았다.

"대한제국에 거주하는 일본인은 2만 명을 넘으며, 일본인 1인당 한인 5명이 식모, 사무실 서기, 잡부, 납품상인 등으로 고용되다시피 했다. …… 대한제국 연간 무역액의 72퍼센트를 일본이 차지할 정도였다. …… 1898년 9월 경부선 철도부설권 협정서 중 '철도에 필요한 역사, 창고 등 대한제국 측이 제공하는 부지는 철도회사에 귀속되며 역사는 필요한 곳에 건설하되 역 앞에는 일본인 이외 타민족의 거주를 금한다'는 불평등 조항 때문에 철도부설과 동시에 대한제국의 철도 및 역사 주변 땅은 일본의 소유물로 전락했다. …… 일본은 대한제국과 다른 국가들이 통신할 수 있는 유일한 수단인 서울–부산–일본 해저 전신선을 통제했다. …… 개항지마다 일본은행이 개설돼 일본 엔화가 시장을 지배하고 있었다."[19]

'간도 민족주의'의 등장

장지연의 『대한강역고』 출간

외세의 지배로 인해 대한제국이 처해 있던 참담한 현실 때문에 애국
심을 고취시키기 위한 시도도 필요했으리라.

1903년 장지연은 정약용의 지리연구서 『아방강역고(我邦疆域考)』
(1811)를 증보하여 '우리나라'를 의미했던 '아방(我邦)'을 '대한(大韓)'
으로 바꾼 제목으로 『대한강역고』를 출간했다. 장지연은 이 책의 머
리말에서 "오늘날 우리나라는 끊임없이 국내외의 각종 사건을 겪고
있으며 주변 열강도 한국을 예의 주시하고 있다. 이러한 상황에서 헌
신적인 애국자들은 이 책을 정신적인 지주로 삼아도 좋은 것이다"고
했다.[20]

앙드레 슈미드는 "그는 독자들이 이 책을 통해 정약용의 시대에는
알려지지 않았던 '민족성'이라는 개념을 깨닫기를 희망했다"며 "장

지연은 과거 조선의 영토에 대한 시각을 민족주의적 입장에서 재해석
하고자 했다"고 평가했다.[21]

장지연은 『대한강역고』에서 간도문제를 다룸으로써 '간도 민족주
의'라 해도 좋을 국토애를 고취시키고자 했다. 당시 간도는 어떤 상황
에 처해 있었던가? 그 역사가 좀 복잡하긴 하지만, 자세히 살펴보기
로 하자.

1712년 백두산정계비 논란

고조선 고구려 발해의 영토였던 간도는 원래 함경북도 온성군 일대
두만강의 삼각주를 일컫는 말이었으나, 일반적으로 조선과 청나라 사
이에 있는 섬과 같은 땅이라는 의미로 옛 만주 일대를 가리킨다.[22] 2만
1000제곱킬로미터에 이르는 간도 들판(지린성 옌볜지역)으로 보기도
한다.[23]

간도는 926년 발해의 멸망 이후부터 임자 없는 땅이었다. 이와 관
련, 박선영은 "당시 국경은 선(線) 개념이 아니라 지대(地帶) 개념이었
습니다. 명대(1368~1644)에 간도지역은 고려 및 조선과의 군사적 완
충지대로 어느 쪽의 일방적인 통제력도 미치지 않는 중립지대였어
요"라고 말했다.[24]

청은 1660년대 백두산을 조상의 발상지로 성역화하고 일반인들의
접근을 금했는데, 병자호란 이후 청을 섬겨야 했던 조선 정부는 간도
영유권과 관련해서는 끊임없이 문제를 제기하면서도 일단 봉금(封禁)
조치에는 협조했다. 이후 200여 년간 조선과 청은 봉금 합의를 엄격
히 지켰지만 목숨을 걸고 범월(犯越)하는 조선인들을 막지는 못했다.[25]

1712년 청이 백두산 정상 부근에 정계비를 세우면서 국경문제가 불거지기 시작했다. 특히, 비문의 '동은 토문이 경계'라는 부분이 논란거리가 됐다. '토문'을 청은 두만강, 조선은 송화강(쑹화강) 상류라고 주장했다.

1710년(숙종36년) 청국은 간도지방에서 일어난 한인에 의한 청국인 살인 사건 조사단을 현지에 파견, "압록강의 서북은 중국, 동남은 조선 땅이다. 그리고 토문강 서남은 조선, 동북은 중국의 영토이다"라고 일방적으로 선언했다.[26]

1712년 청이 백두산 정상에서 가까운 지점에 정계비(定界碑)를 세우면서 국경문제가 불거지기 시작했다. 이와 관련, 이상태는 다음과 같이 말했다.

"백두산정계비를 세우는 과정에서 청나라는 지도를 가지고 면밀히 조사하여 철저한 대책을 세웠던 반면, 우리 지방관들은 조정에서 백두산지역을 자세히 조사하여 지도를 그려 바치라고 해도 고식적이고 소극적으로 지도를 그려 바쳐 정확한 진상을 파악할 수 없게 하였다.

또 중앙에서 파견된 대신들도 정계의 중요함을 망각하고 목극등(청나라 관리)의 위압에 눌려 백두산 정상까지 올라가지 않아 목극등 혼자 제 뜻대로 두만강 경계를 정하게 두어 영토의 상당 부분을 상실하였고 그후 간도 귀속문제를 야기하는 불씨가 되었던 것이다."[27]

비문에서 동은 토문이 경계라는 대목이 훗날 논란거리가 되었다. 토문을 중국은 두만강이라고, 조선은 쑹화강 상류라고 주장했다. 이와 관련, 이일걸은 "18세기 중반 프랑스의 당빌 지도를 비롯해 다수의 러시아 · 영국 · 미국 · 독일 지도에 간도가 조선 땅으로 표시되어 있다"고 말했다.[28]

중앙 조정에선 고구려 옛 땅을 되찾자는 고토수복론(故土收復論) 또는 랴오둥수복론(遼東收復論)수복론이 18세기 말부터 등장했는데, 실학자인 성호 이익(星湖 李瀷, 1681~1763)은 더 많은 영토를 차지할 기회를 잃었다며 백두산정계비 건립을 비판하기도 했다.[29]

19세기 후반 조선인들의 간도 이주

당시 간도는 그나마 굶주림을 면할 수 있는 기회의 땅이었기에 처음에는 월강(越江)을 중죄로 다스리던 조선 관리들도 나중에는 이를 눈감아주거나 도와주기까지 했다. 19세기 후반 조선인들이 강 건너 땅을 개간해 거주하기 시작하면서 백두산을 중심으로 두만강과 압록강 이북의 땅이 각각 동간도(또는 북간도) 서간도로 불리기 시작했다.[30]

1872년 압록강 상류 지안(集安) 린장(臨江) 등지의 조선 유민 생활상을 기록한 최종범의 『강북일기(江北日記)』엔 다음과 같은 이야기가 나온다.

1867년 여름 새 무산부사(茂山府使)가 부임해 각종 세금과 벌금으로 쌀 10여 만 석을 강제 징수했다. 이를 피해 마을 사람들이 500여 리의 원시림을 뚫고 백두산 기슭으로 들어갔다. 여름에는 더워 죽고 겨울엔 얼어 죽은 사람이 부지기수여서 지금도 길가에는 시체 썩는 냄새가 진동한다.[31]

팽창하는 러시아의 위협에 맞서기 위해 청조의 발상지에 주민을 대거 이주시켜 개발한다는 이민실변(移民實邊) 정책을 택한 청이 1880년에 봉금을 풀었다. 이 때문에 조선인들은 쫓겨날 위기를 맞았지만, 이미 간도는 조선인들의 수중에 있었기 때문에 조선과 청이 간도문제로 충돌하기 시작했다.[32]

청은 이 지역 조선인들에게 치발역복(雉髮易服, 머리를 깎고 청인의 옷을 입음)과 귀화를 요구했고, 조선인들은 강력히 반발했다. 청의 압박이 심해지자 일부 조선인들은 위장 귀화해 명의상의 지주가 되기도 했고, 나머지 사람들은 그 땅을 경작하는 방식으로 청의 감시를 벗어났다. 이른바 전민제(佃民制)라는 자구책을 마련한 것이었다.[33]

1897년 대한제국이 개국선포와 함께 청의 연호를 버리면서 토문강(土們江)이 도문강(圖們江)이라고도 불린 두만강의 별칭이냐, 아니면 전혀 별개의 강이냐 하는 게 다시 쟁점이 되었다. 대한제국은 두만강과 토문강은 별류(別流)의 강이라고 주장했지만 진전은 없었다.

러시아도 남만주를 차지한 1895년 이전에는 간도를 한국 땅으로 여기고 있었으며, 실제 러시아 측 자료에도 토문강은 압록강에서 송화강으로 흐르는 지류라고 기록돼 있었다.[34]

간도관리사 이범윤의 활약

1902년 5월 22일 대한제국 정부는 조선 백성들을 보호하기 위해 이범윤을 간도시찰사로 임명, 파견했다. 그해 6월 간도에 도착한 이범윤은 1년간 조선인 인구 등을 조사했다. 황현의 『매천야록』에 의하면 이범윤은 1만 3000여 명의 호적부를 작성해 52책에 담은 뒤, 양국 지도에 기재된 부분을 채집하여 '북여요람' 이라는 이름을 붙여 이를 정부에 제출했다고 전해지지만, 이 책은 아직 발견되지 않았다.[35]

1903년 이범윤은 '간도시찰사' 에서 '간도관리사' 로 직무를 바꾸게 되는데, 이는 간도지역을 우리 영토로 인식한 정부가 자국민을 보호하기 위해 결단을 내린 것이었다. 이후 시찰활동에 전념하던 이범윤은 청나라 관리들의 폭정에 맞설 수 있게 교민보호관을 설치하고 군대를 파병해달라고 정부에 요청했다. 이 요청이 묵살당하자 이범윤은 스스로 장정들을 모집해 사포대(私砲隊, 忠義隊, 管理兵 등으로도 불렀다)를 조직해 활동했다.[36]

바로 이런 상황에서 나온 장지연의 『대한강역고』는 『황성신문』에 일부 내용이 전재되고 광고가 실리는 등 적극 홍보됨으로써 간도에 대한 한국인의 관심을 제고하는 데 크게 기여했다.

앙드레 슈미드는 "기존에는 정부 정책에서 종속적인 위치를 차지할 뿐이던 간도지역 주민들의 주장이 이제는 국가의 공간적 경계에 관한 민족주의자들의 글쓰기에서 핵심적인 쟁점으로 부상하게 되었다"며 "정약용의 경험주의적 주장에서부터 민족의 명예를 지키기 위해 간도를 보호해야 한다는 식의 매우 감정적인 수사법에 이르기까지 20세기 초 한국의 대중이 접할 수 있었던 간도 관련 글쓰기는 매우 다양했다"고 평가했다.[37]

원산부흥운동과 YMCA의 탄생

회개와 눈물의 원산부흥운동

1903년 8월 24일부터 1주일간 원산에서 여선교사 기도회가 열렸다. 중국에서 선교활동을 하던 화이트(M. C. White) 여선교사의 내한을 계기로 원산지역 감리교 선교사들이 개최한 기도회였다. 기도회를 마치고 처음 맞이한 원산교회 주일예배 설교 때 선교사 하디(R. A. Hardie, 1865~1949)는 교인들 앞에서 자신의 믿음 없었음과 고집불통이었던 것과 교만했음을 자백했다. 백인으로서의 우월의식과 권위주의마저 고백했다. 13년차 고참 선교사가 교인들 앞에서 눈물을 흘리며 자신의 잘못을 고백하는 설교를 하다니! 충격은 곧 감동으로 바뀌었고 교인들의 눈에서도 눈물이 쏟아지기 시작했다.[38]

그간 한국인을 멸시하며 호화롭게 살던 생활방식에 대한 성찰의 결과였으리라. 한국기독교역사연구소는 "이러한 회개어린 고백이 터져

나올 수 있었던 또 다른 이유는 마침 중국에서 선교활동을 하다 내한한 한 선교사와의 기도 모임이 한 요인으로 작용하였다"며 다음과 같이 말했다.

"중국에서의 선교활동은 초기부터 용하지 않았지만 1900년 의화단 사건 이후 외국에 의한 선교활동은 더욱 위축되었다. 따라서 여간한 인내와 아픔을 감내하지 않고서는 선교 사명을 감당할 수 없는 터였다. 이러한 어려움을 화이트 선교사로부터 들었을 때 한국의 선교사들은 자신들의 생활과 선교활동에 대하여 회개어린 반성을 하지 않을 수 없었던 것이다."[39]

곧 이어 열린 원산지방 남감리회 선교부 사경회(査經會, 성경을 읽고 반성을 하면서 신앙심을 돋우는 모임)에선 신도들이 앞다투어 회개하는 일이 벌어졌다. 그리고 한 주일 후 원산을 방문한 미국인 부흥운동가 프랜슨(F. Franson)의 집회에서도 회개가 터져나왔다. 이렇게 시작된 부흥운동의 불길은 서울과 개성을 거쳐 전국으로 확산되었던바 이를 가리켜 원산부흥운동이라 한다.[40]

원산부흥운동은 1904~1905년, 러일전쟁이 맹위를 떨치고 있을 때 정점에 달했으며, 이 운동은 1907년 평양대부흥운동으로 연결된다.[41] 원산부흥운동을 전후로 하여 음주 흡연을 죄악시하는 문화는 더욱 강해졌다.

『신학월보』 1903년 4월호는 술은 '독약'이고 '모든 죄의 근원'이기 때문에 많이 마시고 적게 마시고를 떠나 입에 대는 것 자체가 '죄'라고 강조했다. 또 『신학월보』 1903년 12월호는 술은 하나님께서 금하신 것인데 '마귀가 세상을 망케'하려고 낸 것이라서 이것을 마시면 '하나님을 욕보임'이라고 주장했다. 북감리교는 1903년 연례회의에서 금연을 전 교회가 실천해야 할 덕목으로 결의했다. 일부 선교사들은 담배를 악마가 만들어낸 것이라며 절대 금연을 요구했다.[42]

'청년'을 발견한 황성기독청년회의 탄생

1903년 10월 28일 선교사 언더우드와 질렛(P. L. Gillett)의 주도로 서울에 황성기독청년회라는 이름으로 YMCA(Young Men's Christian Association)가 탄생했다. 정회원 28명, 준회원 9명으로 조직되었으며, 회장은 게일, 총무는 질렛이 맡았다. 기독청년회는 1908년 서울 종로에 3층으로 회관을 건립하게 된다.[43]

YMCA에 대한 열망은 오래전부터 있었다. 이미 4년 전인 1899년에 상류층 청년 150명은 YMCA의 창설을 강력히 요구했다. 왜 그랬을까? 전택부는 다음 5가지 이유를 제시했다.

첫째, 교회는 이미 천민들에 의해 점령당해 그들은 기독교로부터 철저히 소외당한 계층이었다. 둘째, 그들은 독립협회·만민공동회 활동을 했던바 사회로부터 위험시당하는 무리들이었다. 셋째, 청년들은 기독교가 아니면 기울어지는 조국을 구할 길이 없다고 확신했다. 넷째, 청년들은 기독교를 통하여 민족의 전통 신앙의 소생을 의식했다. 다섯째, 150명의 청년들은 전부 주기파·개화파 계열의 후손들로 자신들의 조상·스승·선대들이 이루지 못한 숙원을 이루고 싶어 했다.(근대 실학에는 사색을 주로 하는 주리파가 있고 실천을 주로 하는 주기파가 있는데, 주리파는 척사파로 연결되고 주기파는 개화파로 연결되었다)[44]

질렛은 미국공사관을 통해 조선 정부가 기독교청년회라는 이름의 도용을 막는 데 앞장서줄 것을 강력 요청했다. 『황성신문』 1905년 11월

1903년 10월 28일 황성기독청년회라는 이름으로 YMCA가 탄생했으며, 1908년 서울 종로에 3층짜리 YMCA 회관이 건립되었다.

6일자에 따르면, 실제로 조선 내부는 각도의 관찰사에게 명하여 '(기독)청년회'라는 이름을 임의로 사용하는 일을 금지시켰다. 이는 민족주의자들이 정치적 안전을 도모하기 위해 기독교청년회와 유사한 단체들을 많이 설립하였기 때문이다. 질렛은 미국 선교사들이 정치문제와는 아무 상관이 없다는 점을 밝히기 위해 그런 요청을 했던 것이다.

당시 기독교단체는 대단한 인기를 누리고 있었다. 십자가가 그려진 깃발을 세우고 찬송가를 몇 권 구입한 후 스스로를 기독교인이라 부르는가 하면 기독교단체에 가입하기 위해 애를 쓰는 사람들이 많았다.[45]

이와 관련, 전택부는 "YMCA가 이때까지 없던 '청년'을 발견하고 그 '청년'을 발전시키자 마치 기름에 불붙듯이 사회에 큰 물의가 일어났던 것이다"며 "그만큼 청년이란 용어는 우리 개화기에 가장 인기 있는 유행어였다. 한국 YMCA는 역사상 처음으로 청년이란 개념을 발견하고 이를 유지 발전시킨 단체이다"고 주장했다.[46]

월남 이상재는 처음에 '청년'이란 말을 듣고 크게 놀랐다고 한다. 전택부는 "그 이유는 첫째로 월남은 그때 처음으로 '청년'이란 말을 들었기 때문이다. 과거 독립협회의 '독립'이란 말을 처음으로 듣고 놀랐던 것처럼 청년이란 말은 새 말이요 새 개념이었다"며 다음과 같이 말했다.

"당시 한국에는 소년(少年)이나 장년(壯年)이란 말은 있었으나 청년이란 말은 없었다. 한국 사람은 소년으로 있다가 장가를 들면 대번 장년이 되고 말았다. 이를테면 한국 사람에게는 청년기가 없었던 것이다. 그래서 한국 사람은 일찍이 늙어버리고, 허세만 부리다가 죽고 말았던 것이다. 둘째로 황성기독교청년회는 기독교단체이지만 교회는 아니었다. 교파도 초월하고, 신자와 비신자를 초월하고, 인종도 국경도 초월한 국제기구인 것이 무척 마음에 들었다."[47]

YMCA의 교육 · 계몽 활동

바로 이 두 번째 이유 때문에 일부 선교사들은 YMCA가 교회세력을 약화시킬 우려가 있다고 반대하기도 했다. 이런 반대에 대해 YMCA 창설 준비위원장이었던 헐버트는 다음과 같이 주장했다.

"Y는 교회가 아니다. 동시에 Y를 바로만 운영하면 교회에 대하여 우익이 되면 됐지 절대로 방해가 되진 않는다. Y는 교회에의 통로이다. Y는 어떤 목적을 위한 수단이지 목적 그 자체는 아니다. …… Y의 유일한 기능은 사람들로 하여금 기독교를 하나의 역사적 사실 또는 하나의 행동 원칙으로 받아들이게 하는 데 있다. 모든 Y 조직은 이 목적을 위하여 운영되어야 할 것이다. …… 그리고 Y는 일반적인 정치 단체가 되어서는 안 된다. 진정한 의미의 개혁은 안에서부터 나오는 것이지 밖에서부터 들어오는 것이 아니다. 사회 개혁의 필요성이 고조되면 개혁은 마치 태양이 자연스럽게 솟아오르듯 소리 없이 이루어지는 법이다. 이것은 곧 교육문제이다. 그러므로 한국의 애국자는 개혁자라기보다 먼저 계몽자라야 한다. 이것이 서울 Y의 입장이다. 서울에 있는 YMCA의 목적은 교육과 계몽과 설교에 두어야 한다."[48]

앞서 YMCA는 서양문물 도입의 창구 노릇을 하던 곳으로 커피의 전파 경로 중 하나였다고 했지만, YMCA는 스포츠와 교육활동을 통해 청년들에게 독립의식을 고취시키는 데도 큰 역할을 하였다. YMCA에 참여한 이상재는 1906년 운동부 안에 유술부(柔術部)가 창설될 때 "여기서 장사 100명만 양성하자"고 했다. 1907년 이상재가 종교부 총무로 취임하면서 야구, 농구 중심의 신식 스포츠 전파와 기술교육 보급이 본격화된다.[49]

1908년 12월 3일 서울 종로에 3층에 600평 규모의 YMCA 회관이 완공되자, 이 건물은 서울의 명물이 되었다. 준공식엔 총리대신 이완용과 통감 이토 히로부미도 참석했다. 황현은 『매천야록』에서 "그 집은 높기가 산과 같고, 종현(鍾峴)의 천주교당(명동성당)과 함께 남과 북에 우뚝 마주 서서 장안의 제일 큰 집이 되었다"고 했다.(이 건물은 1950년 6·25때 파괴되었고, 현재 그 자리에는 1967년 준공된 지상 7층, 지하

1층의 현대식 건물이 들어서 있다)[50]

단일교회의 좌절

언더우드는 선교하는 나라나 교회의 신학적 요구보다는 수용되는 쪽의 상황적 효용성을 중심으로 삼는 '선교 에큐메니즘'의 열렬한 지지자였다. 그는 "내 평생 이 땅에 장로니 감리니 하는 교파의 구별이 없는 하나의 교회가 설립되는 것을 보는 것이 소원이다"고 말하기도 했다. 실제로 그는 1905년 교파의 구분 없는 조선의 단일교회(한국복음주의교단) 설립을 시도하였지만, 본국 교회의 높은 교파주의 장벽으로 인해 실패로 돌아가고 말았다.[51]

그런 시도를 제외하곤, 본국 교회의 높은 교파주의 장벽은 한국에서도 그대로 나타났는데 심지어 결혼에도 큰 영향을 미쳤던 것 같다. 윤성렬은 "7, 8세의 어린 여자아이가 이화학당에 들어와 10여 년간 양육되고 나면 당시로는 과년한 처녀가 됐다. 이렇게 돼 나이가 찬 이화 학원(學員)들에게는 여기저기서 혼처가 나서게 된다"며 다음과 같이 말했다.

"혼담이 오가면 학당은 학원들의 혼사에 직접 개입, 부모의 입장이 돼 결정권을 행사했다. 우선 신랑 선택에서 북감리회파가 아니고 남감리회파나 장로교인일 때는 학당은 '부적당하다'며 완강히 거절을 했다. 아무리 신랑이 훌륭해도 교파가 다르면 절대 용납이 안 됐다. 이 같은 이화학당의 혼담 반대는 신랑들을 울린 적이 한두 번이 아니었다."[52]

장로 · 감리교의 선교방법 차이

한국 개신교 선교의 방법적 모형은 병원 옆에 학교, 학교 옆에 교회라고 하는 형태를 기본으로 삼는 이른바 '트라이앵글 메소드(triangle method)'였는데, 이 점에선 장로교회와 감리교회 사이에 차이가 있었다. 장로교회는 교회의 설립을 최우선시 하면서 병원과 학교를 그에 종속시킨 반면, 감리교회는 교회 · 병원 · 학교가 각각 그 나름대로 하나하나의 최종적 목표가 되는 구도였다.[53]

이런 차이는 훗날(1915년) 일제가 '개정 사립학교령'을 공포해 종교교육을 실시하지 못하도록 했을 때 잘 드러났다. 장로교회는 종교교육을 못한다면 학교를 포기한다는 입장을 취한 반면, 감리교회는 기독교정신의 간접적 주입에 기대를 걸고 학교를 계속 유지하는 정책을 취했다. 이는 1930년대 이후 신사참배 강요 때도 마찬가지였다. 서정민은 "이로서 교세에 있어서는 장로교가 우세했음에도 불구하고 세속적 차원에서 학교의 발전과 육성은 감리교계 학교가 우위를 지키는 현상이 나타났다"고 했다.[54]

이런 차이는 해외유학 정책에서도 그대로 나타났다. 장로교회는 한국인들에게 지나친 고등교육을 실시하지 않는다는 방침하에 한국인 기독교 지도자의 공식적인 해외유학을 허용하지 않는다는 정책을 택한 반면, 감리교회는 해외유학을 권장했다. 서정민은 "이는 역시 교세의 편중에도 불구하고 초기 한국 기독교 리더십에 감리교 집중 현상을 보이게 하는 중요한 이유가 된다"고 했다.[55]

제2장

러일전쟁과 한일의 정서

01

❖
❖
❖

한반도 쟁탈을 위한
러일전쟁

영일동맹과 노불선언

1901년 1월 일본은 러시아의 한반도 중립화 제안을 거절함으로써 한국을 식민지화하려는 생각을 분명히 했다.[1] 1902년 1월 30일 일본은 영국 런던에서 러시아에 대해 만주로부터 철병할 것과 한반도에 있어서의 일본의 지위를 인정해줄 것을 요구하는 것을 주요 내용으로 하는 영일(英日)동맹을 체결하였다. 그 대신 일본은 중국에 대한 영국의 특수권익을 인정했다.

모든 일본인은 영일동맹을 열렬히 환영했다. 당시 와세다대학생이던 소설가 우부가타 도시로는 "동양의 약소국가가 서양의 주요 강대국과 동맹을 체결하였다는 사실에 거의 모든 사람들이 기쁨의 눈물을 흘릴 정도로 감동받았다. 도쿄 사람들은 영국 국기를 집 앞에 내다 걸었다"고 회고했다. 이와 관련, 박지향은 "일본은 세계 제일의 제국인

영국과 대등한 조약을 체결했다는 사실에서 자부심과 함께 '탈아입구(脫亞入歐)'의 염원을 달성했다는 만족감을 느꼈던 것"이라고 분석했다.[2]

고종은 영일동맹에 충격을 받았다. 일본이 청일전쟁 당시와 같은 내정간섭을 시도할 것이라는 불안감 때문이었다. 고종은 친미파의 주장과 주한미국공사·주한독일공사의 의견을 채택하여 영일동맹을 인지한 뒤 불과 4일 만에 내각개편을 단행했다. 그동안 독자적 정파로 자임했던 신기선·한규설·김상훈을 각각 군부대신·법부대신·탁지부대신에 임명했다.[3]

1902년 3월 16일 영일동맹에 대항하는 노불선언(露佛宣言)이 발표되자, 러일의 대립이 심화되기 시작했다. '노불선언'은 영일동맹에 비해 형식적 선언에 지나지 않는 무력한 것이었지만,[4] 한국의 입장에선 불안하긴 마찬가지였다. 노불선언의 영향을 받아 6월 8일 한국에 주재하고 있는 영국과 일본의 외교관들은 '한국 내 영일동맹'을 체결했고, 이에 대항하여 러시아·프랑스·독일 공사는 6월 17일 '한국 내 삼국동맹'을 체결했다. 이와 관련 『황성신문』 7월 10일자 논설은 두 동맹의 목적을 경계할 것을 다음과 같이 촉구했다.

"서북은 러시아의 이익권, 동남은 일본의 이익권으로 한국은 장차 러일 중 어디를 의지할 것인가, 만일 어느 한쪽을 의지하여 다른 한쪽을 배척하면 우리 이익은 아니다. 남에게 권리를 위임하고 강토를 유지할 수 없다. 외국인에 의지하여 독립주권을 보전함은 불가능하다. 다른 나라가 한국 경영에 열심인데 정부는 도리어 의지하여 동맹 같이 여기니 이는 옳지 않다. 이들 동맹은 한국을 위하는 것이 아니다."[5]

일본의 38도선 분할론 제시

영일동맹 직후 러시아는 조선에 대한 지배력을 강화하기 위한 차원에서 한반도로 군대를 파견해 일본과 충돌을 빚게 했다. 아직은 자신이 없던 일본은 충돌을 피하기 위해 38도선을 기준으로 한반도를 양분해 각각 영향력을 행사하자고 제안했다. 그러나 러시아는 39도선 분단안을 제시해 담판은 결렬되었다.[6]

'전쟁불사'를 외치는 군부 및 일부 외교라인의 강경론에도 불구하고 러시아는 1903년 6월 뤼순(여순)에서 베조브라조프 등 극동정책 수립에 전권을 위임받은 수뇌부가 참석한 가운데 특별회의를 갖고 한반도정책의 기조를 다음과 같이 정했다.

"러시아가 대한제국의 전역 혹은 북부 일부지역을 점령하는 것은 이익이 되지 못한다. 일본의 경우도 마찬가지이며 점령 가능성에 대비해야 한다. 일본이 점령하면 항의는 할 수 있으나 자국 군대를 투입해서는 안 된다. 일본의 점령을 사전에 봉쇄하기 위해 만주와 대한제국은 별개의 문제임을 선언하고 독립을 지원해야 한다.(1903년 7월 4일 알렉세예프 극동총독이 로젠 주일공사에게 보낸 비밀전문)[7]"

당시 조선은 중립화에 큰 관심을 보이고 있었다. 고종의 중립화 노력은 1890년대 말부터 이루어졌다. 고종은 1899년 호러스 앨런 공사를 통해 열강에 의한 조선의 중립과 영토 보전을 미국에 요청했다.[8] 또 고종은 1900년 8월엔 조병식을 특명 공사로 일본에 파견해 아오키 슈조(靑木周藏) 외상에게 중립화에 동의해줄 것을 요청하기도 했다. 그러나 아오키는 거절했다. 이유는 스위스와 벨기에는 중립화할 국력이 있으나 한국은 그렇지 못하다는 것이었다.[9]

1903년 7월 주일공사 고영희가 러시아와 일본의 개전이 임박했음을 보고해오자 다급해진 고종은 그해 8월 일본과 프랑스·네덜란드·러시아 등에 특사를 파견해 중립화 가능성을 타진했다. 러일전쟁 발발 직전인 1904년 1월 21일 마침내 대한제국은 '엄정 중립'을 선언했지만, 당시 상황에서 중립은 가능한 게 아니었다.[10)

1904년 1월 26일 러시아의 니콜라이 2세는 알렉세예프 극동총독에게 친필서명이 든 전문을 보내 '러시아가 전쟁을 시작하는 것보다는 일본이 먼저 시작하도록 하는 것이 바람직하다. 일본이 먼저 개전하지 않으면 일본군이 대한제국의 남해안 혹은 동해안으로 상륙하는 것을 방해하지 말라. 만약 38선 이북 서해안으로 상륙병과 함대가 북진해오면 적군의 첫 발포를 기다리지 말고 공격하라'고 긴급 지시했다.[11)

일본의 전쟁 전략

1904년 2월 8일 일본 해군사령관 도고 헤이하치로(東鄕平八郞)가 이끄는 연합함대가 여순항(뤼순항)에 정박해 있던 러시아 함대를 향해 돌연 어뢰 공격을 감행했다. 러시아 함대는 큰 손상을 입지는 않았지만, 전함 2척과 순양함 1척을 잃었다. 바로 그날 일본은 동시에 인천 제물포 해상에서 러시아 군함 2척을 기습 공격해 격침시켰다. 그리고 이틀 뒤인 2월 10일, 일본은 러시아에 선전포고를 했다.[12)

이렇게 시작된 러일전쟁은 1905년까지 만주에 200만 명 이상의 병력이 집결된 대전쟁이 되었다. 당시 러시아와 일본의 군사력을 비교해보면 러시아가 전반적으로 우월한 위치에 있었다. 러시아의 병력은 100만 명이 넘었으며 34만 5000명의 예비병력과 추가적으로 450만 명을 더 동원할 수 있었다. 해군력은 51만 톤으로 영국, 프랑스, 독일

1904년 2월 8일 일본은 갑작스레 뤼순항에 정박해 있던 러시아 함대를 공격했다. 그리고 이틀 뒤 러시아에 선전포고를 했다.

에 이은 세계 제4위였으며, 4개의 주요 조선소를 보유하고 있었다. 반면 일본은 정규병력 18만에 예비병력 67만 명이었으며, 해군력은 26만 톤이었고 조선소는 없었다.[13]

강성학은 "이처럼 현저한 힘의 불균형 상태에도 불구하고 러시아 제국의 막강한 위력은 일본의 개전을 억제하지 못했다. 당시 러시아 의 지도자들도 일본이 훨씬 우월한 유럽의 강대국인 러시아를 감히 선제 공격하지는 않을 것이라고 기대했었다"며 다음과 같이 말했다.

"동북아에서 러시아의 정치적 및 전략적 목적은 방대한 것이었지 만 러시아의 군사전략은 기습공격을 감행하여 단기전을 수행하려고 하는 적을 대항하기엔 적절하지 못했다. 당시 일본인들이야말로 짧은 전쟁의 승리를 추구하고 있었다. …… 공격을 감행하기도 전에 이미 일본의 정책결정자들은 전쟁에서 얻는 제한적 이득을 보존하기 위해서 제3자 개입을 통한 평화협정을 생각하고 있었다. 그들은 미국의 루스벨트 대통령에게 전쟁을 종결시키기 위한 개입 요청을 하기로 결정했다."[14]

일본은 1895년 삼국간섭 이후 와신상담(臥薪嘗膽)을 해왔었기에 전쟁준비도 철저했다. 일본은 청일전쟁의 배상금으로 무기를 대규모로 구입하고 프랑스로부터 군사기술을 배웠다. 그러다 보불전쟁 이후에는 군사기술을 독일로부터 배웠으며, 가장 유망한 장교들을 프러시아에 파견해 훈련시켰다. 러시아는 일본을 깔보고 제대로 연구조차 하지 않은 반면, "일본인들은 러시아에 대해 러시아인들보다도 더 정확한 지식을 갖고 있었"다. 또한, 모든 일본 장교들은 모국어 외에 적어도 다른 하나의 외국어를 구사할 수 있었고 그 덕택으로 만주와 조선에 군대를 진입시킬 적합한 장교들을 선발할 수 있었다.[15]

제물포 해전

2월 8일 제물포 앞바다에서 벌어진 러일 해상 전투에서 러시아 함선 카레예츠호와 바랴크호가 침몰했고, 참전한 수병 700여 명 가운데 최소 40여 명이 숨지고 200여 명이 다쳤다. 러시아 쪽 전력은 배 2척에 대포 14문에 불과한 반면, 일본 함대는 전함 4, 순양함 2, 어뢰정 6척에 대포 42문이었다.

전날 뤼순으로 가다 어뢰공격을 받았던 러시아의 카레예츠호와 바랴크호는 일본 함대로부터 중립지역인 제물포항 철퇴를 요구받았다.

그래서 함께 정박 중인 외국 함선의 피해를 우려해 비장한 결의로 해상으로 나갈 수밖에 없었는데, 두 배는 팔미도 해상에서 미리 진치고 있던 일본 함대에 의해 30분 동안 집중포격을 당해 만신창이가 되었다. 하지만 일본에게 선체를 넘겨주기를 거부한 러시아 함대는 제물포항으로 퇴각해 자폭 침몰했다.[16]

인천의 각국공원(일제 때 서공원, 오늘날의 자유공원)과 해안가에서 초조하게 지켜보던 일본조계의 일본인 7000여 명은 기뻐 날뛰며 만세를 불렀고, 만세소리가 인천 시가를 진동했다. 일본인들은 1년 뒤인 1905년 2월 9일부터 식민지 시기 내내, 모든 학교의 수업과 사업장의 영업을 중단하고 '인천의 날'이라는 기념일을 정해 축제를 벌였다.[17]

이 제물포 해전(인천 해전)은 인천항에 머물던 프랑스의 파스칼호, 이탈리아의 엘바호, 영국의 탈보트호, 미국의 빅스버그호 등에 탄 외국인들에 의해 목격되어 전 세계에 알려졌다. 파스탈호에 타고 있는 한 프랑스인은 "러시아 선원들은 국가를 부르고 있었고, 밴드는 연주를 하고 있었으며 만세소리가 메아리쳤다. 영국·이탈리아·프랑스의 장교들과 선원들은 죽으러 가는 러시아 선원들에게 큰소리로 경례를 했다"고 증언했다.[18]

일본 육군은 인천에 상륙하여 육로로 북진하면서 일대에 사는 수많은 조선인들을 군수품 운반에 강제 동원했다. 일본군은 군수품의 소속을 쉽게 식별하려고 짐을 진 한국인들의 뺨에 부대별로 다른 색깔의 점을 칠해놓고 "뺨에 붉은 점을 친 자들은 선두의 선발부대를 따랏! 너처럼 보라색 점은 공병대 소속이다! 혼동하지 마랏!"이라고 외쳐댔다.[19]

1904년 2월 8일 제물포 해전에서 승리한 일본군은 인천에 상륙하여 육로로 북진하면서 일대에 사는 수많은 조선인들을 군수품 운반에 강제 동원했다.

충격에 휩싸인 조선 조정

이렇게 러일전쟁이 발발하자 조선 조정은 충격에 휩싸였다. 박성수는 "일본과 러시아가 인천항에서 포격전을 벌여 대포 소리가 하늘을 찌르고 탄환이 비 오듯 하니 러시아 함대가 패하고 말았다. 이때 궁 안은 물론 장안의 사람이 모두 도망치고 구중궁궐이 텅 빈 집이 되었다"며 다음과 같이 말했다.

"의정대신 모씨는 몰래 궁중의 수챗구멍으로 빠져나갔고 그밖의 대소 입직관리(立直官吏)들은 궁성의 담을 넘어 도망쳐나갔다. 얼마나 한

심한 이야기인가. 돌이켜 보면 1866년 병인양요 때 그러했고 1876년 강화도사건 때 그러했으니 1904년이라 해서 고위 관료들이 용감해졌을 리 없다."[20]

송우혜는 "외교력도 군사력도 없는 정부와 우왕좌왕하는 지도층의 모습이 서양 종군기자들의 보도를 통해 세계에 널리 알려지면서, 국제적 경멸의 대상이 된 것이다. 국제 정치와 동맹에 의한 세력구조가 어떻게 돌아가는지도 모르고, 자기 나라 땅이 외국군의 전장이 되었는데도 기껏해야 국외중립을 선언하는 것 이상의 행동을 보여주지 못한 지도층이 특히 웃음거리가 되었다"며 다음과 같이 말했다.

"러일전쟁은 세계 전쟁사에서도 매우 희귀한 사례로 꼽히는 특이한 전쟁이다. 대륙의 노제국과 신생 일본 제국이 만주와 한반도를 놓고 격렬하게 맞붙은 이 전쟁은 모든 전투가 제3국인 대한제국과 청나라 영토 안에서 벌어졌다. 자기 땅을 전장으로 내준 대한제국과 청나라 모두 이 전쟁에 대해 국외중립을 선언했다는 것도 희한한 일이다. 승전국이 차지한 전리품 역시 패전국의 영토가 아닌 제3국의 영토였다. 당장 일본 수중에 떨어진 것은 여순(뤼순)·대련(다롄)지구였지만, 전쟁 발발 1년 후 대한제국은 을사보호조약으로 사실상 국토를 일본에 빼앗기게 된다."[21]

러시아의 '영웅 만들기'

러시아 해군의 생존자들은 러시아에 돌아가 시민들의 열렬한 환영을 받았다. 당시 러시아는 제물포항에 순양함 바랴크와 포함 카레예츠 1척을 파견한 데 반해 일본은 순양함 6척, 수뢰정 8척을 파견하는 등

수적으로 매우 열세였음에도 수병들이 일본에 투항하지 않고 용감하게 싸웠기 때문에 '용감한 방어전'이라는 것이었다. 황제 니콜라이 2세는 "여러분이 보여준 영웅적인 용기는 우리 러시아 함대의 역사에 새 페이지를 장식"했다고 치하하고, 두 군함의 이름은 영원할 것이라고 격려하며 훈장을 수여했다. 이후 이렇게 신화가 된 '제물포의 영웅들'은 사회주의 체제하에서도 동상, 영화, 노래로 제작되었다.[22]

『오페라의 유령』『노란 방의 비밀』 등을 쓴 프랑스 소설가 가스통 르루(1868~1927)도 그런 미화에 참여했다. 그는 소설가가 되기 전 1894년부터 1906년까지 프랑스 일간지 『르 마르탱』의 특파원으로 러시아 · 아시아 · 아프리카를 누비며 현장 기사를 많이 썼는데, 그는 인천 앞바다에서 벌어진 러일 제물포 해전 뒤 귀국하는 러시아 수병들을 인터뷰해 그해 9월 상트페테르부르크에서 『제물포의 영웅들』이라는 르포집을 펴냈다. 이 책은 인천의 옛 자료를 수집하는 이희환 인천도시환경연대 집행위원장이 프랑스의 한 고서점에서 발견해내 103년 만에 국내에서 한글로 번역 출간되었다.[23]

르루는 취재에 임하는 자신의 자세가 '영웅 만들기'임을 굳이 숨기지 않았다.

"제물포의 영웅들! 그들이야말로 러일전쟁의 첫 희생자들이 아닌가! 극동을 피로 물들였던 이 전쟁이 발발했을 때, 제물포의 영웅들은 놀랍고도 숭고한 패배로 전 세계를 깜짝 놀라게 했다. 그것은 그들이 오래 갈고 닦아온 용기 덕분이었다. …… 나는 러일전쟁의 이 유명한 생존자들을 만나 취재하기로 되어 있었다."[24]

그밖에 여러 서양인들이 러시아 군인들의 용기를 예찬하는 증언을 남겼다. 이영호는 "서양인의 시각에서 주목하는 것은 일본 함대가 선전포고 없이 기습 공격했다는 점이다"며 다음과 같이 말했다.

"일본은 1894년 청일전쟁에서도 선전포고하기 1주일 전에 이미 인천 앞바다 풍도해전에서 청의 수송선을 일방적으로 공격한 바 있었다. 일본은 만주사변·중일전쟁·태평양전쟁에서도 기습공격을 감행하여 초반 전세를 장악하는 전법을 구사했다. 이처럼 선전포고 없는 기습공격을 서양인들은 비열한 짓이라 비난했고, 거기에 굴복하지 않은 러시아 장병의 대응자세와 희생정신을 오히려 높이 평가했다. 러시아 장병들이 일본군을 '황인종' '황색난쟁이'라고 경멸한 것은 서양인들이 공통적으로 일본군을 비난하는 심리적 근거였다."[25]

'두 제국주의 국가의 식민지쟁탈 전쟁'

러시아의 '영웅 만들기'는 100년 후까지 계속돼 2004년 러시아 국영 방송은 러일전쟁 100년을 맞아 제물포항에서 격침된 함정 바랴크를 주제로 한 2부작 프로그램을 방송했다.[26] 100년 전 자폭 침몰했던 군함의 이름을 그대로 딴 러시아 태평양 함대 소속 순양함 바랴크호도 패전 꼭 100년 만인 2004년 2월, 당당하게 인천 앞바다를 찾아왔다. 연안부두에 러일전쟁 전사자 추모비가 섰고, 러시아 정교회 신부들과 러시아 해군 장병들이 화려한 추모행사를 가졌다.[27]

소련 붕괴 후 1990년 한국이 러시아와 국교를 맺은 이래로 매년 2월 9일에는 제물포 해전에서 전몰한 장병들을 기억하는 추모행사가 열리고 있다. 2004년 러시아 장병들을 위한 추모비 건립 문제가 논란이 되었다.

'평화와 연대로 가는 시민연대' 등 9개 시민단체들은 한반도를 강탈하기 위한 러일 간의 제국주의 전쟁을 기념하는 데 반대하는 성명서를 발표하고 추모비 제막식 현장에서 격렬한 반대시위를 전개하였다. 그들은 제물포 해전을 "명백히 조선을 두고 각축했던 두 제국주의 국가의 식민지쟁탈 전쟁"이라 규정하고, "제정 러시아의 역사적 죄악에 대하여 응분의 사죄조차 한마디 없이 자국의 애국주의를 조장하기 위한" 기념비 건립을 강력히 반대한다고 주장하였다.[28]

이와 관련해 이영호는 "러일전쟁에 대한 추모비를 러시아 측이 세울 것이 아니라, 오히려 그 제국주의 전쟁에 의하여 온 국토가 전장으로 변하고 많은 민간인이 희생당하고, 그 결과 보호국, 식민지화가 된 우리가 주체가 되어 그 치욕을 잊지 않기 위하여, 기억하기 위하여 '역사기념물'을 만드는 것이 온당하다. 그러나 우리의 '역사의식 없는' 태도는 어디 가서 탓하랴"라고 말했다.[29]

02

한국을 병참기지로 만든
한일의정서

한국의 러일전쟁 병참기지화

일제는 전쟁을 일으킨 지 2주 후인 1904년 2월 23일 조선을 협박해 '한일의정서'를 체결했다. 전쟁 수행에 필요한 병참기지 사용과 각종 인적·물적 자원을 징발할 목적이었다.[30]

한일의정서의 주요 내용은 "조선은 제도 개선에 관한 일본의 충고를 받아들인다. 일본은 조선의 독립과 영토보전을 보증한다. 영토보전에 위험이 있는 경우 일본은 필요한 조치를 취하며, 이 목적을 달성하기 위하여 일본은 전략상 필요한 지점을 수시로 사용할 수 있다. 조선은 이 조약과 상반되는 협정을 제3국과 체결하지 않는다" 등이었다.[31]

표면상으로는 양국의 친교 유지·동양평화의 확립·대한제국의 독립 및 영토보전 등을 내세웠지만, 핵심은 조선은 일본의 시정 개선에 관한 충고를 받아들일 것, 제3국의 침해 혹은 내란 시 일본군을 출동시킬 수 있고, 그에 따른 군용지 수용 등 편의를 제공할 것 등이었다. 시정 개선 권고권으로 일본은 합법적으로 한국 내정에 간섭할 수 있게 되었다.[32]

1904년 2월 24일 『황성신문』은 한일의정서 조인 내용을 게재했다가 정부의 게재 금지명령으로 기사를 삭제한 채 발간하였는데 이게 최초의 '벽돌신문'이었다. 검열로 기사 삭제 시 활자를 엎어놓고 인쇄한 모양이 마치 벽돌을 쌓아놓은 것 같아 벽돌신문이라 했는데, 이는 이후 신문에 자주 나타나는 익숙한 풍경이 되었다.[33]

김삼웅은 "이 의정서는 본래 비밀조약으로 할 작정이었으나 조선정부 대신들의 회유·매수 과정에서 '밀약' 사실이 공개됨으로써 서둘러서 '의정서'로 공표하기에 이른 것이다"고 했다.[34]

도탄에 빠진 민생

한일의정서 체결 직후 이에 서명한 외부대신 이지용과 참서관 구완희의 집에 폭탄이 투척되었다.[35] 1904년 3월 함경도 함흥에서 최초로 의병이 들고 일어난 이후 의병의 봉기는 전국 각지로 확산되었다.[36] 이미 러일 양국군이 한반도에 들어와 약탈·겁탈·살인 등 각종 행패를 자행하는데다 물가까지 폭등해 민생은 도탄에 빠지게 되었다.[37]

특히 일본군의 진군 루트이자 병참기지였던 평양지역의 피해가 극심했다. 민중이 의지할 곳이라곤 교회밖엔 없었다. 김진호는 이 시기의 "기독교 팽창은 '러일전쟁'의 직접적인 결과"라며 다음과 같이 주장했다.

"이 지역에는 군대폭력이 상당했다. 바로 이런 군대폭력이 많은 사람들을 교회로 이끌었다고 봐야 한다. 교회는 미국인 선교사들 덕에 일본 군대의 직접적인 폭력을 피해갈 수 있는 상대적으로 안전한 공간이었다. 게다가 선교사들은 신자들에게 쌀을 제공함으로써 전쟁기간은 물론, 전후에도 교회는 삶의 안전이 보장될 수 있는 최적의 공간이었다."[38]

이젠 방곡령(防穀令)마저 발동할 수 없게 된 상황이었다. 하원호는 "필자가 사료에서 찾아낸 바로는 일본상인을 대상으로 한 마지막 방곡령은 1904년 3월 전라남도 함평군수가 실시한 것이었는데, 이 사례에서 우리는 러일전쟁 이후 방곡령이 발생되지 못했던 사정을 짐작할 수 있다"며 다음과 같이 말했다.

"함평군의 방곡이 엄해서 동향지민(同鄕之民)도 식량을 못 구해 원성이 잦던 차에 일본인 5명이 정당(政堂)에 돌입하여 군수를 구타하고 조약 위반의 손해배상금을 요구했다. 이에 군수는 우선 이천 냥을 주었고 또 일본인이 곡물을 모두 매입해 가는 바람에 지역민은 식량조차 구할 수 없게 되었다고 한다. 러일전쟁 도중에 일개 일본상인의 횡포가 이러했으니 이후 방곡령의 발생은 기대조차 할 수 없는 것이었다. 국가 기구가 일본의 손에 넘어가는 단계에서 방곡령의 소멸은 당연한 결과였다."[39]

하원호는 "개항기의 조선미의 산출고는 대체로 평년작 1000만 석 전후로 잡을 수 있다. 수출이 가장 많이 되던 1897년의 수출량이 70만 석 정도였다. 그러므로 아무리 많이 잡아도 전체의 7퍼센트에 불과했고, 평균 3~4퍼센트 정도였다. 상품화된 미곡을 대상으로 하면 그 비율은 1~2할 정도가 된다. 이 같은 실정에서 단순히 양적 측면만 고려한다면 곡물 수출이 조선 사회에 미치는 영향을 과소평가할 수도 있다. 그러나 실제의 사정은 달랐다"며 다음과 같이 말했다.

"우선 가장 중요한 점은 수출이 증가하면서 일본의 미가 수준에 조선미가가 전반적으로 접근하고 있다는 점이다. 그것은 개항장의 배후지에 한정되지 않고 거의 일본상인의 출입이 없는 내륙지방에서까지도 마찬가지 현상을 나타냈다. 물론 지역적으로는 미작지대, 계급적으로는 부농 이상의 수준이 되어야 쌀을 상식(常食)했겠지만, 미가의 등귀는 다른 곡물의 가격이나 기타 생필품의 등귀를 함께 동반했고 결과적으로는 곡물을 구매하여 생계를 잇던 빈농이나 무전농민, 그리고 도시의 빈민에게는 몰락을 강요하는 것이었다."[40]

아시아주의의 망령

한일의정서를 성립시킨 데 이어 고종이 일본군에게 거액의 기부금을 냈다는 소식을 들은 일왕 메이지는 감사의 표시로 이토 히로부미를 한국에 보냈다. 1904년 3월 20일 고종은 이토에게 당시의 한국 최고 훈장인 금척대훈장을 손수 그의 가슴에 달아주었다.[41]

아직 한국의 지식계 일각도 일본에 대한 미련을 버리지 못했다. 『황성신문』 1904년 3월 19일자 논설이 이토의 방한을 환영하면서 다음과 같은 기대를 나타낸 것도 바로 그런 아시아주의의 망령 때문이었다.

"이제부터 한국과 일본은 뜻을 합치고 힘을 모아야 한다. 자주를 잃지 않으면서 우리는 다 함께 한 배를 타고 강을 건넌다는 원칙을 따라야 한다. …… 그리고 유신이라는 과업을 힘차게 추구해야 한다. 그렇게 하는 것이 한국에게 이로울 뿐 아니라 일본에게도 득이 된다."[42]

『황성신문』은 1904년 5월 6일자 논설에서도 황인종의 나라인 동양 3국이 단결해야 하며 한 나라만 생각하게 되면 동양이 무너지고 말 것이라고 주장했다.[43] 물론 일본의 횡포를 견제하기 위해 한 말이었지만, 일본엔 꿈에도 그럴 뜻이 없었다. 모든 건 일본의 영광을 위해서 존재해야만 했다. 일본의 보통 사람들도 그런 분위기에 휩쓸렸다.

1904년 4월 러시아의 문호 레프 톨스토이(1828~1910)는 「반성하라」라는 팸플릿을 통해 자신의 평소 소신인 반전론을 전개했다. 전쟁을 광기이자 범죄행위로 규정한 톨스토이는 자신이 러시아인도 일본인도 아니고 두 나라 노동자 편이라면서 전쟁에 극력 반대했다. 그러나 톨스토이의 외침은 양쪽 모두에서 외면당했으며, 그의 작품과 글은 발매금지당했다.[44]

프랑스 화보지 『일류스트라시옹』 1904년 6월 11일자는 일본에서 공연된 고종 격하 정치연극의 한 장면을 묘사한 삽화와 글을 실었다. 삽화엔 '일본 특사 이토 히로부미에 대한 최고 훈장 수여식에서 고종이 모욕당하는 장면'이라는 설명이 붙어 있다. 고종이 이토에게 조선 최고 훈장을 수여하려고 했는데, 이토가 자신은 이미 일본의 최고 훈장을 착용하고 있다며 훈장의 휘장 착용을 즉석에서 거부했다는 것이다. 이토는 당혹해하는 고종 앞에서 예복을 벗고 일본 훈장을 셔츠 위에 착용한 후 다시 예복을 입은 다음에 조선 훈장을 수여받았다나.

이처럼 정치연극은 시종일관 일본 민족의 우월성을 미화했다. 글을 쓴 발레 기자는 일본 관중들은 몸을 흔들고 박수를 치면서 열광했다고 전하면서 "이 얼마나 경악스럽고 경박하며 유치한 행동인가? 이러한 일본의 군국주의적 야욕은 일본문화를 완전히 눈멀게 하고 변질시킬 것이다"고 비판했다.[45]

03

황무지개척권 반대투쟁과 한일협정서

일제의 황무지개척권 요구와 보안회의 반대투쟁

1904년 7월 일제의 황무지개척권 요구 소식이 알려지자 의병투쟁이 더욱 격렬해졌다. 당시 양대 일간지였던 『황성신문』과 『제국신문』 등이 이를 폭로하면서 주로 유생(儒生)들이 중심이 되어 격렬한 반대운동이 일어났다. 『황성신문』은 7월 6일자 논설을 비롯하여 7월 7일부터는 3회에 걸친 연속논설을 게재하여 일본의 황무지개간권 요구의 부당함을 비판했다.[46]

일본이 한국의 황무지개척권을 요구한 건 러일전쟁 직전인 1904년 1월부터였다. 황무지개척권을 요구한 표면상의 인물은 일본 대장성의 관방장을 역임한 나가모리(長森藤吉郎)였지만, 실은 모든 게 일본 정부의 치밀한 계획 아래 진행된 것이었다. 일본이 요구한 내용은 한국에서 명백하게 이용, 경작하고 있는 토지 이외의 국토를 모두 개간하고 정리 · 개량 · 척식하는 권리와 그를 이용하고 이익을 거두는 모든 경영권을 우선 50년 동안 나가모리에게 위임하라는 것이었다. 이에 외부협판 윤치호는 전 국토의 3분의 2가 일본 측에 넘어갈 것이라고 주장하였으며, 일본의 입장에 호의적이었던 주한영국공사 조단도 적어도 경작 가능한 토지의 3분의 1은 될 것으로 추산된다고 본국에 보고할 정도였다.[47]

1904년 7월 13일 서울에서는 일본인의 황무지개척권 요구를 저지하기 위해 보안회(輔安會)가 조직되었다. 보안회는 보국안민(輔國安民)에서 비롯된 이름으로 보안회(保安會)라고도 했다. 7월 18일 창간된 『대한매일신보』도 가세했다. 이 신문은 창간 4일후인 22일자에 황무지개척권 요구를 반대하는 윤치호의 글을 게재하였다.[48]

한일의정서에 의해 군대를 주둔시킨 일제는 1904년 7월 20일 '군사경찰훈령'에서 "집회나 신문이 치안을 방해한다고 인정할 때는 그 정지를 명하고 관계사를 처벌"한다고 하였다. 이로써 한국 정부의 치안경찰권은 박탈당하고 말았다.[49]

그러나 보안회의 활동은 종로 네거리에서 대중집회를 개최하는 등으로 독립협회와 만민공동회의 자주민권운동을 방불케 했으며, 이러한 반대운동은 지방에까지 파급되었다. 이에 일본은 보안회를 강제로 해산시켰다. 일본의 황무지개척권 요구에 대한 반대운동이 정부 대신으로부터 일반 민중에 이르기까지 참여하는 구국운동으로 확대하자 일본은 8월 10일 황무지개척권 요구를 철회했다.[50]

한일협정서(제1차 '한일협약')와 고문정치

일제는 전황(戰況)이 유리하게 돌아가자 8월 22일 조선 정부의 외교관계의 처리는 미리 일본 정부와 협의를 거친다는 내용을 골자로 한 한일협정서(제1차 '한일협약')를 강제로 맺었다. 그 내용은 "일본인 재정고문의 초빙, 외국인 외교고문의 초빙, 외국과의 조약 체결에 있어 일본과의 사전협의" 등이었다.[51]

이는 2월 23일의 한일의정서에서 규정한 한국의 독립과 영토 보전의 약속마저 어기고 한국 정부의 재정권과 외교권을 일본에 종속시키는 것으로, 일본인 고문들이 내정을 장악한 가운데 한국을 보호국으로서 경영했던 고문정치(顧問政治)의 시작이었다.[52]

이상찬은 "1904년 8월 22일자 '한일협약'의 조약 원본은 일본어본 한 부만이 일본 외무성에 남아 있고 한국 측에는 일본어본도, 국한문 혼용본도 남아 있지 않다. 조인되었다는 기록은 있는데 무슨 이유에서인지 조약 원본이 전해지지 않는다. 뿐만 아니라 일본 외무성이 가지고 있는 일본어본 조약 원본에는 1905년의 조약안과 마찬가지로 제목이 없다"고 했다.[53]

앞서 보았듯이, 이 한일협정서는 일본 정부가 추천하는 일본인 한 사람을 한국 정부가 재정고문으로 용빙하여 재정에 관한 일체의 사항을 그의 의견에 따라 시행하게 하고, 또한 일본 정부가 추천하는 외국인(서양인) 한 사람을 외교고문으로 용빙하여 외무에 관한 일체의 사무를 그의 의견에 따라 시행하도록 규정했다. 이에 따라 1904년 10월 일본 대장성주세국장(大藏省主稅局長) 출신의 메가타 다네타로(目賀田種太郎)라는 일본인이 재정고문으로, 그리고 1904년 12월 일본 외무성 고용원 스티븐스(Durham W. Stevens)가 외교고문으로 용빙되었

다. 스티븐스의 주요 임무는 국제여론을 일본에 유리한 쪽으로 조작하는 일이었다.[54]

대한제국 재정고문 메가타는 1904년 11월 전환국을 폐쇄하여 조선의 자주적 화폐발행권을 빼앗은 후, 1905년 1월부터 조선에 진출해 있던 일본 제일은행을 앞세워 화폐정리에 착수했다. 일제는 기존 화폐를 환수하는 대신 제일은행권을 주요 통화로 이용함으로써 식민지배에 필요한 자금을 조선 내에서 조달할 수 있게 되었다.[55]

일본의 경제적 침투가 '침투' 차원을 넘어서 한국 경제를 장악하는 쪽으로 나아가자 일본어가 취업의 주요 무기가 되는 상황이 벌어졌다. 이에 따라 1900년 11개였던 일본어 학원은 1904년 30개가 넘게 늘어났다.[56]

친일단체 일진회의 발족

한일의정서 · 한일협정서의 영향 때문이었겠지만, 1904년은 민간단체 설립에 있어서 매우 중요한 해였다. 1898년 독립협회의 해산 이후 한국인들에 의해 조직된 민간단체는 보안회가 나올 때까지 전무했다. 그러나 보안회 결성 이후 1904년에만도 친일단체인 일진회와 동학 계열의 진보회, 그리고 국민교육회가 창립되었다. 보부상들을 주 회원으로 한 공진회(共進會)도 1904년 말에 조직되었다.[57]

친일단체 일진회는 1904년 8월 20일 발족했다. 통역관으로 일본군과 함께 만주까지 종군했다가 서울에 돌아온 송병준은 정치활동을 위해 8월 18일 유신회(維新會)를 조직했고, 이틀 후인 20일 유신회를 일진회로 그 이름을 바꾸었다. 일진회엔 유학주 · 홍긍섭 등 독립협회관계자와 한때 만민공동회 회장을 지낸 윤시병 등이 참여했으나, 사실상 송병준이 모든 걸 좌지우지했다.[58]

신봉승은 일진회의 발족은 보안회의 활동에 당황한 일본공사 하야시 곤스케가 보안회의 와해공작 차원에서 일본에 있던 송병준을 급거 귀국케 해 이루어졌다고 보았다.[59] 1904년 9월 말부터 설립되기 시작한 동학계열의 진보회에 대해선 나중에 자세히 이야기하기로 하자.

국민교육회(회장 이원긍)는 1904년 8월 24일 서울 연동의 게일(J. S. Gale) 목사 집에서 창립총회를 가졌다. 국민교육회는 비정치적인 계몽단체임을 내세우면서 1905년 10월에 국민사범학교, 1906년 5월에 법학강습소를 설치하는 동시에 여러 가지 계몽서적들을 간행했다. 회원들의 상당수는 기독교인이었고, 기독교인 가운데서도 연동교회의 신자가 대부분이었다.[60]

보부상들의 공진회 활동

공진회는 황실의 지원으로 이준·윤효정 등의 독립협회 계열과 보부상들이 참여하였던 단체로 일진회 타도를 목적으로 결성됐다.[61] 보부상들은 1904년 2월 상무사가 일본상인들의 조선 진출을 용이하게 만들기 위한 일제의 압력에 의해 강제로 해체당하자, 그간의 친정부적 입장에서 탈피했다. 그들은 황국협회·상무사의 핵심세력인 이기동·길영수 등을 규탄하면서 1904년 11월 26일 새로운 조직인 상민회를 결성하였다. 상민회는 진명회로 개칭하였다가 1904년 12월 6일 독립협회 계열과 합치면서 통합적 성격이 강한 명칭인 공진회로 다시 개칭했다. 그러나 공진회는 일제의 탄압으로 오래가지 못하고 곧 해

친일단체 일진회는 1904년 8월 20일 송병준이 조직했다. 사진의 오른쪽 건물이 서대문에 있던 일진회 사무실이다.

체하고 말았다.[62]

공진회 해체 이후 이준·윤효정 등의 독립협회 계열은 1905년 5월 24일 보부상 출신들을 제외시킨 채 따로 헌정연구회를 설립했다. 이계형은 "그것은 보부상들이 학문적 소양이 부족하여 그들이 추구하고자 하였던 헌정연구라는 목적에 적합하지 않았던 때문이 아닌가 생각한다"고 말했다.[63]

공진회 해체는 보부상들의 조직적 활동이 사실상 끝났음을 말해주는 것이었다. 일제강점 이후 보부상들은 '조선회사령(1911)' '시장규칙(1914)' 제정을 시작으로 쇠퇴의 길을 걷게 되었다. 1920년 이후 생겨난 여러 조직들도 시장에서의 영향력 약화로 유명무실했으며, 1930년대 후반에는 소멸됐다. 이후 보부상들은 개별 단위로서 촌락의 시장에서 그 명맥을 유지했지만 사실상 몰락한 것이나 다름없었다.[64]

04

『대한매일신보』의 창간

영국 기자 베델을 사장으로 내세운 신문

러일전쟁의 와중에서 우리 신문도 하나 창간되었는데, 그건 바로 『대한매일신보(大韓每日申報)』였다. '신보(申報)'는 '고하여 알려줌'이란 뜻인데, 4명의 영국 상인들에 의해 1872년 상하이에서 창간된 중국의 가장 오래된 신문의 이름도 『신보(申報)』이다.[65]

1904년 7월 18일에 창간된 『대한매일신보』는 러일전쟁을 취재하기 위해 영국 『데일리 크로니클』지의 임시 특파원으로 내한 중이던 어니스트 베델(Ernest Thomas Bethell, 1872~1909)을 사장으로 내세우고 궁정의 영어·일어 번역관인 양기탁(梁起鐸, 1871~1938)이 총무를 맡아 일본의 탄압에 반대하는 왕실과 민간 유지들의 비밀투자로 운영되었다.(鐸은 '택'이 아닌 '탁'으로 읽는 것이 보통이나, 양기탁의 경우 양기택으로도 표기되어 두 개가 동시에 사용되고 있다)[66]

『대한매일신보』는 러일전쟁을 취재하기 위해 한국에 와 있던 영국 『데일리 크로니클』의 임시 특파원 어니스트 베델을 사장으로 내세우고 1904년 7월 18일 창간됐다. 『대한매일신보』 1904년 8월 11일자 1면(위)과 창간 당시의 편집국 모습(아래).

베델은 1904년 3월 10일 조선 땅에 들어와 『데일리 크로니클』 4월 16일자에 '경운궁 화재'를 특종 보도하기도 했으나 '친일적 기사를 싣는 신문사 방침'을 따르지 않는다는 이유로 곧 해임됐다. 베델은 입국 직후 통역 겸 번역자로서 양기탁을 소개받았는데 두 사람은 같은 또래로서 우정과 신뢰를 쌓았다.[67]

원래 『대한매일신보』는 영자 신문으로 기획된 것이었다. 러일전쟁이 터지자 조선 정부는 일본의 침략을 막기 위해 한국의 처지를 세계에 널리 알려야 할 필요를 절감하게 되었고, 그 방법의 하나로 영자 신문 간행을 원했던 것이다. 당시 국내엔 영자 신문이 없었다. 『독립신문』의 영문판인 『The Independent』가 폐간된 지도 4년이 지났기 때문에, 영자 신문 간행을 위해선 영어를 잘하는 사람이 필요했다. 그래서 때마침 러일전쟁 취재를 위해 내한한 외국 기자들에게 눈을 돌리게 되었다.

전쟁 당사국 일본은 80여 명의 특파원을 파견, 전황을 시시각각 타전했다.[68] 일본군의 압록강 도하작전을 참관한 다른 외국인 기자는 총 13명이었는데, 국적별로는 영국 3명, 미국 3명, 프랑스 2명, 이태리 1명, 독일 2명, 오스트리아 2명, 스위스 1명이었다. 영자 신문 간행을 생각하게 되자 한국 정부에서는 이들 외국인 종군기자에게 눈을 돌려 베델을 섭외했을 것이라는 추정이 가능하다.[69]

박은식 · 신채호의 참여

그리하여 베델이 참여한 가운데 1904년 6월 29일 『코리아 타임즈』라는 견본 신문이 간행됐다. 첫 호를 낸 뒤 제호는 『코리아 데일리 뉴스

(Korea Daily News)』로 변경되었다. 『코리아 데일리 뉴스』는 곧 일본 통감부가 발행하는 영자지 『The Seoul Press』와 맞붙어 싸우게 되었는데, F. A. 맥켄지는 당시 상황에 대해 "서구인이라고는 100명도 넘지 않는 한 도시에서 두 가지의 영자 신문이 일간으로 발행되는 언론 사정에 대해 우리는 놀라지 않을 수 없었"다고 말했다.[70]

그런데 견본 신문 10여 호를 간행하는 중에 원래 계획과는 달리 한글 신문도 내자는 목소리들이 나오게 되었다. 그래서 신문 제호를 『대한매일신보』로 바꾸고 한글 2면, 영문 4면, 총 6면으로 창간호를 내게 된 것이었다.[71]

한글 · 영문 혼용 편집은 쉽지 않아 독자 입장에서도 불편한 점이 많았다. 이런 이유 때문이었는지 『대한매일신보』는 1905년 3월에 갑자기 휴간을 했다가 8월 11일부터 영자 신문과 국한문혼용 신문 두 개를 따로 간행하기 시작했다. 국한문을 혼용하면서 한글로 쓰던 제자(題字)도 『大韓每日申報』라고 한문으로 고쳤다.

이와 같은 변화의 이유에 대해 이광린은 "순한글의 신문을 국한문 혼용의 신문으로 바꾼 것은 일견 후퇴인 것처럼 보일지 모른다"며 "그러나 경영진이 한국 사회에 한학(漢學) 혹은 유학(儒學)의 전통을 무시해서는 안 되겠다는 것을 알았기 때문에 취해진 것이라고 생각된다"고 했다.[72]

국한문혼용으로 전환하면서 한학에 조예가 깊은 겸곡(謙谷) 박은식(1859~1926), 단재(丹齋) 신채호(1880~1936)가 논설위원으로 대한매일신보사에 들어가 날카롭고도 준엄한 필봉을 휘둘렀다. 그는 자신의 은인이었던 신기선이 친일행위를 일삼자 '일본의 큰 충노(忠奴)'라고 비판했으며(1908년 4월 8일자), 자신의 친구가 일진회에 가입해 활동하

자 공개적으로 절교 편지를 쓰기도 했다.(1908년 4월 17~18일자)[73]

신채호는 당시 국사교과서의 친일경향을 맹렬히 비난하면서『대한매일신보』에 자신의 역사관을 연재해 1908년『독사신론(讀史新論)』을 출간했다.『독사신론』의 일관된 논조는 사회진화론과 민족주의였다. 그는『독사신론』에서 당시의 교과서를 가리켜 "없는 것만 같지 못하다"고 했고, 교과서를 편찬하는 책임을 맡은 학부를 가리켜 '국가를 멸망케 하는 학부'라고까지 비난했다.[74] 최남선은 1910년 8월『독사신론』에 대해 과학적 정확성과 논리성이 부재하다는 비판을 가했지만, 신용하는『독사신론』은 '혁명적인' 국사서로 한국 근대 민족주의 사관과 사학의 출발점이라고 평가했다.[75]

『대한매일신보』는 종래의 신문체제보다 큰 27×40센티미터의 크기로 발행됐다.『대한매일신보』가 창간될 무렵엔 신문 지면에서 광고가 차지하는 비율도 크게 늘어나『대한매일신보』와『황성신문』의 경우 광고가 45~50퍼센트의 지면을 차지하기도 했다. 반면 1896~1899년 기간에『독립신문』과『황성신문』에 게재된 광고는 총 지면의 10~14퍼센트에 지나지 않았다.(1909년 3월부터는『대한매일신보』에 전면 광고가 등장할 정도로 광고가 제법 활기를 띠었다)[76]

일본인 신문들의 창간

러일전쟁의 와중에서 일본인들에 의해『대한일보』『대동신보』등과 같은 신문들이 창간됐다.『대한일보』는 1904년 3월 10일에 창간된 국문판 신문이었으나 그해 8월에 폐간되었고 10월 17일부터 같은 제호로 일문지로 발행됐다. 1910년 4월경엔 제호를『조선일보(朝鮮日報)』

로 고쳐 발행했다.[77]

황현의 『매천야록』에 따르면, 『대한일보』는 조선 정부에 고용된 일본인들의 부정직과 악행을 비난해 정간을 당하고 주도자들이 일본으로 강제 귀국당하는 등 일본 당국의 탄압을 받았다.[78] 이와 관련, 정진석은 "『대한일보』가 일문지로 변경된 이후부터는 일본 관헌들의 부정사실을 폭로하는 등 통감부 측과 사이가 벌어졌다"며 "일제의 민족지에 대한 언론탄압이 강화되던 시기에 일인 발간 일문 신문과 통감부의 갈등은 하나의 이색적인 파문을 일으켰다"고 했다.[79]

『대한일보』는 일본인이 발행했지만 송병준이 관계했다. 춘원 이광수(1892~1950)는 자서전에서 『대한일보』에 구경을 가서 처음으로 전화통을 보았고, 그날 신문에 자기의 사진과 함께 "13세 된 나이 어린 소년"이란 기사가 게재되었다고 말했다. 1904~1905년에 있었던 일로 보인다. 이광수보다 두 살 위인 육당 최남선이 1904년 『대한일보』에 논설을 투고한 걸로 보아, 이 신문은 당시 적잖은 한국인 독자를 가졌던 것으로 보인다.[80]

『대한일보』가 창간된 지 약 한 달 후인 1904년 4월 18일엔 『대동신보』가 창간되었다. 이 신문은 국한문과 일문으로 편집했는데, 1904년 8월 13일에는 주한 일본헌병대의 정간 명령으로 발행이 정지됐는데, 이는 우리나라에서 일제에 의해 정간당한 첫 필화사건이었다. 이 신문은 1906년 7월 통감부에 의해 매수돼 기존의 『한성신보』와 합병, 통감부 기관지인 『경성일보』 창간(1906년 9월 1일)의 밑거름이 됐다.[81]

『황성신문』 『제국신문』의 경영난

한편 『황성신문』은 큰 어려움에 처해 있었다. 『황성신문』 창간 시 황현은 『매천야록』에 "국한문을 혼용하여 시정(時政)을 공격하고 인물을 평가하는 등 아무 기탄없이 지적하므로 사방에서 앞을 다투어 구독하였다"고 썼지만,[82] 그건 그리 오래가지 않았다.

각 신문당 발행부수는 3000부 내외였지만, 이마저 변동이 심해 2000부 수준으로 떨어지는가 하면 구독료를 내지 않는 독자들도 많아 신문들은 이래저래 죽을 맛이었다. 훗날의 역사가들이 이 시기의 신문들을 높이 평가하는 것과는 달리 신문들은 늘 경영난 고통에 시달려야만 했다.

사실 『독립신문』이 문을 닫은 건 바로 그런 현실적 이유 때문이기도 했다. 『독립신문』 1898년 7월 26일자는 한국인들이 담배는 기꺼이 사면서 신문을 사는 데는 동전 한 닢도 아까워한다고 개탄한바 있다.[83]

『황성신문』은 오늘날의 주식제를 채택하여 운영했으나 항상 재정이 넉넉지 못해 정부의 도움을 받아야만 했다. 그러나 그것도 여의치 않아 1903년 『황성신문』이 극심한 경영난에 처하게 되자 장지연은 2월 5일자 논설에 '크게 소리 지르며 붓을 던진다'는 글을 써서 신문 발간을 중단하지 않을 수 없음을 선언했다. 이 논설이 실린 2월 5일자 사고(社告)는 경영이 어려운 이유를 다음과 같이 공개했다.

"『황성신문』의 발행부수는 3000여 장인데 구독료와 광고료로 들어오는 수입이 매월 1050여 원이다. 지출은 용지대와 잉크 값 등을 합쳐 830여 원이다. 이와 같이 계산상으로는 경영상 흑자를 나타내고 있는데도 실지로는 적자를 면치 못하고 있다. 그 이유는 구독료의 미수금이 7000여 원에 이르고 있기 때문이다. 이리하여 용지대와 잉크

값 등이 2000여 원이나 밀려 있으므로 문을 닫을 수밖에 없다."[84]

이 논설이 나가자 각처에서 성금이 답지했다. 거의 매일 전국의 독자들에게서 온 편지가 지면에 소개되었는데, 4월 중순경까지 접수된 성금 총액은 2032원에 이르렀다.[85] 고종도 특별한 관심을 보여 정부로 하여금 13도 각 부, 군에 훈령을 내려 신문 값 밀린 것을 빨리 갚으라고 명하고 개인 구독자들도 이를 완납하도록 각처에 게시하라고 지시했다.[86]

그럼에도 신문 값은 여전히 안 들어왔다. 1904년 1월 다시 휴간에 들어가야 할 형편에 처하게 되자 장지연은 "기생 갈보집이나 골패 화투장에는 돈을 물 쓰듯 하면서 신문 값을 독촉하면 내일 모레로 늦추니 이러고야 어찌 야만인이라 하지 않겠는가"라고 개탄했다. 이때도 다시 성금이 답지했고 그 결과 15일 만에 신문을 속간할 수 있었다.[87]

그러나 여전히 신문 값 받기는 어려운 일이었다. 1904년 5월에 또 신문 발행 중단 사태가 일어나자 고종은 5000원 상당의 건물을 하사하고 7월엔 보조금 4000원을 주었다.[88] 고종은 1903년에도 『제국신문』이 경영난에 빠지자 2000원과 사옥을 하사했다.[89]

1904년 10월 10일 주한일본군 헌병사령부는 『제국신문』에 무기정간 명령을 내렸는데, 그 이유는 그해 8월에 결성된 친일단체 일진회를 비판한 『제국신문』 10월 7일자 논설이 일본의 군사상 및 치안상 방해가 됐다는 것이었다. 2개월 전 정간을 당한 『대동신보』는 일본인들이 만든 일문지였기에, 이는 우리나라 신문사상 우리 신문에 가해진 최초의 강제 정간이었다.

일진회 회원들은 『제국신문』이 앞으로도 일진회를 비방하면 사원들의 생명에 관계가 있다고 협박했다. 일제는 3주일이 지난 10월 31일

정간을 해제했으나, 『제국신문』은 재정난으로 정간 한 달 만인 11월 9일에야 속간할 수 있었다.[90)]

이 시기의 신문들은 경영난과 더불어 일제의 탄압이라는 2중 고통을 감수해야 했으니, 장지연이 "기생 갈보집이나 골패 화투장에는 돈을 물 쓰듯 하면서 신문 값을 독촉하면 내일 모레로 늦추니 이러고야 어찌 야만인이라 하지 않겠는가"라고 분노 어린 개탄을 한 것도 무리는 아니었다.

제3장

갑진개화운동과 위생청결법

01

동학교단의
신문화운동

일본에 망명한 손병희의 활동

1904년 8월에서 1906년 9월까지 16만여 명이 상투를 자르며 정부개
혁과 국정쇄신을 부르짖은 갑진개화운동이 일어났다. 갑진개화운동
은 동학교단이 갑오농민전쟁 주도세력과 일정한 차별성을 강조하며
3대 교주 손병희(1861~1922)를 중심으로 국내 조직을 정비, 이를 바탕
으로 벌인 근대화 개혁운동이다.[1]

　1900년을 전후로 동학교도에 대한 대대적인 체포령이 내려지자 손
병희는 1902년 초 24명의 유학생을 이끌고 일본으로 망명해 자신의
정체를 숨긴 채 국내 동학 교세 확장을 시도했다. 손병희는 그곳에서
개화파들과의 교류를 통해 반일 반외세노선을 접고 개화노선으로 전
향하면서 동학교단의 젊은 청년들을 일본으로 유학시켜 일본의 문물
과 개화정책을 습득하도록 주선하는 일을 했다. 1905년 8월 40명의

유학생을 모집해 일본 유학을 떠나게 했는데, 이 중에는 춘원 이광수도 포함됐다.[2]

손병희는 1902년 국내의 교도들에게 『삼전론(三戰論)』이라는 수양교재를 작성해 보냈는데, 이는 손병희가 새로 습득한 개화사상이 반영된 것이었다. '삼전'은 도전(道戰)·재전(財戰)·언전(言戰) 등으로 도덕과 문명의 우열, 상업과 공업의 우열, 외교적 담판에 있어서의 우열이 국가의 운명을 좌우한다는 내용이었다.[3]

1903년 러일전쟁이 발발할 기운이 보이자 손병희는 일본 군부와 손을 잡고 일본군을 상인으로 변장시켜 조선에 은밀히 잠입시켜 동학교도들과 합세해 친러파 정부를 전복할 계획을 세웠다. 이 계획은 추진 도중 수포로 돌아가고 말았지만, 손병희의 정권 장악 시도는 멈추지 않았다.[4]

손병희는 러일전쟁이 터지자 일한동맹론을 내세우면서 일본 육군성에 군자금 1만 원을 기부하는 등 일본의 지원하에 정권을 장악하고자 했다. 그는 이용구를 통해 국내 구 동학조직을 진보회로 묶어 일본군의 군사활동을 지원하도록 했다. 이용구는 동학농민전쟁 때 맹활약한 동학의 실력자로 최시형이 잡힐 무렵에 함께 잡혀서 사형언도까지 받았지만 탈옥해 살아남은 인물이었다.[5]

진보회의 단발흑의(斷髮黑衣), 바리캉의 등장

진보회는 1904년 9월 말부터 설립되기 시작했는데, 1904년 10월 이후의 신문기사에는 각처에 진보회의 결성을 알리는 내용이 끊이지 않았다. 진보회원의 활동은 종교적인 것보다는 주로 정치적인 성격의

1902년 일본으로 망명한 손병희는 반일 반외세노선을 접고 개화노선으로 전향했다. 그리고 동학교단의 젊은 청년들을 일본으로 유학시켜 새로운 문물을 배우게 했다.

것이었기에 정부의 우려도 고조되었다.[6]

진보회는 전국 360여 군에 지방조직을 설치했지만, 회원은 주로 전라북도와 평안도에 몰려 있었다. 전북은 동학의 근거지였고, 평안도는 지방관의 악정이 다른 지역에 비해 혹독했기 때문이다.[7] 진보회는 민폐제거와 무명잡세혁파(無名雜稅革罷), 나아가 부패한 정부 탄핵과 교육·산업의 부흥을 주창했다.[8]

또한 진보회는 신문화운동의 일환으로 16만 회원에게 일제히 단발을 단행하게 했다. 흑의(黑衣)도 채택했다. 진보회 통문(通文) 중에는 회원이라면 일제히 단발을 해야 한다는 조항이 있었다.[9] 세간엔 단발한 진보회 회원을 조롱하는, "중아 중아 절 없는 중아 보시 보시 죽어 보시"라는 민요가 떠돌았다.[10] 임종국은 "각 고을 교구마다 수십 수백 명 교도들이 모여앉아서 상투를 밀던 그때 그 광경"을 다음과 같이 묘사했다.

"주변에 부모 처자를 비롯해서 구경꾼들이 산같이 운집했으니 군수·관찰들은 지레 겁을 집어먹고서 육방관속들에게 비상대기령까지 발동시켰다. 허나 장관은 그들이 깎아놓은 머리 꼴이었다. 이발기구가 절간의 고기만큼 귀한 시절에 가위로 급하게 깎다가 보니 들쑹날쑹한 것이 마치 의붓장인 산소에 벌초해 놓은 꼴이었다. 모양깨나 낸다고 백호칼로 싹싹 밀다가 제 머리 포를 떠놓고 유혈이 낭자한 사람. 떨어진 상투를 붙들고 대성통곡하는 가족과 아우성 소리. 이들 상투의 유해를 한데 모아서 불을 지르니 그 냄새 코를 막아야 했고 10리에 연기가 자욱하였다. 허나 이 통에 팔자를 고친 사람도 없지 않았다. 퇴물 망건을 주어서 장사를 하는가 하면 탕건장수가 세월을 만났고 '도리우치(납작모자)'도 심심찮게 매매되었다."[11]

고종은 단발령 시행 두 달여 만에 단발을 개인 의사에 맡긴다는 조칙을 내려 단발령을 철회했지만, 이 신문화운동에 자극받아 이후 단발은 가속적으로 확산되었다.[12] 단발을 조롱만 하기엔 세상은 이미 많이 달라지고 있었다. 프랑스인 바리캉 마르(Bariquand et Marre)가 1871년에 발명한 바리캉이 한반도에 들어온 것도 갑진개화운동이 벌어지던 1905년 전후였다.[13]

러일전쟁 때 러시아 군인들은 한국인과 일본인을 구별할 수 없었기 때문에 단발을 했느냐 하지 않았느냐 하는 기준으로 사람을 죽였다. 그래서 전투가 벌어지는 곳에선 기가 막힌 일들이 많이 일어났다. 이승원은 "러시아군은 삿갓이나 모자를 쓰고 다니는 한국인들을 만나면 불러 세워서는 옆구리에 차고 있던 칼로 한국인들의 모자를 한 칼에 날렸다"며 다음과 같이 말했다.

"모자 속에 상투가 남아 있다면 다행이다. 그렇지만 단발을 했다면 목숨을 부지하기 어려웠다. 러시아 군인들은 단발한 한국 사람들을 보면 그 자리에서 목을 베었다. 혹은 칼로 온몸을 난자해 죽였다. …… 스님들은 삭발을 했다는 이유로 러시아 군인들에게 무참하게 죽임을 당했다. 그들은 스님들과 속인들을 가리지 않았다. 상투가 없으면 그냥 칼을 내리꽂았다."[14]

러일전쟁이 끝난 직후인 1906년 블라디보스토크를 찾았던 만해 한용운(1879~1944)이 조선인 동포들에 의해 살해당할 뻔한 위기를 겪은 것도 바로 그 머리 때문이었다. 당시 일진회 회원들이 삭발 승복 차림으로 많이 다녔으므로, 일진회원으로 오인돼 죽을 뻔하다 겨우 구사일생으로 살아난 것이다. 중이라고 밝혔는데도 "중놈이면 우리가 들어오는 것을 보고 으레 일어나 절을 할 터인데 다리를 동그마니 접개고 앉아서 본 체 만 체 한단 말이냐?"라고 호통을 치면서 믿질 않았다나.[15]

갑진개화운동의 평가

그렇지만 진보회에 대한 정부의 탄압이 심해지고 갑오농민전쟁 때와 같은 동학 토벌의 움직임도 일어나 각 지방에서 충돌사건이 빈발하고 발포·구타·살상 등의 공포 분위기가 조성됐다. 특히 평안도 태천에서는 수백 명의 교인이 관군에 쫓겨 고치강에 빠져 익사하는 일이 발생하기도 했다.[16]

이때 일진회의 송병준은 정부의 탄압을 빌미로 진보회 회장 이용구에게 "진보회가 살아남는 방법은 오직 일진회와 합동하는 길뿐"이라고 회유했으며, 그 결과 1904년 12월 2일 진보회는 일진회와 통합했다. 바로 이날 송병준은 자신의 후원자인 일본군 참모 마쓰이시 대좌에게 보낸 사신(私信)에서 일제에의 합방을 위해 충성할 것을 다짐하면서 "만일 위반이 될 때는 불초 송병준의 썩은 목이지만 각하께 헌상할 것이옵니다"라고 했다. 통합 후 동학교단은 정부의 공인을 받은 건 아니었으나, 묵인의 단계에는 이를 수 있었다.[17]

이에 대해 이영호는 "1860년 이래 탄압만을 당해온 동학교단으로서는 조선 정부, 대한제국 정부에 대한 근본적인 불신을 가지고 있었다. 근대화에 성공한 일본의 힘을 빌어서라도 정부를 '개혁'하고 싶어 했다. 그렇지만 동학교단이 망국에 앞장선 일진회와 결합한 것은 아무리 한국 정부에 대한 적대감이 앞섰더라도 지울 수 없는 큰 오점으로 남는다"고 평가했다.[18]

갑진개화운동은 그동안 친일단체인 일진회와의 공동 추진, 일제의 지원, 부농과 자유상인 중심의 계급 구성의 한계 등으로 별 주목을 끌지 못했다. 2004년 9월 10일 갑진개화운동 발발 100주년을 맞아 동학학회가 주최한 학술토론회에서 동학학회 회장 김한식은 "당시 러시아와 일본이라는 열강의 틈바구니에서 민족의 근대화를 이루려 했던 갑진개화운동은 분열과 대립에 휩싸인 오늘날 우리에게 많은 시사점을 준다"며 "갑진개화운동이 일본공동출병론과 동맹국론 등 일본의 식민지 지배를 합리화했던 한계를 가지기도 했으나 우리 근대사에 있어 놀라운 민권신장과 문화혁명 개혁의지를 보인 개화혁신운동이라 할 수 있다"고 주장했다.[19]

02

'화장실 파동' 과
'화투 열풍'

서울 거리는 대소변투성이

개화기에 조선을 방문한 서양인들이 남긴 기행문에 자주 등장하는 것 중의 하나가 바로 조선의 독특한 대소변 문화였다. 독특하다고는 했지만, 오늘의 기준으로 말하자면 청결과는 거리가 멀어도 한참 멀었다. 1880~90년대까지도 서울 거리는 대소변투성이었고 늘 악취가 진동했다.[20]

'청결'은 서양인이 동양을 바라보는 하나의 기준이자 틀이었다. 한 서양인은 동양인들의 청결에 대한 차이에 대해 "일본인은 몸과 옷이 다 같이 청결하고, 한국인은 옷의 청결함은 고집하면서 몸에는 관심이 없는 반면, 중국인들은 둘 다에 관심이 없다"고 주장했다.[21]

앨런은 왜 침례교가 한국에서는 정착하지 못하고 일본으로 건너가서는 성공했느냐를 설명하면서 청결을 그 이유로 들기도 했다. 한국인은 목욕을 싫어하기 때문에 침례교가 뿌리를 내릴 수 없었고, 목욕 문화가 발달한 일본에서는 성공할 수 있었다는 것이다.[22]

흥미로운 건 일본 요릿집이 번창하는 것에서 영향을 받아 생겨난 조선 요릿집들이 '목욕'을 주요 메뉴 중 하나로 제공하였다는 점이다. 심지어 한 요릿집의 이름은 아예 '혜천탕'이었다. 『제국신문』 1904년 9월 7일자에 실린 혜천탕 신장개업 광고는 요리ㆍ술 안내에 앞서 '목욕간이 정결'하다는 걸 강조하고 나섰다.[23]

그러나 밥 먹고 술 마시기 전에 목욕을 즐기는 건 극소수 귀족 상류층만의 일본 흉내 내기 놀이였을 뿐, 목욕은 이 시절까지도 '개인의 부분 욕법'으로 집에서 은밀하게 이루어졌다. 1905년 서울 서린동 근방에 한국 최초의 대중목욕탕이 생겼지만, 사람이 오질 않아 곧 문을 닫고 말았다. 대중목욕탕은 1920년대에서야 본격적으로 생겨나게 된다.[24]

1900년대의 한국인들이 집 안에선 청결했는지 모르겠지만, 집 밖의 거리는 청결과는 거리가 멀었다는 건 분명하다. 한국인이야 으레 그러려니 하고 넘어갈 수 있었지만, 서양인들은 견디기 어려웠던 것 같다. 심지어 한 독일인은 서울에 대해 이런 악담마저 퍼부었다.

"이런 더러운 도시가 역병에 시달리지 않는 것은 겨울의 혹한, 여름의 홍수가 오염물질을 그나마 쓸어주기 때문이고, 그래도 남은 더러운 것들은 개들이 싹 먹어치운다. 그래서 한국인은 감사의 표시로 개들을 먹는다."[25]

1901년부터 4년간 고종의 시의로 한국에 체류한 분쉬도 "서울의 길거리 청소는 견공들에게 맡겨놓은 상태다. 곳곳에 널린 대변을 개들이 먹어치우니, 길의 청결 여부는 견공의 식욕에 달려 있다고 할 것

이다"고 주장했다.[26]

김옥균의 『치도약론』, 『독립신문』의 계몽

한국인들은 청결과 더불어 도로상의 그런 문제를 못 느꼈던 건가? 그건 아니다. 갑신정변 이후 망명길에 오른 윤치호는 자신의 일기에서 한국인의 불결함에 대해 저주를 퍼부었다.

"천하 만고에 조선 사람같이 지체가 더럽고 천한 자는 없다. …… 상해 청인 도로 지린내, 구린내 짐짓 못 견디겠으니, 이보다 더 더러운 조선에 사는 사람들은 똥 구더기라는 욕먹어 싸다. …… 청인의 집은 음침하기 측량없어 일본 사람의 정결하고 명량(明亮)한 집에 비할 수 없다. 그러나 우리나라 사람의 똥 뒷간 같은 집이야 어찌 청인의 이층집에 비교하겠는가. 한심스럽다."[27]

저주만 퍼부었을 뿐 그걸 바꾸어보려는 시도는 없었는가? 아니다. 이미 1882년에 나온 김옥균의 『치도약론』이 나름대로의 대안을 제시했다. 그는 우선 조선의 불결에 대해 다음과 같이 말했다.

"내가 일찍 들으니, 외국 사람이 우리나라에 왔다 가면 반드시 사람들에게 말하기를 '조선은 산천이 비록 아름다우나 사람이 적어서 부강해지기는 어려울 것이다. 그보다도 사람과 짐승의 똥오줌이 길에 가득하니 이것이 더 두려운 일이다' 라고 한다. 이것이 어찌 차마 들을 말인가? 우리나라는 관청에서부터 민가의 마당에 이르기까지 물이 번지고 도랑이 막혀서, 더러운 냄새가 사람을 핍박하여 코를 막아도 견디기 어려움의 탄식이 있으니, 실로 외국의 조소를 받을 일이다."[28]

이어 김옥균은 "도로변의 불결을 없애 전염병을 예방하고, 소독된 분뇨를 활용하여 농업생산성을 높이며, 교통을 편리하게 하여 물류유통을 증대시키자"며 거리 청결에 대한 감시와 처벌을 신제도인 순검(巡檢)에게 맡겨야 한다고 주장했다. 비록 3개월 만에 좌절되기는 했지만, 박영효는 한성판윤으로 치도사업을 펼치기도 했다. 갑오개혁 이후 내무대신이 된 박영효는 경찰업무에 위생경찰 사무를 포함시켰다.[29]

1897년 『독립신문』은 길거리를 깨끗하게 하기 위해 나라에서 공립 뒷간(공중화장실)을 설치해야 한다는 주장을 펴기도 했지만, 경무청에서는 길가에서 대변을 못 누게 하는 칙령을 내렸을 뿐 공중변소가 설치되진 않았다.

양반계급과 부자들은 각자 집에 우물이 있었지만, 문제는 많은 사람들이 쓰는 공용 우물의 오염이었다. 『독립신문』 1899년 7월 19일자는 길거리의 화장실화로 인한 우물 오염의 문제를 다음과 같이 지적하기도 했다.

"도성 안에 들어온 개천이 많이 있고 그 개천에서 악독한 냄새와 지미한 벌러지가 나와 사람의 코와 입으로 들어가면 그 사람으로 하여금 병이 나게 하나니 집집마다 그 개천을 청결케 한 후에야 그 집에 사는 사람이 병이 적을 것이요 또는 도성 안에 있는 우물을 보거드면 모두 대소변의 거름물로 화한 것이라 그 물을 정한 유리항에 담아 놓고 조흔 현미경으로 그 물을 비추어 볼 것 같으면 물 가운데 반드시 무수한 벌러지가 있을 터이니 그런 물을 먹고야 인민들이 어찌 병 없기를 바라리요."[30]

한국인의 똥으로 돈 버는 일본인

공중변소가 처음 생긴 것은 1904년(광무 8년) 6월 21일이다. 서울 거리의 대대적인 정비를 위해 '위생청결법'이라는 게 만들어지면서 나타난 변화였다.[31]

위생청결법은 "각 호주에게 매일 쓰레기를 소제(청소)케 하되 준수치 않는 자는 엄벌에 처한다, 분뇨통을 분급(나눠 줌)할 것이니 법에 의하여 시행케 하도록 한다, 우물의 불결로 질병이 발생하니 금후로는 우물을 청결케 한다, 공중변소를 만들 것이니 모두 그 변소를 이용하고 가로변의 방뇨는 엄금한다" 등을 규정했다.[32]

이 위생청결법이 시행되었을 때 가장 중요한 문제는 거리의 대소변을 없애는 것이었다. 집집마다 화장실을 설치해야 했고 수거문제가 대두되었다. '위생회사' 혹은 '청결회사'라고 불리는 회사가 설립되었다. 이 회사에서는 인부를 고용하여 손수레로 분뇨를 실어 날랐는데, 1908년 당시 인부 숫자 500에 손수레가 83좌(座)였다.[33]

거리에 대소변을 보다 발각되면 참담한 수모를 당해야 했다. 심지어 소변을 보다 들켜 자기 오줌을 핥아먹어야 했던 사람까지 있었다. 뭇매와 벌금은 기본이었다. 일본에서 하는 대로 한 달 징역에 처하자는 주장도 제기되었다.[34]

그러나 사람들은 가혹한 대응에 내심 분노했다. 『대한매일신보』 1909년 2월 12일자에 따르면, "일전에 용동 등지에서 어떤 의관한 사람이 오줌을 누다가 일 순사에 붙잡혀 뺨을 맞고 의관을 다 찢겼을 뿐 아니라, 땅에 눈 오줌을 도로 먹게 하여 무수한 곤욕을 당했다. 보고 있던 사람들이 모두 반하게 여겼다."[35]

다달이 2전씩 걷는 위생비도 서민들에겐 큰 문제였다. 권보드래는

"길거리에 대소변을 보는 '야만'은 한층 더 야만적인 규제 아래서 사라져갔지만, 신문명이 만들어낸 새로운 '야만'이 대신 출현"했다며 다음과 같이 말했다.

"위생비를 낸 집은 표찰을 받아 문간에 붙여 두도록 되어 있었고, 그렇지 않은 집의 분뇨는 위생회사에서 수거해 가질 않았다. 애써 만든 화장실에 대소변이 대책 없이 쌓여가는 판이었다. 참다못한 사람들은 이웃집 표찰을 몰래 떼다 자기 집 앞에 붙여놓기도 했고, 분뇨를 개천에 내다버리기도 했다. 위생비를 내지 못하는 집이 많아짐에 따라 거리는 예전보다도 더욱 더러워지고 있는 참이었다. 거름장수는 일체 금지된 후였고 위생회사는 외면으로 일관했으므로, 거리의 악취를 해결할 길은 없었다. 더욱이 이 악취는 이전보다 훨씬 고약한 종류의 악취였다. 이전의 악취가 재활용될 자원이 내는 악취였다면, 새로운 악취는 폐기되어야 할 오물이 뿜어내는 악취였기 때문이다. 이것은 문명의 악취, 눈에 띄지 않고 사라져야 마땅한, 그렇기에 더욱 견디기 힘든 악취였다."[36]

위생회사의 주인이었던 일본인들은 수거비를 받는 동시에 분뇨를 농촌에 내다팔아 다시 대가를 챙겼다. 이에 『대한매일신보』 1908년 10월 11일자 논설은 "몇백만 명 한국인의 똥이 일인의 손으로 모두 넘어가서 몇천만 석 거름의 이익이 일인의 입으로 다 들어갔다"고 개탄했으며, 10월 23일자 '시사평론'은 "똥구멍이 원수로다"라고 한탄했다.[37]

이렇게 되면 일본인들이 수거할 수 없게끔 똥을 싸는 게 반일 저항 행위가 아닌가. 실제로 그런 이유 때문이었는지는 알 수 없지만, 이후로도 길바닥에 똥을 싸는 행위는 그치지 않았다. 1910년대 신문 사설의 잦은 논제 중의 하나는 "길바닥에 똥 누지 말라"는 것이었다.[38]

일본에서 수입된 화투

1900년대 중반엔 '화투 열풍'도 불었다. 타고난 건가? 한국인의 도박 사랑도 만만치 않아 '도박광'으로 알려진 중국인보다 더 심하다는 주장도 있다. 훗날(1999년) 『경향신문』은 "뭐든지 한번 했다 하면 물불 안 가리고 화끈하게 해치우는 것이 한국인의 특성 중 하나라고는 하지만 도박에 '미치는 증상'만은 아무래도 병적(病的)이라고 볼 수밖에 없을 듯싶다. 중국인도 한국 사람 못지않게 도박을 좋아하지만 '잃는 한도'를 넘지 않는다는 점에서 결정적으로 다르다는 것이 미국 카지노에서 일하는 한국인 종업원들의 한결같은 분석이다"고 했다.[39]

한국인의 도박 사랑은 오랜 역사를 자랑한다. 유승훈은 『다산과 연암, 노름에 빠지다』에서 "조선 초의 기록부터 도박하다가 처자를 빼앗기고 가산을 탕진하는 자들이 등장한다. 그뿐인가. 대거 도박꾼이 참가하는 전문적인 도박당이 만들어졌다. 사대부에서 천민까지 재물을 걸고 도박하다가 도둑질까지 벌이는 신세로 추락하기도 한다. 또한 사기도박도 적지 않았다. 시대가 다를 뿐 행동의 양태는 현재와 비슷한 것이다"고 했다.[40]

1894년 7월 27일부터 시작된 갑오경장(甲午更張) 또는 갑오개혁은 도박 금지도 포함했다. 1895년 3월 10일 88건의 제반 규례가 실시되었는데, 이 규례의 제46에서 제48조까지가 투전과 골패와 같은 잡기를 엄금하는 내용이었다. 황현은 『매천야록』에서 이때부터 일본인들에 의해 화투가 점차 파고들었다고 했다.[41]

화투는 임진왜란 때 일본인이 가져왔다는 설도 있지만 19세기 말 대마도의 일본 상인들이 항구를 통해 조선에 퍼뜨렸다는 설이 유력하다. 이후 일본인이 조선 땅에 거류지를 만들고 이곳에서 일본인들이

화투 노름을 하면서 더욱 확산됐다는 것이다.[42]

일본에서 원래 화투는 유곽에서 은밀히 즐기던 놀이였으며 "건달이나 하는 천한 놀이"로 여겨졌다. 일제 당시 경찰관으로 1914년 『조선풍속집』이라는 책을 발간한 이마무라 모토는 조선의 도박을 설명하면서 "화투는 일본의 '하나후다'이며 조선 내 일본인 거류지에서 일본인에 의해 조선인에게 전파됐다. 또 일본에 망명했거나 유학한 사람들이 이것을 배워 돌아와 점차 전파시킨 것으로 수년 전에 전래한 것이다"고 주장했다. 또 이마무라는 "종래 조선의 도박은 매우 살풍경한 것인데 화투는 다소 미적인 취향도 있어 한때 양반 등 상류사회 또는 화류계에서 대단히 유행했다"고 썼다. 민속학자들은 화투의 이름을 '공산명월' '우중행인' '노송백학' 등 제법 '풍류 있게' 붙인 것도 화류계에서 유행한 것과 무관치 않다고 보았다.[43]

개화기는 화투의 개화기

개화기는 화투의 개화기이기도 했다. 유승훈은 "구한말 지배층의 도박은 망국병이라 해도 과언이 아닐 정도였다. 이들은 외국인들에게까지 빚을 내서 도박을 하는 형편이 되었다"며 "금(禁)도박에 있어서도 유권무죄(有權無罪), 무권유죄(無權有罪)가 철저히 통용되고 있었다. 화투 병폐의 진원지는 지배층인데 하층민들만 구속을 하고 있으니 헛물을 켜고 있던 셈이다. 화투놀이의 본원지가 묵인되고 있으니 화투로 인한 폐해는 계속 커져만 갔다"고 했다.[44]

1902년 서울 주재 이탈리아 대사로 서울에서 8개월 체류한 경험을 근거로 『꼬레아 에 꼬레아니』라는 책을 쓴 카를로 로제티는 "한국인은 선천적인 도박사이기 때문에 누구를 응원해야 하는지 잘 안다. 도박에 대한 열정은 아마도 모든 한국인이 천부적으로 간직하고 있는 유일한 것일 듯하다. 심지어 종종 생활필수품조차도 직접 구입하기보다도 내기로 구하려들 정도이다"라고 했다.[45]

앞서 소개한 바와 같이, 1904년 1월 『황성신문』이 다시 휴간에 들어가야 할 형편에 처하게 되자 장지연이 "기생 갈보집이나 골패 화투장에는 돈을 물 쓰듯 하면서"라고 개탄한 걸로 미루어 보아 이 당시 화투가 꽤 성행했음을 알 수 있다.[46]

『대한매일신보』 1904년 12월 9일자엔 도박과 관련된 두 건의 기사가 등장한다. 하나는 고위 관리들이 화투놀이를 하는데 노름 돈이 많이 왕래한다는 기사고, 또 다른 기사는 어린아이들까지 화투놀이를 벌인다는 내용의 기사다.[47]

유승훈은 "일제강점기 이전, 화투는 이미 도박계의 패권을 노리고 있었다. 1910년까지의 신문기사만으로도 이를 어렵지 않게 확인할 수 있다. 대개 '화투 피착(被捉)' '노름꾼 피착' 등의 제목으로 화투놀이를 하다가 경찰서에 잡혀가거나 노름빚에 쫓긴다는 내용을 다른 기사들이 많았다"며 다음과 같이 말했다.

"이들의 신분과 지위를 확인해보면 각 대신들, 중추원 고문, 전 승지, 군수, 관립사범학교 교수, 변호사, 자본가 등의 상층부 인사들을 비롯해서 이발사, 마부, 인력거꾼, 석탄상, 잡화상, 기생 등의 하층계급까지 매우 다양하다. 지위와 신분을 막론하고 화투로 인하여 망신살이 긴 것이다. 화투판을 벌인 노름 장소는 어디였을까. 일반 민가, 약국집의 골방, 피서지, 사무실, 산정(山亭), 기생집, 연극장 등 역시 다채롭다. 화투로 인하여 전 조선이 들썩거리고 있었다."[48]

03

이승만의 출옥과 출국

감옥생활 5년 7개월 만에 석방된 이승만

1904년 7월 8일 고종은 이승만 등 정치범을 포함한 죄수들에 대해 특사조칙을 내리고 8월 초에 이들의 석방을 재가했다. 8월 9일 이승만은 징역수 140명, 사형수 10명, 미결수 78명과 함께 출감했다. 수감된 지 5년 7개월 만으로, 이제 그는 만 스물아홉 살이 되어 있었다.[49]

박성수는 "이승만은 가장 과격한 분자라 사형선고가 내려졌으며 한번 탈옥하다가 붙잡혀 들어왔으므로 꼭 죽어야 될 신세였다. 그런데 하늘이 도왔는지 한규설이 법무대신이 되더니 그를 감형하였고, 1904년 일본공사 하야시가 고종에게 상주(上奏)하여 특사로 풀려났다. 하야시는 훗날 초대 대한민국 대통령을 살려내리라는 것을 꿈에도 상상하지 못했다"고 했다.[50]

출옥 후 이승만은 연동(연못골)교회의 게일(James A. Gale) 목사를

1904년 고종은 특사조칙을 내려 이승만 등을 석방했다. 사진은 이승만(왼쪽에서 세 번째)과 함께 감옥에서 성경공부를 하던 옥중 동지들이다. 앞의 아이가 아들 이봉수다.

찾아가 그에게서 세례를 받고자 했지만, 게일은 이승만에게 미국 유학을 강력히 권유하고 세례도 미국에 가서 받으라고 말했다. 게일은 의병항쟁에 대해 매우 부정적인 생각을 가진 선교사였는데, 주진오는 "이승만의 독립운동론에는 이 같은 선교사들의 영향이 짙게 자리잡고 있다"고 했다.[51]

　이승만은 미국유학을 준비하면서 『제국신문』의 논설을 집필하는 동시에 보안회 활동을 했다. 일본군의 군사경찰 실시로 보안회는 해체된 듯 보였지만, 집회만 하지 않았을 뿐 9월 11일에 협동회의 이름으로 새로 조직되었다. 협동회로 개편되면서 회장 이상설, 부회장 이준 등 실제 주동자들이 표면에 나섰는데, 이들은 정부의 실력자인 민영환의 내밀한 지원을 받고 있었다. 이때에 평의장 이상재, 서무부장 이동휘, 지방부장 양기탁, 재무부장 허위와 함께 이승만은 편집부장으로 발표되었다. 협동회는 일본군의 무력탄압으로 한 달 남짓 만에 와해되었지만, 그 뿌리는 뒤이은 애국계몽운동의 중심세력으로 발전했다.[52]

상동교회 엡워스 청년회

이승만은 상동교회(尙洞敎會) 엡워스 청년회(Epworth League)가 추진한 청년학원을 설립하는 일에도 참여했다. 상동교회는 1889년 가을에 감리교 의료선교사인 스크랜턴(William. B. Scranton)이 가난한 남대문시장 통에 사는 빈민들을 위해 남대문 안에 세운 교회로 처음 이름은 달성교회였다. 상동교회는 1900년에 붉은 벽돌로 현대식 예배당을 신축했는데, 이 건물은 1898년에 세워진 정동교회 건물에 이어 두 번째의 벽돌집 예배당이었다. 독립협회가 강제 해산된 뒤로 상동교회에는 이른바 상동파로 불리는 민족운동가들이 모여들었다. 감리교 창설자인 존 웨슬리(John Wesley)의 출신지인 엡워스를 이름으로 삼은 엡워스 청년회는 1889년에 창설되었는데, 그 활동이 활발해 사라진 독립협회의 연장인 듯한 면모를 보여주고 있었다. 이승만은 10월 15일 개교한 상동청년학원의 교장으로 선임되었다.[53]

이승만은 미국에 가기 위해 11월 4일 서울을 떠났으니 교장으로 3주 정도 일한 셈이지만, 상동학원은 선교사들이 아닌 한국인들이 세웠다는 것과 전인교육을 실시하려고 했다는 점에서 높은 평가를 받았다. 안재홍은 『조선교육사』에서 상동청년학원은 "개화기에 진정한 국민교육을 지향했던 유일한 사립 중등학교였다"고 평가했다. 나중에 상동학원이 수립한 모델은 그 유명한 평양의 대성학교와 같은 다른 사립학교들에 의해 모방되었으며, 을사늑약 이후 일어난 신교육운동에도 영향을 주었다.[54]

상동교회 청년회는 나중에 을사늑약 반대운동에 적극 참여했는데,[55] 이는 선교사들과의 갈등을 불러일으켰다. 감리교회는 1906년 1월과 6월 사이에 반일(反日)활동을 한다는 이유로 상동 엡워스 청년회를 비롯하여 모든 엡워스 청년회를 해산해버리고, 장로교파도 교회에서 반일활동을 하는 사람들을 쫓아냈다.[56] 그러나 이에 굴하지 않고 헤이그 밀사 파견 때에도 상동교회를 중심으로 전덕기 · 이준 · 이회영 등의 인사들이 모여 논의한 결과 상동교회 청년단장 출신인 이준 등 3인을 선택하는 등 애국활동을 계속 전개했다.[57]

민영환 · 한규설의 밀사로 도미(渡美)

한편 민영환과 한규설 등 이승만을 신임하는 중신들은 고종에게 그를 미국에 밀파하도록 건의했다. 이승만은 훗날 민영환과 한규설이 처음에는 자기를 주미공사로 임명시키려 했으나 일본인들의 방해로 실현되지 못했다고 주장했다. 결국 이승만은 민영환과 한규설이 딘스모어(Hugh A. Dinsmore) 하원의원 앞으로 써준 편지와 민영환이 주미공사에게 보내는 편지를 전달하는 '밀사' 임무를 맡아 미국으로 떠나게 되었다. 딘스모어는 1887년부터 2년 동안 주한미국공사로 와 있던 사람이었다.[58]

이승만은 동시에 유학 목적을 위해 게일 · 언더우드 · 벙커 · 질레트·스크랜턴·프레스턴·존스 등 한국에 와 있던 외국 선교사들로부터 미국 교회 지도자들이나 그밖에 도움을 줄 만한 주요 인사들에게 자신을 소개하는 추천서를 무려 19통이나 받아놓았다. 이승만의 요청을 받고 추천서를 써주지 않은 사람은 앨런 공사뿐이었다. 그는 이승만에게 일본의 지배라는 현실을 받아들이라고 충고하면서 이승만의 미국행 자체를 반대했다.[59]

이승만의 가장 적극적인 후원자는 이승만에게 유학을 권유한 게일이었다. 게일은 추천서 이외에 훗날 이승만에게 큰 도움을 주는 워싱턴 커버넌트 교회의 목사인 루이스 햄린(Lewis T. Hamlin) 박사 앞으로 따로 편지를 써주는 등 8통의 소개장을 써주었다.[60]

이승만은 1904년 11월 4일 오후 1시에 서울을 떠나 다음 날 오후 3시에 제물포에서 오하이오호(S.S. Ohio)를 타고 미국을 향해 출발했다. 11월 17일 일본 고베에서 미국으로 향하는 사이베리아호(S.S. Siberia)로 갈아탄 이승만은 11월 29일 중간 기항지인 하와이에서 동포들이 마련한 환영회에 참석했다. 당시 하와이엔 4000명가량의 한국인 사회가 형성되어 있었다. 이승만은 200여 명의 동포가 모인 환영회에서 4시간 동안이나 연설을 했는데, 서정주의 이승만 전기는 "동포들은 그의 연설에 흥분하여 어떤 때는 소리를 같이하여 고함을 치고, 어떤 때는 나직하나 뼈에 사무치는 소리로 울었다"고 했다.[61]

이승만은 제물포를 떠난 지 32일 만인 12월 6일 샌프란시스코에 첫발을 디딜 수 있었다. 이승만은 12월 31일 워싱턴에 도착해 주미한국공사관과 커버넌트 장로교회 목사 햄린 박사를 찾아갔다.

04

한국인의 왕성한 호기심

'잭 런던의 조선 사람 엿보기'

러일전쟁 종군기자단에는 캐나다인으로 영국 『런던 데일리 메일(The London Daily Mail)』지에서 파견되었던 매켄지(Frederick A. McKenzie, 1869~1931)와 『샌프란시스코 이그제미나(The San Francisco Examiner)』지에서 파견되었던 런던(Jack London, 1876~1916)도 있었다. 런던은 20세기 초 미국 최고의 사회주의 작가로 명성을 떨친 인물인데, 그가 남긴 종군기에 묘사된 한국의 당시 풍경을 감상해보기로 하자. 런던은 1904년 3월 5일자 일기에서 한국인을 다음과 같이 조롱했다.

"한국인들은 이미 그들을 점령하여 지금은 주인의 눈으로 그들을 바라보는 그들의 상전인 '왜놈'들을 몸집으로 훨씬 능가하는 근육이 발달된 건장한 민족이다. 그러나 한국인들에게는 기개가 없다. 한국인에겐 일본인을 훌륭한 군인으로 만들어주는 그러한 맹렬함이 없다.

러일전쟁 종군기자로 파견되었던 맥켄지와 런던은 한국인들의 왕성한 호기심을 지적했다. 개화기 한국을 방문한 서양인들의 기록에 이 왕성한 호기심은 빠지지 않고 등장한다. 사진은 노점상이 부리는 묘기를 보고 있는 구경꾼들의 모습.

······ 정말로 한국인은 지구상의 그 어떤 민족 중에서도 의지와 진취성이 절대적으로 부족한 가장 비능률적인 민족이다."[62]

런던은 1904년 3월 12일자 일기에서는 한국인의 왕성한 호기심을 지적했다.

"한국인의 특성 가운데 비능률적인 점 다음으로 꼽을 수 있는 두드러진 특성은 호기심이다. 그들은 '기웃거리는 것'을 좋아한다. 한국말로는 '구경'이라고 한다. 한국 사람들에게 '구경거리'는 우리 서양 사람들에겐 일종의 연극관람이며 회의참석이며 강론경청이며 경마구경이며 동물원 나들이며 일종의 산책과도 같은, 그러니까 그 외에 모든 것이라고 말할 수도 있다. 그것의 아주 큰 이점은 값이 싸다는 것이다. 한국 사람들에게 '구경거리'는 최고의 즐거움이다. 아주 사소한 어떤 사건이라 할지라도 구경거리에 해당되므로 몇 시간이 걸려도 '기웃거리느라고' 서 있거나 구부리고 앉아 있는 것이었다."[63]

한국인의 서양인 구경

실제로 개화기에 한국을 방문한 서양인들의 기록에 거의 빠지지 않고 등장하는 게 바로 호기심이다. 천주교 선교사 다블뤼가 1860년에 작성한 것으로 추정되는 『조선사 입문을 위한 노트』에도 호기심 이야기가 나온다. 다블뤼는 "조선인들은 호기심이 많아 가장 작은 일 하나도 알고 싶어 하며, 또 그것을 남에게 이야기하고 싶어 한다. 내가 볼 때 그것은 너무나 명백한 결점이어서 큰 악을 낳는다"고 주장했다.[64]

호기심은 주로 사람 구경으로 나타났다. 처음엔 서양인이 신기해서 구경을 했겠지만, 그런 구경에 대한 집착이 이만저만 강한 게 아니었다. 1883년 6월 묄렌도르프가 인천에서 서울로 오는 도중에 겪은 이야기를 들어보자.

"중간의 쉬는 곳에는 한인들이 신기에 찬 눈초리로 오두막집에서 나와 서 있었고, 아침 5시에 아침을 먹을 때에는 구경꾼들 때문에 몸 둘 곳이 없었다. 수천의 사람들이 백·청·녹색의 옷을 입고, 우리를 구경하고 있었고, 우리가 도시 중앙의 전동에 도달할 때까지 아마 한 시간 이상을 따라왔었다. 서울의 인구는 약 40만인데, 신기한 동물인 우리를 보려고 아마 40만이 다 나온 것 같았다. 각가지 빛깔의 옷을 입은 그들은 우리 쪽에서도 또 재미있는 구경거리였다."[65](물론 40만은 잘못된 수치다. 1910년 말 서울 인구는 27만 9000명이었다)

1884년부터 1885년으로 이어진 겨울에 조선을 방문했던 미국 해군 군의관 조지 우즈는 한국인들이 '극도로 호기심이 많은' 점에 놀랐으면서도, 이는 의관정재한 한국인이 뉴욕 맨하탄에 나타났을 때 미국인들이 보일 순수한 호기심과 다를 바 없는 정도의 것이라고 했다.[66] 그러나 한국인의 호기심은 그런 정도 이상의 것이라는 주장도 많다.

강한 호기심은 한국인의 장점

1886년 한국에 온 미국인 선교사 G. W. 길모어는 1892년에 출간한 『서울풍물지』에서 "그들이 가장 즐겨 쓰는 낱말 중의 하나가 바로 '구경'이다. 그들은 대단히 구경을 좋아한다"고 말했다.[67] 그는 또 "조선 사람들이 가지고 있는 또 하나의 독특한 특징은 호기심이다"며 다음과 같이 말했다.

"물론 외국인은 아직 호기심의 대상이다. 특히 여자들에게는 더욱 그렇다. 만약 여자를 동행한 채 외국인들이 시내 구경이나 쇼핑을 목적으로 산책을 나갈 때면 그들이 종종 너무 가까이 다가온다. 불편하기는 하지만 모두 선량한 천성을 가진 여남은 명 이상의 군중들이 외국인의 뒤를 따른다. 모든 동작을 지켜보며 이러쿵저러쿵하며, 우리가 말을 하려고 시도하면 고맙다거나 알아들었다는 듯이 미소를 짓는다."[68]

1901년 조선을 방문한 독일인 기자 지그프리트 겐테는 조선 방문 전 조선인의 놀라운 호기심에 대해 예습을 했던가 보다. 그는 호기심에 대해 열린 자세를 보여주었다.

"지금까지 조선을 방문하고 기행문을 썼던 여행자들은 참기 어려운 관심과 지나친 호기심에 대해 불만을 털어놓았는데 아무래도 충분히 대처하지 못했기 때문이다. 마을사람들이 놀라우리만큼 호기심이 강한 것은 사실이다. 그러나 그런 호기심이 방해가 된 적은 없다. 그들의 호기심은 선의의 호의에서 비롯된 것이므로 절대 사람을 해치거나 화나게 하려는 의도는 없다."[69]

한국인의 호기심에 대한 서양인들의 증언은 그로부터 100여 년이 지난 2000년대까지도 계속된다. 프랑스 소설가 베르나르 베르베르는 2004년 "한국인은 호기심에 가득 차 있다. 어린아이 같은 열린 눈과 열린 마음으로 새로움을 추구한다"고 했다.[70] 일찍이 아리스토텔레스는 호기심이야말로 인간을 인간이게 하는 특성이라고 주장했는데,[71] 그 점에서 보자면 한국인은 가장 인간다운 인간인 셈이다.

이젠 한국인들도 그 장점을 알아채기 시작했다. 2005년 허엽은 "기자가 출장 중 비행기에서 만났던 한 호주인은 '공항에서 두리번거리는 이들은 거의 한국인들'이라며 '소란스럽긴 해도 그 에너지와 호기심이 한국의 동력'이라고 말했다. 두리번거리는 한국인을 꼴불견이라고 여겼던 기자는 그의 말에서 발상의 전환을 실감했다"고 말했다.[72]

"코레아의 태양은 서울에만 뜬다"

러일전쟁을 취재하기 위해 스웨덴 종군기자로 한국을 방문했던 아손 그렙스트가 자신의 여행기에서 "코레아의 태양은 서울에만 뜬다"고 말한 것도 흥미롭다. 그는 "지방은 늘 그 그늘에 가려져 있다. 모든 코레아 사람이 인생을 헛되이 살지 않았다는 말을 들으려면, 언젠가 서울은 꼭 한번 순례해야 할 하나의 성지다. 서울의 눈부신 영화보다 더한 것은 아예 상상할 수도 없다"며 다음과 같이 말했다.

"서울의 광채가 다른 지방을 절대적으로 압도하고, 모든 코레아 사람이 꼭 서울에 살고 싶어 하는 데는 여러 가지 이유가 있다. 서울 내에서만 궁과 임금의 눈길을 끄는 것이 용이하고 또 눈길을 끌게 됨으로써 공직의 문이 열리는 것이다. 또한 공직자의 신분으로서만 권력과 명예 그리고 부를 획득할 수 있다. 이뿐만 아니라 국사를 연구하고 방방곡곡에서 일어나는 사건을 가장 신속하게 접할 수 있는 곳으로도 서울이 코레아에서 유일한 장소이다."[73]

한국의 태양이 서울에만 뜬다는 건 한국의 흥망(興亡)과 관련하여 의미심장한 시사점을 던져준다. 그건 서울 중심으로 일사불란하게 국가발전을 이룰 수 있는 가능성과 동시에 서울, 그것도 서울의 핵심부만 무너지면 전국이 순식간에 무너지는 취약성을 암시하는 것이다. 20세기 초는 후자였고, 한국은 20세기 후반에 이르러서야 전자의 가능성을 실현하게 된다.

제4장

일본과 미국의 결탁

01

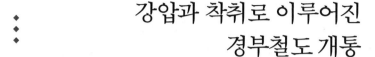

강압과 착취로 이루어진 경부철도 개통

한국인이 겪은 고통과 굴욕

일제는 1880년대 중반부터 경부철도 건설을 위한 지형탐사를 시작했고, 1896년에는 경부철도주식회사를 설립했다. 고종은 1896년 두 차례나 일제의 경부철도부설청원서를 거부했지만, 힘에 밀려 1898년 일제에 경부선 건설을 허락하는 경부철도합동조약을 체결했다.[1]

1901년 8월 20일 서울 영등포와 9월 11일 부산 초량에서 공사가 시작된 지 3년 4개월 만인 1905년 1월 1일 조선의 두 번째 철도선인 경부선(580km)이 운행을 개시했다. 당시 러일전쟁을 취재하기 위해 스웨덴 종군기자로 한국을 방문했던 아손 그렙스트는 경부선 개통 당시의 상황을 이렇게 회고했다.

"새 철로로 개통하는 첫 번째 민간용 열차여서 기관차는 조화와 일장기로 치장하고 있었다. 역 주변은 구경하러 나온 조선인들로 온통

서울 영등포와 부산 초량에서 공사가 시작된 지 3년 4개월 만인 1905년 1월 1일부터 경부철도 전 구간의 운행이 시작됐다. 사진은 경부철도 개통식 장면.

흰색 물결을 이루었는데 대부분 어른들이었다. 괴물같이 생긴 기관차를 보고 잔뜩 겁에 질린 표정들을 하면서 안절부절 못하는 기색이 역력했다. …… 좀 더 가까이서 보기 위해 마술을 부리는 차량으로 접근할 때는 무리를 지어 행동했다. 여차하면 도망칠 자세를 취하면서 서로 밀고 당기고 하였다. 그들 중 가장 용감한 사나이가 큰 바퀴에 손가락을 대자 주위 사람들이 감탄사를 연발하며 이 용기 있는 사나이를 부러운 듯 바라보았다. 그러나 기관사가 장난삼아 쇠 굴뚝으로 갑작스레 연기를 뿜어내자 혼비백산하여 달아나느라 대소동이 벌어졌다. 이러한 장면은 마치 무리를 지어 우왕좌왕하는 양 떼들을 연상케 했다. …… 가장 우스운 일은 사정없이 잔인하게 조선인들을 몰아붙이는 난장이처럼 키 작은 일본 역원들을 지켜보는 것이었다. 조선인들이 이런 대접을 받는 것은 정말 굴욕적인 것이었다."[2]

조선인이 겪어야 했던 고통과 굴욕은 철도 건설 단계에서부터 시작되었다. 조선 민중은 측량 기계를 짊어진 일본인이 나타나기만 하면 "땅 뺏어가는 측량꾼이다, 쫓아내라"며 고함을 지르며 저항하곤 했지만, 막아내기엔 역부족이었다. 일제는 헐값에 토지를 수용했고 조선 백성들을 강제부역에 동원했으며, 일꾼들에게는 품삯 대신 군용표(軍用標) 한 장으로 때웠다.[3] 공사는 관민의 저항과 반대, 용지매수 분쟁, 결빙과 홍수 등으로 많은 난관이 있었으며 그 와중에서 수많은 사람들이 희생당했다.

철도가 만든 개화미신

그렙스트가 묘사한 조선인들의 기차에 대한 경외감은 철도가 이른바 '개화미신'의 대상이 되었으리라는 걸 시사한다. 실제로 철도는 새로운 미신의 숭배 대상으로 떠올랐다. 한 일본인 기관사는 "경부선을 달리는 동안 심한 경우는 하루에 세 번 이상이나 급정거를 해야 했다. 철로에 조선 사람들은 하얀 종이를 나풀거려놓고서 기차가 오는데도 절을 하고 있는 통에 질색이었다"고 회고했다.[4]

군이 철로까지 나가지 않고도 '개화미신'에 참여할 수 있는 방법은 있었다. 그건 바로 '지도 태워서 먹기'였다. 임종국은 "아침에 부산을 떠서 저녁에 서울에 닿는다니까 어느 선비 왈, 장방(張房)의 축지법이라도 하느냐고 물었다는데, 그 축지법을 몸에 붙이기 위한 개화미신으로 지도책을 불살라 먹는 엉뚱한 풍습이 유행하였다. 어느 무당의 입에서든가 지도를 태우며 굿을 하면 축지의 비술을 몸에 붙일 수 있

다는 말이 퍼졌기 때문이다"고 했다.[5]

1900년대 초기 배재학당에서는 몇 학원들로부터 집에서 만국 지도를 태우면서 굿을 했다는 보고를 받고 지도책은 집에 가져가지 말고 학교에 맡겨놓고 다니도록 조처했다. 이걸로 보아선 '지도 태우기'가 경인선 개통 때부터 시작되었던 게 아닌가 싶다. 서울의 한 무당이 시작한 이 '지도 태우기 굿'은 크게 유행하였는데, 이는 나중에 3·1운동 때 배일사상과 결부되어 다시 부활해 간간이 부모들이 학교 다니는 아들딸들을 울렸다고 한다.[6]

임종국은 "이러한 미신과 비슷한 행태가 옛날 선비들 간에서 성행하던 비석의 글씨를 파먹는 풍습이었다. 고승이나 석학을 위해서 세운 비석의 글씨를 파서 가루로 내어먹으면, 그 고승이나 석학의 총명이 옮겨져서 알성급제는 문제없다는 것이었다. 이 논법대로라면 지도책을 불사르는 행위도 전혀 허황된 이야기만은 아니다. 그 태운 재라도 마셨다면 오대양 육대주를 신선처럼 날아다니게 될 것이 분명할 테니까"라고 했다.[7]

어쩌면 철도가 만든 개화미신은 철도로 인해 한국인이 겪은 고통과 굴욕을 떨쳐내기 위한 것이었는지도 모르겠다. 아니 그렇게 믿는 게 속 편하지 않겠는가.

1906년 경의선 개통

첫 열차는 시속 26.5킬로미터 속도로 17시간이나 걸려 서울과 부산 간을 운행했지만 5개월 후에는 14시간으로 단축됐고, 1906년에는 다시 11시간으로 단축되었다.[8] 1905년 9월 11일, 경부선에 이어 부산과 시모노세키를 연결하는 최초의 부관연락선 '일기환(壹岐丸)'이 취항하고, 1906년 4월 3일 경의선(서울-신의주, 706km)이 개통됨으로써 섬나라 일본은 사실상 대륙과 연결되는 효과를 보았지만, 그걸 위해 죽어난 건 조선 민중이었다.[9]

가장 심각한 건 노동력 징발 문제였다. 임금은 일본인 노동자의 2분의 1이나 3분의 1에 불과했고 그것도 체불되기 일쑤였으며, 러일전쟁을 앞두고 속성(速成) 공사를 추진하고 있던 일본인들은 노동자들에게 폭력을 행사했다. 전체의 불만을 대표해 나섰다가 처형을 당한 사람도 종종 있었다.[10]

경부선과 경의선은 조선인을 위한 게 아니라 일본의 전쟁준비용이었다. 일제는 정부칙령으로 "경부철도를 닦는 것은 전투함을 사들이고 1개 사단병력을 늘이는 것보다 훨씬 중요하다"며 경부철도 건설을 군사작전화했다.[11] 무수한 한국인이 병참수송의 인부로 동원되고, 가옥과 관청이 군대의 숙영지로 수용되었다. 경부선과 경의선 부설공사에 동원된 농민과 노동자는 연 1억 명 이상이었다. 철도연선과 접전지역에는 일본의 군율을 시행해 엄청난 인권유린이 저질러졌다. 일본인 철도 노동자들은 부녀자를 겁탈하고 양민을 살해하며, 비협조적인 군수들을 구타하기도 했다.[12]

어찌나 착취를 당했던지, 『대한매일신보』 1906년 5월 15일자는 "철도가 통과하는 지역은 온전한 땅이 없고 기력이 남아 있는 사람이 없으며 열 집에 아홉 집은 텅 비었고, 천리 길에 닭과 돼지가 멸종하였다"고 개탄했다.[13]

의병들이 철도를 공격 목표로 삼은 것도 바로 그런 이유 때문이었다. 의병이 아닌 사람들도 철로에 큰 돌을 올려놓고 열차의 전복을 꾀

하는 일이 자주 일어났다. 이에 일제는 포악한 형벌로 대처했다.[14]

한국을 폄하하고 친일 성향이 강한 것으로 보이는 고종의 독일인 주치의 리하르트 분쉬는 자신의 부모에게 보낸 1904년 10월 6일자 편지에 다음과 같이 썼다.

"일본 사람들은 그들이 하고자 하는 일을 그럭저럭 잘하고 있습니다. 일본 사람들은 게으르고 믿을 수 없는 한국인에게 권리 행사를 하고 있습니다. 며칠 전에 그들은 유럽 사람들이 크게 놀랄 일을 저질렀답니다. 제 집에서 15분 정도 떨어진 곳에서 총을 쏴 한국인 세 사람을 죽인 것이죠. 들리는 바에 따르면 그 한국인들은 술에 취해 서울-의주 간 철도공사에 피해를 입혔다고 합니다. 여기는 이미 전시법이 공포되어 총살은 특별한 일도 아니었지만, 사형집행 과정을 사진사 두 명에게 찍게 하는 등 일처리를 공개적으로 한 것은 불쾌했습니다. 이 지독한 총살 장면이 담긴 사진을 살 수도 있답니다."[15]

7살 소년을 총살시킨 야만성·잔인성

1907년 7월 헤이그 만국평화회의에 파견된 이상설은 회의 참가를 거절당하자 세계 언론을 상대로 "공사 중에 있던 서울-의주 간의 전략적인 철도선은 일인들의 가혹한 야만성과 잔인성의 무대가 되었다"며 다음과 같이 고발, 아니 절규했다.

"부근 농민들과 부녀자들, 심지어는 어린이들까지 아무런 보수 없이 이 사업에 동원되었으며, 철도가설작업에 채찍으로 혹사당했다. 최근에 차마 볼 수 없는 사건이 발생했다. 어떤 소년이 몽둥이를 가지고 철로 위에서 놀다가 철도 위에 몽둥이를 하나 남겨 두었다. 일본인들은 소년을 붙들어서 총살시켰다. 이 범죄자는 겨우 7살이었다. 이 이상의 야만성과 잔인성이 있을 수 있겠는가."[16]

경부철도의 출발점이 될 남대문 정거장 부지문제도 민중의 고통을 가중시켰다. 일본은 11만 평에 달하는 부지를 요청했는데, 서울 중심에서 그만한 땅을 무상으로 떼어내기란 불가능한 일이었다. 일본 정거장은 평균 3만 평에 불과한데 한국에서는 그 몇 배를 요구하니 이는 철도 건설을 핑계로 국토를 잠식하려는 계교요, 일본의 세력 확장 음모라는 불만의 소리가 터져나왔다.[17]

일본은 영등포 정거장 부지로 6만 평, 초량은 16만 평을 요구해 비슷한 갈등이 일어났다. 남대문과 초량 등지에서는 집단 소요가 일어났다. 결국 일본은 정거장 부지를 축소했고, 철도와 정거장 수용지에 응분의 보상을 하기로 합의하였지만, 보상의 책임을 한국 정부에 떠넘겼다. 철도 부지에 가옥이나 전답이 들어간 사람 수가 무려 1만 명을 넘는 형편이었는데도 보상금은 몇 푼 안 되는데다 그것마저도 몇 년 후에나 지급되었기 때문에 말썽이 끊이질 않았다. 그 알량한 보상금마저 지방관리가 착복하는 일까지 있었다.[18]

일제는 철도 개통 이후엔 한국인을 노골적으로 차별하였다. 일본 신문마저 비판하고 나설 정도였다. 『시사신보』 1905년 4월 25일자는 "한인 승객은 마치 화물과 같은 취급을 받고 있다고 한다. 일본인보다 오히려 조선인을 단골로 하는 철도가 조선인을 화물로 취급하는 것은 잘못된 사태"라고 했다.[19]

사실 그런 차별은 이미 전 사회적으로 이루어지고 있었다. H. B. 헐버트는 "일본인들은 한인들을 합법적 노리개로 생각"하고 있었다며 어느 미국인이 1905년에 목격한 한 광경을 다음과 같이 기록했다.

"어느 역에는 한인들의 보행이 금지된 길이 있는데 그렇다고 해서 어떤 표지가 있는 것도 아니다. 어느 한인 한 사람이 이 길로 걸어서 나오다가 즉시 서너 명의 일본인들에게 잡혀 의식을 잃을 정도로 구타당했다. 그는 하루가 지나서 겨우 의식을 회복했으나 몇 주일 동안이나 문 밖에 출입을 할 수가 없었다."[20]

일진회의 참여

이해하기 힘든 건 일진회였다. 일진회는 러일전쟁이 발발하자 약 15만 명의 회원이 자기 돈을 들여가면서 1904년 10월부터 1년간 군용인부로 일했다. 이들은 '북진수송대'로도 활동했는데, 북진수송대는 1905년 6월 10일부터 10월 20일에 걸쳐 일본군의 물자보급과 수송을 맡은 일진회 회원의 수송대를 가리킨다. 여기에 참여한 일진회원은 11만 4500명에 달했다.[21]

그러나 이이화는 일진회 회원 수와 그들이 받은 대우에 대해 다른 견해를 제시했다. 그는 "실제로 알고 보면 1000여 명, 그리고 러일전쟁에 동원될 때는 약 4000명인데 그것도 다 일진회 회원은 아닙니다. 일반 노동자, 농민들을 동원했던 것이죠"라면서 다음과 같이 주장했다.

"왜 일진회 회원들에게 많은 특혜를 주었다고 하냐면, 실제 경부선 철도를 놓을 때 임금을 3배나 주었습니다. 왕조시대에는 임금을 주는 것이 아니라 노역, 부역을 민의 의무로 했지요. 실제로 일본 노동자의 3분의 1에 해당하는 정도도 주지 않았지만 조선시대에는 주지도 않았던 것을 주니까 노동하는 입장에서 보면 아주 좋은 일이지요. 일본이 역시 괜찮구나, 잘해주는구나, 양반 상놈도 없다고 하지, 노동자, 농민들도 이렇게 위해주니 아주 근사하다고 느끼고 현혹되게 마련이죠."[22]

철도가 결정한 도시의 흥망성쇠

철도는 도시의 흥망성쇠에 절대적 영향을 미쳤다. 가장 대표적인 사례는 충청권의 대전과 공주였다. 공주는 조선 후기 내내 충청 지역의 상업·교육·교통의 중심지였지만, 공주 사람들이 유서 깊은 자기네 고장에 흉물스러운 철길이 놓이는 걸 반대하면서 공주의 운명이 180도로 달라지기 시작했다. 일본 기술진은 공주 대신 당시 허허벌판이나 다름없던 한밭, 곧 오늘날의 대전에 역을 지었다. 1914년 호남선이 개통하면서 나타난 변화는 더욱 드라마틱해졌다. 철도가 부설되기 전까지만 해도 한가한 촌락에 불과했던 대전은 경부선과 호남선의 분기점으로 선정되면서 새로운 중심지로 급부상한 반면, 공주는 급격히 쇠락했고 1932년 도청 소재지도 공주에서 대전으로 옮겨갔다.[23]

또 1906년 3월 경의선 철도가 완전 개통되자 의주는 역사 속으로 사라지고, 신의주가 안동현으로 이어지면서 새로운 국경도시로 성장했다.[24] 경부선의 조치원과 호남선의 논산은 철도와 함께 새롭게 일어난 반면, 해운과 상업의 요지로 대구·평양과 함께 조선후기 3대 시장으로 꼽혔던 강경은 호남선의 개통과 함께 쇠락했다.[25]

호남선의 호남평야 거점 도시 선정은 각 지역에 기득권을 가진 일본인들 사이에 이권투쟁이 치열하게 벌어진 경우다. 호남선이 군산을 경유해야 한다는 군산파와 전주 일대 평야에 대농장을 확보하고 있는 일본재벌 미쓰비시 사이에 싸움이 붙었다. 그런데 이 싸움에 뛰어든 제3의 세력이 있었으니 그건 바로 전주 양반들이었다. 이들은 오랜 양반고을에 철도와 같은 상스러운 것이 들어올 수 없다는 이유를 들어 철도의 전주 통과를 반대하고 나섰다. 이 싸움에 곤혹스러워하던 통감부 철도관할 부서는 전주 양반들의 반대를 반기면서 군산과 전주의 중간지점인 조그마한 동네 솜리(현 익산)에 철도역을 신설하기로 결정했다. 바로 이 결정 때문에 오늘날에도 전북 철도 교통의 중심지는 익산이 되었다.[26]

철도는 진정 '진보의 상징'이었나?

1908년 3월에 발표한 최남선의 창가 〈경부철도가〉는 그의 첫 창가 작품으로서 기차에게 바친 문명예찬론이었다.

"우렁차게 토하는 기적소리에/남대문을 등지고 떠나 나가서/빨리 부는 바람의 형세 같으니/날개 가진 새라도 못 따르겠네//늙은이와 젊은이 섞어 앉았고/우리 내외 외국인 같이 탔으나/내외친소(內外親疎) 다 같이 익혀 지내니/조그마한 딴 세상 절로 이뤘네"

그러나 『경향신문』 1907년 11월 22일자에 실린 작자 미상의 〈우생가(愚生歌)〉라는 창가는 기차를 다르게 묘사했다.

"경부철도 빠른 륜거 나오느니 일병이요/이골 저골 곳곳마다 일어난게 의병일세/울리나니 총소리요 들리나니 울음이라"

경부철도가 전국에서 일어난 의병을 진압하는 수송수단으로 쓰이는 것과 관련, 일제의 침략을 비통해하는 창가였다.[27]

오성호는 "최남선에게 있어서 경부철도란 신문명과 진보의 상징이었고, 따라서 그것이 당대의 역사적 현실 속에서 어떠한 기능을 담당하고 있는가는 전혀 문제가 되지 않았던 것이다"고 평가했다.[28]

박천홍은 개화기 시대의 상층 지식인들에게 철도는 '진보의 상징'
이었지만 하층 민중들에게는 "호기심과 함께 불안과 공포를 실어 나
르는 악귀의 등장과 같았다"고 했다.

"이미 제국주의 세력의 공동 사냥터로 전락해버린 조선에서 그들
은 식민지를 향한 고난과 비참을 온몸으로 견디어갈 수밖에 없었기
때문이다. 그들에게 철도는 점점 자신들의 삶을 옥죄어 오는 악몽의
그림자였다. 그들은 본능적으로 불길한 조짐을 느끼고 있었다."[29]

02

일제의 뤼순 점령

일본의 첩보전에 밀린 러시아

모든 전쟁이 그렇듯이, 러일전쟁은 치열한 첩보전이기도 했다. 러시아는 일본과의 첩보전에서 대단히 불리한 위치에 있었다. 첩보의 통로인 우편 및 전신시설과 전달 수단인 철도 등 교통시설을 일본이 선점, 장악하고 있었기 때문이다. 최근 공개된 러시아 측 비밀문서는 그점을 잘 보여주고 있다.

러일전쟁 이전부터 일본은 러시아 측 전신을 훔쳐보고 있었다. 1903년 12월 7일 일본 나가사키 주재 가가린 영사가 도쿄 주재 공사에게 보낸 보고문에 따르면, "서울에서 파블로프 공사가 보낸 전문을 받았지만 내용이 훼손돼 읽을 수가 없다. 일본 전신국이 조직적으로 교묘하게 비밀전문을 파손시켜 배달하고 있으며 이는 우연한 왜곡이라고 볼 수 없다. 일본은 통신문을 제때에 배달도 하지 않는다. 모든

112 한국 근대사 산책 4

우편, 전신국은 러시아에 적대적인 일본이 장악하고 있기 때문에 대한제국과의 교신도 불가능하다. 배달 과정에서 내용을 알 수 없도록 손상시켜 놓은 몇 통의 전보문을 첨부한다."

또 1904년 5월 16일 서울 주재 파블로프 공사가 외무부에 보낸 보고서는 "고종황제가 소장하고 있는 러시아 외무부와의 연락용 암호통신문이 궁정(덕수궁) 화재로 소실됐다. 혹시 일본이 훔쳐 보관하고 있을 수도 있으니 미리 방비하라"고 했다.

대한제국의 우편시설을 장악한 일본이 서울의 러시아공사관에서 보내는 외교행낭을 손상시키거나 배달을 지연시키는 일이 잦아지자 러시아는 임시방편으로 제물포–상하이 노선을 운항 중인 동청철도(東靑鐵道) 소속 여객선을 이용해 외교문서를 발송하고 수신하기도 했다. 2주에 1회 왕복 운항하는 이 여객선도 비밀문서 수발에는 지장이 많았다. 두만강 인접 도시 노보키예프스크지역(현재 크라스키노)과 한국 간의 전신선을 육상으로 연결하려고 계획했으나 일본의 끈질긴 방해로 실패했다. 러일전쟁 이후 한러 간의 통신은 일본 나가사키에서 블라디보스토크로 해저선을 통했다. 러일전쟁의 승패는 통신을 장악한 일본 쪽으로 이미 기울어져 있는 것이나 다름없었다.[30]

게다가 일본 자체의 첩보망도 만만찮았다. 1903년 제물포 부영사 팔야오프스키의 서북지역 출장보고서에는 "평양에는 일본의 첩보기관이 있다. 일본인들은 시내의 모든 약국을 운영하며 무슨 일이 일어나는지를 살피고 있다. 이곳에는 약 300명의 일본인이 거주하고 있는데 지방 행정권은 일본영사의 수중에 있다"고 보고할 정도였다.[31]

물론 러시아도 같은 방식으로 대응했다. 1904년 12월 4일 중국 상하이에서 파블로프 서울 주재 대리공사가 그루세스키 장군에게 보낸 보고서에 따르면, "전 서울 불어학교 교사 마르텔을 비밀첩보원으로 대한제국에 파견했다. 그는 일어에도 능통하다. 그에게 첩보임무와 개인 암호를 주었다. 그에게 『The Korea Daily News』(대한매일신보의 영문판 제호)를 늘 잘 살피라고 지시했다."[32]

뤼순 전투의 정치학

그런 첩보전이 진행되고 있는 가운데, 1905년 1월 2일 일본은 뤼순(여순)을 점령함으로써 힘의 균형을 완전히 깨뜨리는 데 성공했다. 일본군이 밀착 포위공격을 가한 지 240일 만이었다. 강성학은 "러일전쟁 기간 중 세계인들의 상상력을 가장 자극한 것은 뤼순의 포위공격이었다. 실제로 끝 무렵에 가선 뤼순의 감상적 중요성이 전략적 중요성을 분명히 능가했다. 일본인들에게 뤼순은 러시아인들이 훔쳐간 기지였으며 전쟁의 모든 것을 상징했다"며 다음과 같이 말했다.

"(여순항 장악을 맡은 제3군의) 노기 마레수케 장군이 왜 그토록 오랫동안 헛된 공격을 계속해야만 했는지는 제법 분명했다. 일본의 국민적 여론에 따라서 일본 정부는 장엄한 승리의 기쁜 순간을 요구하고 있었으며 어떤 승리도 뤼순의 점령만큼 장엄할 수는 없었던 것이다. …… 12월 러시아 함대의 궤멸로 뤼순 점령의 전략적 필요성이 사라졌다. …… 그러나 뤼순은 커다란 상징적 중요성을 갖고 있었다. 일본의 국민적 여론이 점령을 요구했다. 뤼순 점령의 축하행사 계획이 이미 오래 전부터 준비되어 있었다. 거의 모든 가정이 기대에 차서 깃발과 등을 사고 있었다."[33]

송우혜는 "여순 함락의 소식이 전해지자 일본열도는 온통 환희에 불타올랐다. 국제적 파장도 엄청났다. 일본의 승전 가능성을 확신하게 되어 전쟁경비 조달을 위한 일본 정부의 국채모집이 매우 수월해진 반면, 러시아는 국제적인 위신의 추락은 물론 국내의 국민통치에까지 막심한 그늘을 만들었기에 뒷날 레닌이 '여순의 항복은 차르체제 항복의 서막이었다'고 토로했을 정도였다"며 다음과 같이 말했다.

"승자가 패자보다 훨씬 더 막심한 상처를 입었던 이상한 전투, 여순 전투의 승리는 러일전쟁 전체의 승패를 갈랐다. 온 유럽을 떨게 한 저 위력적인 발트함대의 운명에도 막심한 영향을 미쳤다. 전투의 후일담도 유별나다. 여순 전투를 지휘했던 일본군 사령관 노기 장군의 두 아들은 모두 이 전투에서 전사했다. 엄청난 사상자를 낸 것도 두고두고 그의 경력에 어두운 그늘을 드리웠다. 귀국 후 노기는 메이지 천황에게 사죄의 자살을 하겠다고 청했다가 자신이 죽기 전까지는 허락하지 않는다는 대꾸를 들었는데, 7년 뒤에 메이지 천황이 사망하자 노기 부부는 천황의 장례식 날 나란히 할복자살, 여순 전투의 기이한 마침표가 되었다."[34]

뤼순 점령 작전에서 러시아군의 사상자 수는 3만여 명이었던 반면, 일본군의 사상자 수는 6만여 명이었다. 사실상 일본 국민이 부른 피였다. 강성학은 "1903년 말까지 일본인들은 거국적으로 전쟁을 요구했다. 승리는 조국의 안전과 영광은 물론 풍성한 배상금과 영토 획득도 보장해줄 것이라는 생각이 그들의 마음속에 자리잡고 있었다. 이렇게 볼 때 일본 측에게 러일전쟁은 국민적 제국주의 전쟁(the people's imperialist war)이었다"며 다음과 같이 말했다.

"당시 도쿄의 외국 옵저버들은 만일 일본 정부가 1903년 말 러시아에 양보했었더라면 국민 대중들의 전쟁열정이 폭동으로 폭발하여 내란으로까지 발전했을 것이라고 믿었다. 당시 언론은 물론 당시 의회도 정부에 개전의 압력을 넣었다. 따라서 정부는 의회의 비판을 막기 위해 의회를 해산시키기까지 했다. 이처럼 일본에서는 국민적 여론, 언론, 의회, 군부 등 전쟁에 대한 국민적 총화체제가 형성되었다. 그리하여 개전의 소식, 뤼순에 대한 공격소식이 전해지자 북과 악기 등을 들고 슬로건을 외치고 애국가를 부르는 행진과 환영 시위가 벌어졌다. 국민들의 전쟁에 대한 성원은 전쟁기간 내내 계속되었다. 승리를 위한 일본 국민의 의지는 참으로 놀라운 것이었다."[35]

이처럼 일본은 하나였던 반면, 러시아는 둘이었다. 러시아는 차르체제가 망하기를 간절히 바라는, 레닌으로 대표되는 혁명세력의 내부 도전에 직면해 안팎으로 두 개의 전쟁을 치러야 했다. 레닌은 1905년 1월에 쓴 「여순항의 함락」이란 글에서 "프롤레타리아트는 기뻐할 모든 이유를 갖고 있다"며 다음과 같이 주장했다.

"일본의 군사적 목표는 대체로 달성되었다. 진보적이며 선진의 아시아는 후진적이며 반동적인 유럽에게 치유될 수 없는 일격을 가했다. 10년 전 러시아를 우두머리로 하는 이 반동적 유럽은 일본에 의한 중국의 분쇄에 의해 불안해졌다. 그래서 유럽은 연합하여 일본으로부터 승리의 최고 열매를 빼앗아버렸다. 그럼으로써 유럽은 여러 세기 동안 정당화된 아시아 인민의 착취에 대한 우선적이며 일차적인 권리를 지켰던 것이다. 일본에 의한 여순항의 재정복은 반동적 유럽 전체에 대한 일격이다. …… 러시아 인민이 아니라 러시아 절대주의가 창피스런 패배를 겪은 것이다. 러시아 인민은 절대주의의 패배에 의해 승리하고 있는 것이다."[36]

부정적인 한국 이미지의 유포

일본의 승리를 알린 러일전쟁 종군기자들의 조선 묘사는 조선에게 또 다른 타격이 되었다. 이와 관련, 송우혜는 "무력하고 무능한 지도자와 제 집마저 버리고 도망치는 백성……. 이렇게 부정적으로 형성된 나쁜 이미지와 국제적 여론, 그리고 사방 어디를 둘러봐도 손잡을 곳 하나 없었던 고립된 나라 대한제국. 그 같은 보도경쟁으로, 세계 각국의 시민층에까지 대한제국과 국민들에 대한 부정적인 인상이 국제적으로 광범위하게 형성되었다"고 했다.[37]

그리고 그것은 국운에 막대한 영향을 미쳤다. 1905년 1월에 미국의 시어도어 루스벨트 대통령은 국무장관 헤이(John Hay)에게 보내는 편지에 이렇게 썼다.

"우리는 한국인들을 위해서 일본에 간섭할 수 없다. 한국인들은 자신들을 위해 주먹 한 번 휘두르지 못했다. 한국인들이 자신을 위해서도 스스로 하지 못한 일을, 자기 나라에 아무런 이익이 되지 않음에도 불구하고 한국인들을 위해서 해주겠다고 나설 국가가 있으리라고 생각하는 것은 불가능하다."[38]

루스벨트는 힘이 모든 것을 결정한다고 믿는 철저한 사회진화론자였다. 그는 이미 1900년 8월에 뉴욕 주지사로서 부통령 후보가 되었을 때에 "나는 일본이 한국을 손에 넣는 것을 보고 싶다"고 했을 만큼 일찍부터 일본에 편향적이었고, 이 편향성은 이후 내내 유지·강화되었다.[39]

루스벨트는 인종적 차이에 대해 강한 신념을 갖고 있는 철저한 인종주의자였음에도 일본만큼은 황인종으로 보려고 하지 않았다. 그는 훗날(1904년) "중국인과 일본인을 같은 인종이라 말한다면 이것은 얼마나 당치도 않은 말이냐'고 말할 정도였다. 이는 '문명화'라는 또 하나의 기준이 더해졌기 때문이다. 그래서 루스벨트는 "터키인들은 일본인들보다 인종적으로 우리(백인종)에게 더 가깝다. 그러나 터키인들은 우리의 국제 사회(소위 '문명권')에서 구제불능의 회원인 반면 일본인들은 바람직한 신입회원이라 생각한다"고 말했다.[40]

루스벨트가 1901년 가을 한 무정부주의자의 총탄에 암살당한 맥킨리의 뒤를 이어 대통령이 되었을 때, 루스벨트의 희망은 미국의 정책이 되었다. 게다가 러시아에 대한 루스벨트의 태도는 처음엔 적대적이지 않았으나, 1902~1903년 러시아가 만주에서 병력 철수와 문호개방 유지의 약속을 지키지 않은 걸 계기로 적대적으로 돌아섬으로써 한국에겐 재앙이 되는 결과를 초래하게 되었다.[41]

일제의 외교권 · 독도 · 통신권 강탈

일본군이 러시아와 전쟁을 하는 동안 일본 정부는 한국을 야금야금 집어삼키고 있었다. 서영희는 "을사조약은 흔히 외교권 박탈 조약이라고 하지만 엄밀하게 말하면 대한제국의 외교권은 1904년 12월 외교고문 스티븐스가 파견된 시점부터 이미 일본 외무성으로 넘어간 상태였다"고 했다.[42]

스티븐스가 제일 먼저 착수한 것은 해외파견 외교사절을 소환시키는 일이었다. 1905년 2월 22일 일본공사 하야시는 고종에게 프랑스 · 독일 · 일본에 주재하는 한국공사를 소환하고, 잠깐 동안 대리공사만 남기라고 강요했다.

1905년 5월 12일 영국 주재 한국대리공사 이한응은 이런 기막힌

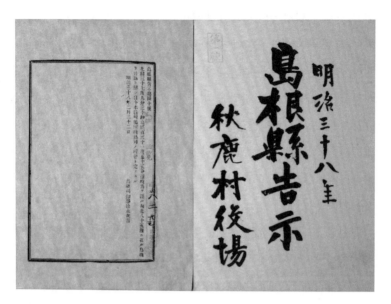

1905년 2월 22일 일본은 독도가 시마네현 부속 섬이라고 주장하는 이른바 '시마네현 고시 제40호' 를 발표했다. 러일전쟁 와중에서 독도와 울릉도는 남하하는 러시아의 블라디보스토크 함대와 일본 함대가 마주치는 전략적 요충지였다.

현실을 통탄한 나머지 그곳에서 음독자살하고 말았다. 그는 고국에 있는 가족에게 남긴 유서에서 "오늘날 나라가 받는 치욕은 갈수록 심해져 외국인으로부터 모욕을 받고 있다. 다른 나라와 교섭하는 사이에 부끄러움을 견디기 힘들다. 혈기가 치밀어 오른다. 그처럼 구차하게 살아가느니, 별안간 아무것도 모르게 되는 것이 낫겠다"고 말했다.[43]

이 일이 비밀에 부쳐진 가운데 불과 몇 개밖에 안 되던 한국의 해외 공관마저 을사늑약이 체결되기 이전에 사실상 정면 폐쇄되고 말았다. 또한 일제는 5월 19일 한러조약을 폐기하게 만들었다.[44]

1905년 2월 22일 일본은 이른바 '시마네현 고시 제40호' 로 독도를 시마네현(島根縣) 부속 섬으로 편입시켰다. 러일전쟁의 와중에서 독도와 울릉도는 남하하는 러시아의 블라디보스토크 함대와 일본의 함대가 마주치는 전략적 요충지였기 때문에 군사적 목적으로 강탈한 것이었다. 일제는 이 사실을 1년 후인 1906년 3월 28일 조선에 통보했다. 신문들은 일제의 독도 강탈을 비판했지만 이미 을사늑약(1905년 11월 17일)으로 외교권이 박탈당한 대한제국 정부는 아무런 조치도 취할 수 없었다. 또한 일본은 1905년 7월 서울 용산(현재의 미군기지)을 비롯해 평양·의주 등지의 975만 평을 군용지로 사용한다는 명목으로 강제 수용했다.[45]

조선의 통신권도 강탈당했다. 일본은 1905년 4월 1일 한국 정부와 '한국통신기관 위탁에 관한 협약'을 맺고 궁내부 전화를 제외한 모든 통신사업권과 통신관련 설비를 박탈하고 독자적으로 통신기관을 관리, 운영하게 되었다. 통신원 직원 1500여 명은 전원 사표를 내고 격렬한 반대운동을 전개하였지만 역부족이었다.[46]

이때 설치된 통신기관은 우체국 12개소, 출장소 41개소, 우편전신취급소 1개소, 우편수취소 46개소, 전신취급소 10개소, 임시우체국 335개소 등 모두 445개소였다. 1906년 1월 10일까지 53개소가 증설되고 1907년 3월 말에는 526개소가 되었지만, 통감부의 한국 지배가 굳어진 1908년에는 오히려 487개소로 줄어들었다.[47]

노예로 팔려간
멕시코 이민

이민자 1000명 중 400명 사망

1905년 4월엔 일본인이 한국에 세운 대륙식민회사의 속임수에 말려들어 1031명의 한인이 노동계약 이민으로 멕시코 유카탄반도에 도착했다. 한국과 멕시코 사이에 외교관계가 수립돼 있지 않았기 때문에 이들은 법적보호를 받지 못한 채 반노예생활을 해야 했다. 이들 중 200명이 쿠바로 이주해 정착했다.[48]

　멕시코 이민은 일본이 농간을 부린 희대의 사기극이었다. 일본인 회사들이 중국인을 학대한 게 널리 알려져 중국에서 노동자들을 더 이상 모집할 수 없게 되자 눈을 돌린 게 바로 한국이었다. 일본 회사들의 사기에 휘말려 멕시코행 배를 탄 1000여 명의 한국인들은 사실상 지옥으로 가는 배를 탄 것이나 다름없었다. 배 위에서 수많은 사람들이 죽었고, 살아남은 사람들조차 "거의 인간이라고 할 수 없는" 상

일본 회사들의 사기에 휘말려 멕시코행 배를 탄 한국인들은 사실상 지옥으로 가는 배를 탄 것이나 다름없었다. 멕시코 도착 직후 유카탄 에네켄 농장에서 일하던 한인 이민자들의 모습.

태로 지내야 했다. 이는 『황성신문』을 비롯한 신문들에 의해 보도돼 독자들의 아우성이 빗발쳤다.[49]

신문들이 더욱 분노한 건 돼지조차 한 마리당 80원에 팔려가는 판에 한국인들은 한 사람당 30원꼴에 팔려갔다는 사실이었다. 농장에서 하루에 11~12시간씩 일하고 받는 35전 중에서 25전은 형편없는 음식이나 옷값으로 다시 농장주에게 뜯겨야만 했다. 여기에 가혹한 체벌까지 뒤따랐다. 게으른 노동자는 "살점이 뜯겨나갈 때까지" 매를 맞아야 했으며, 매를 견디다 못해 자살하는 사람들마저 나타났다. 탈출자들의 반은 굶주림으로 죽었다. 멕시코 이주 노동자 가운데 400명 정도는 이런 식으로 죽어갔다. 요컨대, "멕시코 이주 한인들은 노예나 짐승처럼 취급되는 것이 아니라 노예나 짐승보다 못하게 취급되

었"던 것이다.[50]

1901~1905년 7226명 미국 이민

하와이 이민도 계속되고 있었다. 1902년부터 대한제국이 노동이민 금지령을 내린 1905년 7월 초까지 2년 반 사이에 남자 성인 6048명, 여자 성인 637명, 어린이 541명 등 총 7226명이 65개의 선편으로 호놀룰루에 도착했다. 이들 이주자들은 상인이나 농민, 노동자들뿐만 아니라 선비·정부관리·군인·경찰·목사·통역·교사·승려·광부·머슴 등 신분과 직업이 다양했다.[51]

대한제국이 노동이민 금지령을 내린 공식적인 사유는 1905년 영국인과 일본인이 불법 시행한 한인들의 멕시코 이민이 현지에서 노예와 같은 생활을 강요하는 등 국민들의 보호가 필요하기 때문이라는 것이었다. 그러나 진짜 이유는 일본 정부가 자국민 보호를 위해 개입했기 때문이었다.[52]

이주민들이 겪게 된 또 하나의 문제는 성비(性比)의 불균형이었다. 남녀가 거의 10대 1의 비율이었으니 결혼문제가 심각했다. 그래서 나중에 나오게 된 것이 이른바 '사진결혼'이다. 당시 상황에서 직접 본국에 와서 선을 볼 처지가 못 되었으므로 사진만 보내 신부를 하와이로 불러들여 혼인했다. 1910년 12월 2일 사진 신부 1호인 최사라(당시 23세)가 호놀룰루에 도착해 하와이 국민회 총회장이던 노총각 이내수(당시 38세)와 결혼한 것을 시작으로 1056명의 처녀가 남편을 찾아서 하와이에 왔다.[53]

하와이 한인들은 처음에 10명 이상의 동포가 사는 곳에 동회(洞會)

를 조직하고 동장(洞長)과 감찰(監察)을 뽑아 질서와 친목을 도모했다. 그러다가 1903년 8월에는 정치적 활동을 목적으로 호놀룰루에서 신민회(新民會, New People's Association)를 조직했다. 홍승하 · 박윤섭 · 안정수 등 감리교도들과 함께 신민회를 주동적으로 발기한 사람은 윤병구였다. 그러나 신민회는 지방지회 설립 과정에서 내분이 일어나 1904년 4월에 해체되고 말았으며, 한인들은 '신민회'를 시작으로 5년 사이에 23개의 단체를 만들어 활동했다. 1907년에는 이 단체들을 통합해 '협성협회'를 만들었고 47개 지부를 두어 한인들의 권익 향상을 도모했다.[54]

하와이에 도착한 초기 이민자 중 약 1000명은 얼마간의 돈을 벌어 한국으로 되돌아왔고, 약 2000명은 1910년까지 캘리포니아로 재이주했다. 하와이 이민자들 사이엔 샌프란시스코로 건너가기만 하면 채찍 맞는 학대에서도 벗어나고 두세 배의 돈벌이를 할 수 있다는 이야기가 퍼지면서 샌프란시스코가 꿈의 대상이 되었다. 그러나 샌프란시스코로 가는 건 결코 쉬운 일이 아니었다. 독한 마음을 먹고 돈을 모은 사람들만이 누릴 수 있는 행운이었다.[55]

유학을 목적으로 1903년에 샌프란시스코에 왔던 안창호는 인삼 행상을 하는 동포 두 사람이 길에서 서로 상투를 잡고 싸우는 것을 미국 사람들이 재미있게 구경하는 것을 보고 학업을 포기하고 동포 계몽에 나서기로 결심했다고 한다. 안창호는 1903년 9월 샌프란시스코에 한인 '친목회'를 조직했다. 그는 1905년 4월 한국인 자치단체로서 세계 열국과 공립(共立)하자는 의미로 공립협회를 창립하였다.[56]

남캘리포니아에서는 1905년에 '대동교육회'가 조직되어 교육진흥 사업을 폈고, 대동교육회는 1907년 정치활동을 추가해 대동보국회로 확대 개편되었다. 1910년 하와이의 협성협회와 샌프란시스코의 공립협회가 통합해서 대한인국민회를 결성했으며, 대동보국회도 이후에 국민회로 흡수되었다.[57] 이민자들의 중심 활동지는 교회였다. 1903년 호놀룰루, 1904년 로스앤젤레스, 1905년 샌프란시스코에 각각 한인교회가 세워졌다.

해외 교포신문 발간

1902년 12월부터 하와이 등 미주로의 노동이민이 시작되면서 국외에서도 신문이 발행되었는데, 최초로 발간된 신문은 1904년 3월 27일자로 하와이에서 창간된 『신조신문』이었다. 이 신문은 격주간 등사판으로 1905년 4월까지 발행되었다. 이후 주로 호놀룰루에서 교포 계몽 수준으로 『한인시사』『친목회보』『시사신보』등이 격주간 혹은 월간으로 창간되었으나 모두 단명했다.[58]

미주 본토에서는 1905년 11월 22일자로 공립협회의 기관지 『공립신보』가 창간되었으며, 이는 1909년 2월 『신한민보』로 개제되어 오늘날까지 발간되고 있다. 이어 상항(桑港, 샌프란시스코) 감리교회에서 『한인연합회보』와 『대도(大道)』를, 대동보국회에서 『대동공보』등을 발간했다.[59]

1906년 샌프란시스코 지진 사건은 이주 한인들에 대한 동포애를 발휘하게 만들었다. 나중에 확인된 바로는 지진으로 인해 죽은 한인은 한 명도 없었지만, 그걸 알기 전까지는 '최악의 시나리오'를 가정한 걱정의 목소리가 빗발쳤다. 한 신문 독자는 "우리 한국인이 하늘에 무슨 죄를 지었단 말인가?"라고 개탄하기도 했다. 『대한매일신보』의

호소에 따라 동포를 돕기 위한 위로금이 쇄도하기도 했다.[60]

해외 교포의 수가 점점 늘면서 국내에선 이를 민족주의 · 국가주의적 관점에서 보는 시각이 나타나기 시작했다. 1906년 이후 해외동포에 대한 기사에는 국혼(國魂), 국수(國粹), 민족 등의 개념어가 많이 나타났다. 『공립신보』 기사를 재수록한 『대한매일신보』 1907년 5월 7일자는 해외 이민은 한국이 세계적 질서로 통합되는 과정의 일부이며, 국가의 진정한 시작을 나타내는 지표라고 보았다.[61]

04

가쓰라-태프트
비밀협약

일본이 압승을 거둔 쓰시마 해전

러시아는 평화회담을 추진하라는 루스벨트의 권고를 거절했지만 러
시아의 비극은 뤼순 함락으로만 끝나지 않았다. 봉천(奉天)에서도 참
패했고 쓰시마 해전에서도 몰락했다.

1905년 2월 크로폿킨이 이끄는 러시아군 37만과 오야마가 이끄는
일본군 25만이 봉천의 결전을 눈앞에 두고 있었다. 러시아는 시베리
아 철도편으로 수송되어 올 증원군 2개 군단을 가세시켜 일본군의 2
배 이상이 될 병력으로 일본군을 일거에 압도할 계획이었다.

그러나 1905년 1월 9일 일요일 상트페테르부르크에서 터진 '피의
일요일 사건'의 여파가 러시아군의 발목을 잡았다. 이 사건은 파업 노
동자를 포함한 20여 만의 데모 군중에 대한 일제 사격으로 500명의
사망자 3000여 명의 부상자를 내고 진압된 듯 보였지만, 각처에서 연

쇄적인 무장 봉기가 일어나 철도 마비 사태를 낳았다.

이미 '피의 일요일 사건'을 일으키기 위해 100만 엔의 공작금을 비밀리에 공급했던 일본은 이후에도 유럽 각국에서 구입한 무기를 러시아의 혁명세력에게 밀송함으로써 철도 마비 사태를 유도하였다. 사태의 전개 과정을 관장하고 있던 일본은 사기가 크게 저하된 러시아군을 공격개시, 16일 만인 1905년 3월 10일 봉천을 점령하는 데 성공하였다. 이 전투에서 러시아군은 9만 7000명의 병력을 상실하며 패배함으로써 사실상 재기 불능의 상태에 빠지고 말았다.[62]

그러나 일본군의 피해도 컸다. 일본군은 25만 명 중 8만 명의 사상자를 냈는데, 사상자들은 장교와 숙달된 병사들이어서 타격이 심했으며, 나머지는 예비병력인데다 이마저도 11만 명 정도가 심한 각기병을 앓고 있었다. 사실 러일전쟁에서 내내 일본군을 괴롭힌 건 병사들의 질병이었다. 물로 인한 배탈과 설사로 수많은 병사들이 죽어 나갔다. 이때 만들어진 배탈·설사약은 나중에 러시아를 이기는 데에 도움이 되었다는 이유로 '정로환(征露丸)'이라는 이름이 붙여졌다. 일본은 병사들의 질병과 더불어 전쟁경비까지 바닥나 어려운 상황에 처해 있었다. 임종국은 당시 일본은 "더 이상 전쟁을 치를 여력도 없었다"며 "이때 조선에서 일본군에 대한 공격을 했다면 …… 손바닥 뒤집듯이 쉽게 일본군을 박살낼 수 있었다"고 아쉬워했다.[63]

또 1905년 5월 28일 쓰시마해협 내의 쓰시마섬 근처에서 러시아의 발틱함대는 도고 헤이하치로 제독이 지휘하는 일본 해군에 의해서 궤멸되었다. 일본군은 이 해전에서 사망 116명, 부상 590여 명을 기록했을 뿐이지만, 러시아 측은 사망 4830명, 포로 7000명 등으로 일방적인 패배를 당하였다.[64]

훗날 일본 역사 10대 영웅 중의 한 명으로 이름이 올라가게 되는 도고는 '이순신 존경'으로 우리에게 잘 알려진 인물이다. 러일전쟁 승전 축하연이 있던 날 밤, 어떤 신문기자가 도고 제독에게 "각하의 업적은 영국의 넬슨 제독, 조선의 이순신 제독에 비견할 만한 빛나는 업적이었습니다"라고 아부성 발언을 하자, 도고는 그 기자를 즉각 다음과 같이 야단을 쳤다는 기록이 있다.

"나를 이순신 제독에 비교하지 말라. 그분은 전쟁에 관한 한 신의 경지에 오른 분이다. 이순신 제독은 국가의 지원도 제대로 받지 않고, 훨씬 더 나쁜 상황에서 매번 승리를 끌어내었다. 나를 전쟁의 신이자 바다의 신이신 이순신 제독에게 비유하는 것은 신에 대한 모독이다."[65]

도고가 말은 바로 했다. 도고의 승리는 국가의 지원뿐만 아니라 영국의 덕을 톡톡히 보았다. 영국이 당시 그들의 통제 아래 있던 홍해의 수에즈운하 통과를 불허하는 바람에 러시아의 발틱함대는 아프리카 남쪽의 희망봉을 거쳐 지구를 반 바퀴나 도는 에너지·시간 낭비를 하느라 기진맥진한 상태였다.[66]

미국이 조달해준 일본의 전쟁자금

뿐만 아니다. 러일전쟁은 외교 전쟁이기도 했다. 영·미가 일본을 지원하고, 독·프가 러시아 지원에 소극적이었던 것이 러일전쟁의 승패를 좌우한 결정적 요인이었다. 루스벨트는 독·프가 삼국간섭 당시처럼 일본에 개입한다면 미국은 당장 일본 편에 가담하겠다고까지 했다.[67]

훗날 발굴된 비밀문서들은 미국과 영국의 일본 지원이 당시 알려진 것도 훨씬 더 적극적이었다는 걸 보여주었다. 예컨대, 당시 영국군이 일본군에게 알려준 러시아 발틱함대 이동 상황 등의 첩보가 일본의 승리에 기여했다는 사실도 2001년에서야 보도되었다.[68]

2007년 4월 서울대출판부가 발간한 미국의 여성 사학자 캐롤 쇼의 책 『외세에 의한 조선 독립의 파괴(The Foreign Destruction of Korean Independence)』는 일본과 러시아가 전쟁을 벌일 당시 일본의 전쟁비용을 지원하기 위해 루스벨트가 미국의 사업가들을 적극적으로 끌어들였다는 것을 처음으로 밝혔다.

지금까지 일본 학계는 이와 관련해 미국의 유대인 은행가 제이콥 시프가 전쟁비용을 조달했다는 내용만 거론했지만, 이 책은 앤드루 카네기(3000만 달러), 제이피 모건 등 미국의 대기업 6곳이 일본에 차관을 지원한 사실을 새롭게 밝혀냈다. 이렇게 해서 미국이 조달한 일본의 전쟁비용은 약 7억 엔(현재 14조 원 상당)에 이르렀다는 것이다.

한국에서 활동한 선교사의 2세인 쇼는 "100여 년 전 우리(미국)가 공공의 선이란 미명하에 작은 나라(대한제국)의 국권에 어떤 짓을 저질렀는지 생각해보라"며 미국인 한 사람으로서 사죄의 뜻을 표하고 싶어 이 책을 쓰게 됐다고 말했다.[69]

미국은 필리핀, 일본은 한국을 먹다

러일전쟁이 사실상 일본의 승리로 귀결되자 미국 대통령 루스벨트는 자국 식민지였던 필리핀(1899년 스페인으로부터 빼앗은 식민지) 시찰 명목으로 육군장관 윌리엄 태프트를 일본으로 보내 7월 29일 일본 총리이자 임시로 외상도 겸하고 있던 가쓰라 다로(桂太郞)와 이른바 '가쓰

1905년 러일전쟁 당시 일본 총리
이자 임시로 외상을 겸하고 있던
가쓰라 다로(위). 그는 미 육군장관
윌리엄 태프트(아래)와 밀약을 맺
었다. 이른바 '가쓰라-태프트 밀
약'인데, 두 사람은 동아시아의 안
정을 위해서 일본이 한국을 지배해
야 하며, 미국과 같이 강력하고 우
호적인 나라가 필리핀을 지배해야
한다는 등의 망언을 늘어놓았다.

라-태프트 밀약'을 맺게 했다. 이 밀약은 "러일전쟁의 원인이 된 한국을 일본이 지배함을 승인한다"고 규정했다. 이로써 미국은 일본의 조선 지배를 인정해주고 대신 일본은 미국의 필리핀 지배를 인정했다.

가쓰라-태프트 밀약 시 두 사람은 어떤 이야기를 나눴던가? 한국인으로선 분노하지 않을 수 없는 망언들이 오갔다. 2007년 8월 한승동은 "우리는 아직도 걸핏하면 '동아시아 안정'을 들먹이는 가쓰라, 태프트들이 주도권을 쥔 세계에 살고 있다"고 개탄하면서 당시의 망언들을 다음과 같이 소개했다.

"가쓰라는 대한제국 정부의 잘못된 행태가 러일전쟁의 직접적인 원인이라는 해괴한 주장을 폈다. 그는 한국 정부를 방치해둘 경우 또 다시 타국과 조약을 맺어 일본을 전쟁에 말려들게 할 것이니, 일본은 한국 정부가 다시는 다른 외국과의 전쟁을 일본에 강요하는 조약을 맺지 못하도록 해야 한다는 궤변을 늘어놨다. 태프트는 한국이 일본의 보호국이 되는 것이 동아시아 안정에 직접 공헌하는 것이라며 맞장구쳤다. 사실 태프트는 가쓰라가 그런 주장을 읊조리기 전에 먼저 필리핀에서 일본의 유일한 이익은 자신의 견해로는 미국과 같은 강력하고도 우호적인 국가에 의해 필리핀이 통치되는 데 있으며, 이 군도가 자치에 부적합한 원주민의 잘못된 정치 아래 놓이거나 비우호적인 몇몇 열강의 수중에 들어가게 해서는 안 된다고 주장했다."[70]

영국도 8월 12일에 제2차 영일동맹을 맺어 일본의 조선 지배를 승인하고 대신 일본은 영국의 인도·버마(미얀마) 등의 지배를 두둔하였다.[71]

2005년 가쓰라-태프트 밀약 논쟁

2005년 10월 열린우리당 의원 김원웅은 주미 대사관 국정감사에서 "미국이 일본의 한반도 지배를 인정한 1905년 가쓰라-태프트 밀약에서 불행이 시작됐다"면서 "국제법상의 중대한 범죄행위인 이 밀약에 대해 미국에 항의하고 사과를 요구해야 한다. 한미관계의 과거 청산이 필요하다"고 주장했다.

이에 대해『조선일보』는 "미국이 일본의 한반도 식민지배를 눈감아주고 적극 개입하지 않는 것도 잘못이고, 미국이 북한의 남침을 눈감아주지 않고 개입한 것 역시 잘못이라면 이것이야말로 모든 게 미국 탓이라는 주장이다. 아무리 국내에서 반미(反美)가 '남는 장사'고 그래서 '미국 때리기'만 하면 박수 받는 세상이라지만, 이런 주장을 마구잡이로 할 때 국제 사회가 한국이란 나라를 어떻게 볼 것인가도 한 번쯤은 생각해 봐야 한다"고 주장했다.[72]

05

이승만의 루스벨트 면담

윤병구·이승만, 루스벨트를 만나다

앞서 말했듯이 한국을 떠난 이승만의 미국행은 두 가지 목적을 갖고
있었다. 하나는 유학이요, 또 하나는 고종의 측근인 민영환과 한규설
의 개인 밀사 자격으로 미국 정부 요로에 한국의 독립보전을 요청하
는 일이었다.

1904년 12월 31일 미국에 도착한 이승만은 하원의원 휴 딘스모어
(Hugh A. Dinsmore)를 만나 민영환과 한규설의 편지를 전달했다. 딘
스모어는 주한 미국공사 시절(1887~1890)에 두 사람과 친교가 있었
다. 1905년 2월 20일 이승만은 딘스모어의 주선으로 국무장관 존 헤
이를 반시간 남짓 만날 수 있었지만, 헤이는 주로 조선에서의 선교문
제에 관심을 표명했다.[73]

이승만은 목사 햄린의 추천으로 1905년 2월에 시작되는 봄 학기부

터 조지워싱턴대학에 입학했으며, 배재학당 수학경력을 인정받아 2학년에 편입할 수 있었다. 그는 이후 YMCA와 교회에서 한국에 대한 강연으로 생활비를 조달했다.[74]

이승만은 1905년 4월 23일의 부활절 주일에 세례를 받았으며, 6월 4일엔 그의 여덟 살 된 아들 태산이 워싱턴에 왔다. 박용만이 미국에 오는 길에 데리고 온 것이었다. 이승만은 태산을 키울 수 있는 처지가 아니었기에 태산은 곧 어느 미국인의 집에 맡겨졌다.[75]

한편 하와이에서 전도활동을 펴고 있던 목사 윤병구가 하와이에 들른 육군장관 윌리엄 태프트에게 간청하여 시어도어 루스벨트 대통령에게 보내는 소개장을 얻어냈다. 윤병구와 이승만은 1905년 8월 4일 여름 별장지에 가 있던 루스벨트를 만났다. 이들은 하와이 교민 8000명을 대표하여 한국의 주권과 독립보전에 대한 희망을 담은 청원서를 제출했다. 루스벨트는 청원서는 한국공사관을 통해 제출해달라면서 두 사람을 격려했다.[76]

루스벨트의 일본 사랑

이미 6일 전인 7월 19일 가쓰라-태프트 비밀협약을 맺게 한 루스벨트가 그렇게 말한 건 물론 '쇼'였다. 당시 루스벨트는 구제불능일 정도로 일본에 경도된 인물이었다. 이렇게 된 데엔 일본의 대(對)조선 정책을 지지하면서 미국의 친일노선을 부추겼던 『아웃룩 매거진(Outlook Magazine)』의 편집장 조지 케난(George Kennan)의 영향이 컸다.

케난은 개인적으로도 루스벨트의 친구이자 이른바 '루스벨트 사단'에 속한 인물이었다.[77] 루스벨트의 한국관 형성에 큰 영향을 미친 케난은 저서 『나태한 나라 한국』(1905년)에서 조선인을 나태하고 무기력하며, 몸도 옷도 불결하고 아둔한데다 매우 무식하고 선천적으로 게으른 민족이라고 악평을 늘어놓았다.[78]

케난의 잡지는 루스벨트가 정기적으로 구독하는 유일한 잡지였다. 케난이 잡지 기사를 통해 한국을 "자립능력이 없는 타락한 국가"라고 묘사하자, 루스벨트는 케난에게 편지를 보내 "한국에 관하여 쓴 당신의 첫 번째 글은 정말 마음에 든다"고 동감을 표시했다. 케난의 이런 글들에 대해 앨런은 "악의에 차 있고 가장 어리석은 난센스"라며 "한국에 있는 모든 미국인들을 구역질나게 만들었다"고 비판했지만, 알렌의 목소리는 루스벨트의 귀에 들리지 않았다.[79]

이런 인식이 루스벨트에게도 영향을 미쳐 거침없는 친일노선으로 일로매진하게 만들었을 것이다. 1905년 8월 루스벨트는 "나는 이전에 친일적이었다. 그러나 지금은 과거보다 훨씬 더 친일적이다"고 실토했다.[80]

'이승만은 애국열성의 청년지사'

당시로선 그걸 알 리 없었던 이승만은 청원서 제출을 위해 워싱턴에 있는 한국공사관을 찾았다. 그러나 한국공사관의 대리공사 김윤정은 본국 정부의 훈련이 없이는 청원서를 미국 정부에 제출할 수 없다고 말했다. 이승만과 윤병구는 온갖 말로 김윤정을 설득했으나 소용이 없었다. 이승만은 분노해 공사관을 불사르겠다고 위협했지만 아무 소용없었다. 이때 이승만은 "한국 사람들이 그처럼 저열한 상태에 빠져 있는 한 한국에는 구원이 있을 수 없다"는 결론을 내리고 "한국 사

KOREANS SEE THE PRESIDENT.

He Cannot Receive Their Memorial Except in Regular Way.

Special to The New York Times.

OYSTER BAY, Aug. 4.—While M. Witte and Baron Rosen, the two Russian peace plenipotentiaries were being driven in the President's carriage from Sagamore Hill to catch their train for New York they met on the way a less pretentious conveyance driving in the opposite direction. It contained the Rev. P. K. Yoon and Syngman Rhee, who as envoys from "the true seeking hearts" in Korea, were on their way to President Roosevelt's home to plead their country's cause.

It was not until late this forenoon that the two Korean envoys received the message from Sagamore Hill that President Roosevelt would receive them. The hour fixed for the audience was 4:30 in the afternoon. They had a letter of introduction from Secretary Taft.

The Presidential carriage containing the Russian envoys and the conveyance containing the Koreans met about midway. The two Koreans knew the identity of the two Russians and looked at them with curiosity. The Russians did not know the diminutive Koreans, but their glances of surprise made it apparent that they mistook them for Japanese.

The two Koreans spent about half an hour in conversation with the President. He read with interest the memorial they brought, but said it would be impossible for him to receive it officially unless it came to him through the usual diplomatic channels.

"Your President received us very kindly," said the Rev. Mr. Yoon as he returned from Sagamore Hill. "He seemed very much interested in what we had to tell him about the sore troubles now besetting our people, and we are glad we saw him.

"The President read our memorial, but advised us to obtain the sanction of the Korean Legation at Washington, as he would not be able to receive it except it came to him through the State Department at Washington."

The two Koreans left last evening for Washington, saying they would return on Sunday or Monday for another talk with the President.

루스벨트 대통령이 두 한국 청년을 만났다는 내용의 1905년 8월 5일자 「뉴욕타임스」기사. 이는 가쓰라—태프트 비밀협약을 맺게 하고 구제불능일 정도로 친일적이었던 루스벨트 대통령의 '쇼'이자 '위장술'이었다.

람들에게 기독교 교육을 베풀기 위해 일생을 바치기로 작정했다"고 한다.[81]

그러나 주진오는 "이때 김윤정이 이승만의 제의에 응했다 하더라도 강화회의에서 다루어지지 못했을 것은 분명한 일이다. 2년 후의 헤이그 밀사 사건이 이를 증명하고 있다. 이때 이승만은 햄린 박사와 조지워싱턴대학의 니드햄 총장(그는 한국공사관 법률고문이었다고 한다)에게 도움을 요청했으나 미국 정부의 정책에 대하여 정확한 정보를 가지고 있었던 그들은 김윤정의 입장에 동의를 표시하였다"고 말했다.[82]

루스벨트가 한국의 두 무명 청년을 만난 건 일본과 체결한 밀약을 덮어두기 위한 위장술에 불과한 것이었다. 그러나 이 만남은『뉴욕타임스』에 이틀간에 걸쳐 꽤 크게 보도되었고, 또 이것이 나중에(1906년 4월)『황성신문』과『대한매일신보』를 통해 알려짐으로써 이승만은 "한국인민의 대표자요 독립주권의 보존자요 애국열성의 의기남자요 청년지사"라는 명성을 얻게 되었다.[83]

06

한국의 운명을 결정한
포츠머스조약

루스벨트가 주도한 포츠머스조약

1905년 8월 8일, 러시아와 일본 양국의 협상 대표단이 미국 뉴햄프셔 주의 작은 해군기지인 포츠머스에 도착해 1년 넘게 끈 러일전쟁을 종결하기 위한 강화회담을 시작했다. 러시아군 사상자 27만 명 중 사망자 5만 명 이상, 일본군 사상자 27만 명 중 사망자 8만 6000명이라는 참혹한 통계수치가 말해주듯 양쪽 모두 지칠 대로 지친 상황이었다.[84] 일본군 사상자는 68만 9000명이며, 이 중 전사자만 14만 5000명이 었다는 통계도 있다.[85]

일본이 이 전쟁에서 지출한 직접군사비는 14억 엔으로 청일전쟁의 전비를 6배나 초과하는 비용이었고, 1903년도 군사비의 10배, 국가예산의 5배 가까운 액수였다.[86] 그렇지만 전쟁에서 승리한 일본이 더 유리한 위치에 있었던 것이 사실이다.

러시아와 일본 양국은 포츠머스에서 러일전쟁을 종결하기 위한 강화회담을 타결 짓고 1905년 9월 5일 조인했다. 포츠머스 조약의 핵심은 한국을 일본에 넘긴다는 것이었다.

정일성은 "일본은 스스로 먼저 강화조약을 맺자고 나서기 싫어 미국의 루스벨트 대통령을 끌어들였다. 이토가 그의 내각에서 농무상과 법상을 지낸 가네코 겐타로에게 루스벨트 대통령을 움직이게 한 것이다"며 다음과 같이 주장했다.

"가네코는 하버드대 로스쿨(2년제) 출신으로 미국에 친구가 많았다. 그는 학부와 수업 연한은 달랐지만 루스벨트와 같은 해(1876년)에 입학했다. 재학하는 동안에는 만난 적이 없었으나 가네코가 1889년 의회조사를 위해 도미했을 때 미국 친구의 소개로 당시 행정개혁위원장이었던 루스벨트를 알게 되어 서로 사신(私信)과 크리스마스 카드를 주고받는 친숙한 사이가 되었다. 일본의 의뢰를 받은 루스벨트는 곧 중재에 나서 1905년 8월부터 미국 동부 포츠머스에서 회담을 시작할 수 있게 했다."[87]

8월 9일부터 시작된 회담은 29일 완전히 타결되었고 9월 5일에 조인되었다. 포츠머스 회담의 핵심은 한국을 일본에 넘긴다는 것이었다. 조약 제1조는 러일 양국의 통치자와 국민들 사이에 앞으로 평화와 우애가 있을 것을 선언한 단순한 외교적 조항이었고, 제2조에서 명시적으로 일본은 한국에 지배적인 권리가 있음을 인정한다고 규정했다. 이 조약으로 뤼순·다롄의 조차권과 창춘 이남의 철도부설권, 북위 50도 이남의 사할린 섬을 일본이 가져갔다. 동해와 오호츠크해·베링해의 러시아령 연안 어업권도 가져갔다.[88]

일본 국민의 폭동

그러나 전쟁 피해 규모와 비교해보면 일본이 얻은 전리품은 그리 많지 않았기 때문에 조약이 체결된 9월 5일 일본 도쿄에서는 '굴욕외교'에 반대하는 폭동이 일어났다. 9월 6일 도쿄 인접지역에 계엄령이 선포되었지만, 3일간 계속된 이 난동으로 도쿄 시내 파출소의 70퍼센트인 364개소가 불타고 친정부 신문인 『국민신문』 사옥과 내무상 요시카와 아키마사의 관저 등이 크게 파괴되었다.[89]

그런 폭동의 이면엔 일본 정부가 청일전쟁 직후부터 러일전쟁에 대비한답시고 광란에 가까울 정도로 군사비를 폭증시켜 온 탓에 혹사당한 민생이 있었다. 청일전쟁이 끝난 1895년 전시체제의 군사비 점유율이 총 세출액 대비 32퍼센트였는데, 평화로울 때인 1896년에 48퍼센트로 늘렸을 정도로 광란이었다. 이덕주는 "산업발전도 제대로 되지 않은 일본이 이러한 비대한 예산을 짜놓고 국민으로부터 징세를 강행하다 보니 국민생활은 말할 수 없이 궁핍해지고, 그 고통은 말로 다할 수 없는 지경이었다"며 다음과 같이 말했다.

"일본 정부의 이러한 강행군은 러일전쟁이 일어날 때까지 지속되었다. 국민은 도시 일부를 빼고 거의 맨발로 다녔으며, 겨울에도 짚신을 신고 다닐 정도로 빈곤한 상태였다. 먹는 것도 비참할 정도로 빈약했다. 그러면서도 일본 국민은 절약과 빈곤을 미덕으로 삼아 이 비참하기 짝이 없는 생활을 견디어 러일전쟁을 치르게 되었다."[90]

일본은 전쟁으로 국민들 팔자 고치게끔 하려는 전쟁국가였던 셈이다. 광란의 전국적 확산이 이루어졌다고나 할까. 폭발은 예정된 일이었다고 보는 게 옳을 것이다.

강성학은 "일본은 폭발했다. 힘겨운 세금 부담과 아버지와 아들 그리고 남편의 전사는 거의 모든 일본의 가정이 겪어야 했던 전쟁의 결과였다. 모두가 보상을 요구했다. 일본 군대가 만주를 포기했으며 배상금도 얻어내지 못했고 겨우 얻어낸 것이 고작 동토의 사할린 반쪽이라는 소식은 거의 즉각적이고 유혈의 긴 소요를 야기시켰다"며 다음과 같이 말했다.

"1906년 1월 7일 가쓰라 정부는 4년 7개월간의 집권을 끝내고 총퇴진했다. 결국 포츠머스 평화조약에 대한 국민적 불만이 가쓰라 정부의 퇴진을 가져왔던 것이다. 그러나 가쓰라 정부의 퇴진을 가져온 포츠머스조약에 대한 일본 대중들의 불만이 우연히 터졌던 것은 아니었다. 오히려 그것은 사무라이 정신 혹은 무사도로 알려진 일본인들의 전통적 호전주의 정신에 깊이 내재되어 있던 것이었다."[91]

일본 지식인들도 일본인들의 전통적 호전주의 정신을 지적했다. 기요사와 기요시는 일본 국민들은 언제나 정부보다도 더 강경한 외교정책을 요구했다고 주장했다. 마루야마 마사오는 메이지시대 이래 강경한 외교정책의 요구는 평민들로부터 나왔으며, 그것은 '억압의 전이(transfer of oppression)' 현상으로 근대 일본인들이 봉건사회에서 받은 가장 중요한 유산 중의 하나라고 했다.[92]

일제강점이 5년 더 걸린 이유

포츠머스조약은 전쟁 당시에는 일본을 지지했지만 전후 일본이 너무 많이 가져가는 걸 경계한 루스벨트의 노회한 외교술의 승리였다. 한국만 먹고 떨어지라는 식이었다. 협상타결 직후 『포츠머스 헤럴드』는 1면 톱기사에서 "Peace"라는 제목으로 체결 소식을 전했고, 회담이 열린 장소는 평화빌딩으로 불렸으며, 이 빌딩의 입구 안내판에는 "포츠머스 회담은 역사상 가장 위대한 평화회담"이라고 새겨졌다.[93] 그러나 그 '위대함'의 제단에 바쳐진 희생양은 한국이었다.

1905년 9월 9일 미국 대통령 루스벨트는 "일본이 한국의 외교권을 인수하는 것에 대해 이의가 없다"고 발표했다.[94] 루스벨트는 포츠머스 강화회담을 주선하고 중재하여 세계 평화를 이루었다고 1906년 노벨평화상까지 받았으며, 90여 년 후인 1998년 미국 『타임』지는 루스벨트를 '20세기 최초의 위대한 정치적 인물'로 선정했다. 그리고 1910년 일본이 한국을 강점할 당시 루스벨트의 뒤를 이어 미국의 대통령이 된 사람은 태프트였다.

그러나 포츠머스조약은 한국엔 재앙이었다. 일본이 한국을 집어삼키는 것에 대해 이의를 제기한 나라는 하나도 없었다. 송우혜는 "대한제국은 문자 그대로 고립무원의 처지로서, 그토록 치명적인 치욕과

포츠머스 협상 타결 소식을 전하는 『포츠머스 헤럴드』 1면 기사. 역사상 가장 위대한 평화 회담이라 칭송된 포츠머스조약에서 그 '위대함'의 제단에 바쳐진 희생양은 바로 '한국'이 었다.

피해를 입으면서도 주변국의 도움은커녕 국제적인 경멸의 대상에 불과한 처참한 상태였다"며 다음과 같이 말했다.

"대한제국은 국제적으로 왜 그토록 고립되었고, 왜 그처럼 참혹한 대우를 받았던가. 가장 중요한 요인은 당시의 국제 사회가 한국 국민은 나약하고 자치능력이 없다고 판단한 것이었다. 그래서 하나의 독립된 국가라기보다 전쟁 마당에 나와 있는 커다란 전리품으로 취급해버린 것이다. 포츠머스조약을 통해서 이처럼 국제적으로 확산되고 정착된 왜곡된 한국민의 이미지는 대한제국 멸망의 직접적 도화선이 되었을 뿐만 아니라 두고두고 우리 민족의 운명에 가혹한 족쇄로 작용했다."[95]

박노자는 "러일전쟁에서 러시아가 참패한 사건은 구한말 지배층에게 예상 밖의 청천벽력과 같은 충격"으로 "여태까지 '백인 침략 강국 러시아'에 더 경계심을 가졌던 일부 독립지향적인 인사들이 반러에서 반일로 돌아서는 계기"가 된 반면 "친일적 성향을 띤 상당수 사람들에게는 황인종으로서는 유일한 근대 국가인 일본이 한반도를 지배하는 것은 불가피하다"는 생각이 고개를 든 중요한 계기로 작용하였다고 평가했다.[96]

최문형은 "러일전쟁 때 일본의 승리도 실은 미국과 영국의 지원이 있었기에 가능했다. 그렇지 않았다면 일본은 6개월도 전쟁을 계속할 수 없는 상황이었다"며 "이 전쟁의 이런 국제전(國際戰)적 성격은 러일전쟁 종식 이후의 한국 병합 과정에서도 그대로 나타납니다"라고 말했다. 일본은 한국 병합을 '기정사실' '시간문제'로 생각했지만 5년이나 걸린 것은 일본의 예상하지 못한 큰 승리에 놀란 미국이 입장을 바꾸고, 일본의 만주 진출을 견제하기 위해 한국 병합에 소극적 태도를 보였기 때문이라는 것이다. 이런 정체 상태는 결국 러시아가 1907년 이후 대외정책의 중심을 극동에서 발칸반도로 돌리면서 일본과 협력관계를 맺고, 1908년 미국이 비로소 일본의 한국 병합을 지지함으로써 풀렸다.[97]

러일전쟁 발발 100돌을 맞은 일본

2004년 2월 러일전쟁 발발 100돌을 전후해 일본은 다소 들뜬 모습을 보여주었다. 박중언은 "일본은 전쟁에서 이긴 나라이고, 아시아의 작은 나라가 백인 제국을 물리쳤다는 역사적 평가마저 겹쳐 있으므로 기념하고 싶은 마음이 더할 것이다. 그럼에도 100년 전의 승리와 영광을 현재에 되살리려 지나치게 애쓰는 일본 우파 언론들의 의도는 비교적 분명하게 드러난다"며 다음과 같이 말했다.

"강한 일본에 대한 기억을 떠올림으로써 국가주의를 한껏 부추겨 보겠다는 것이다. 또 일본이 미국 군함의 위협 앞에 문호를 개방한 1854년으로부터 50년 만에 러시아군을 무찌르고 강대국 대열에 합류했다는 점과 군대 보유가 금지된 일본에서 자위대 출범 50년 만에 육상 전투부대의 해외 파병이 이뤄진 사실, 육상 자위대가 이라크를 향해 출병한 지난 8일이 100년 전 러일전쟁이 벌어진 날이라는 점 등을 연결시키면서 이라크 파병을 정당화하려는 움직임 또한 엿보인다."[98]

2004년 2월 10일 일본 의원 43명은 러일전쟁 선전포고 100주년인 10일 메이지 일왕을 받드는 메이지신궁을 참배했다. 이에 『마이니치신문』은 한 칼럼에서 "러일전쟁이 일본에선 독립을 지킨 전쟁인지 모르지만 한국에는 독립을 잃는 계기가 된 저주스런 사건"이라고 평가하고 이들 의원에게 역사 인식의 폭을 넓힐 것을 촉구했다.[99]

국내 우익인사 중엔 그래도 일본이 이겨 다행이라는 시각을 가진 사람들도 꽤 있다. 예컨대, 조이제는 2005년 러일전쟁에 대해 다음과 같이 주장했다.

"러시아의 영토 소유에 대한 집착과 욕구는 대단합니다. 그런 러시아가 승리했다면 만주와 한반도를 자신의 영향권에서 벗어나게 했을

리가 만무하다고 중국 전문가들은 말합니다. 그랬다면 한반도는 1992년 소련의 붕괴 이후에야 해방될 수 있었을 것이고 거의 1세기 동안 서구와 북미의 교육·기술·과학·개발자본·경제발전의 노하우에는 접근하지 못했을 것입니다. 소련은 부산·원산·인천 등과 같은 부동항의 점령을 염원하고 있었고, 이 항구도시를 군사적, 경제적 목적을 위해 소련인이 거주하는 포령(包領, enclave)으로 발전시켰을 가능성이 높습니다. 경제적인 인프라와 인력자원의 개발 차원에서 볼 때도 한반도의 근대적인 경제발전은 소련 치하에서는 3, 4세대 즉, 100년 정도 뒤떨어졌을 가능성이 매우 높다고 볼 수 있습니다."[100]

한국은 무엇을 해야 하는가?

한국은 러일전쟁에서 어떤 교훈을 얻어야 할까?

왕현종은 "오늘날 많은 일본인에게 러일전쟁은 침략전쟁이 아니라 방위전쟁으로 기억된다. 그 '기억' 속에서 러일전쟁은 국민국가의 승리라는 자부심 가득한 사건이다. 일본은 이 전쟁을 통해 20세기 세계사에 문명국으로 화려하게 등장했다. 반면 러일전쟁에 대한 한국인들의 기억은 미미하다"며 다음과 같이 말했다.

"중학교 교과서를 보면, 러일전쟁의 원인을 러시아와 일본의 이해 대립으로 보면서 러일전쟁에서 승리한 일본이 우리나라를 본격적으로 침략한 것으로 결론짓는 데 그치고 있다. 그나마 고등학교 국사교과서에서는 러일전쟁의 원인과 경과에 대해 전혀 기술하지 않고 있다. 러일전쟁 전후의 일본 침략정책에 대한 이해를 충실하게 갖기 어려운 것이다. 러일전쟁은 실질적으로 한국 지배권을 둘러싼 제국주의 열강 간의 전쟁이었다. 그래서 조선은 당시 교전 당사국이 아니었음에도 치열한 격전장이 됐다. 러일전쟁의 가장 큰 피해자는 러시아도 중국도 아닌, 일본의 식민지가 된 조선이었다. 러일전쟁에 대한 한국과 일본의 기억은 극명하게 대비된다. 침략전쟁을 긍정하는 방향으로 불러들인 러일전쟁에 대한 일본의 기억은 우려할 만하다. 반면 러일전쟁에 대한 우리의 깊이 있는 기억이 없는 것도 부끄러운 일이다. 동아시아 공통의 역사 기억에서 점점 멀어져가는 균열은 이렇게 두 나라에서 동시에 발생하고 있다."[101]

정재정은 "러일전쟁 100년이 지난 오늘날의 국제 사회는 땅따먹기가 횡행했던 제국주의 시대와는 전혀 다르다. 국가와 민족의 이해를 조정하는 국제연합과 같은 국제기구도 존재한다. 그럼에도 러일전쟁은 오늘날 우리에게 국가의 지도세력이 국제 정세를 잘못 판단하면 국민이 엄청난 희생을 치르거나 나라조차도 망칠 수 있다는 교훈을 주고 있다"며 다음과 같이 말했다.

"그리고 국민의 역량을 증대하고 이를 결집할 수 있는 분위기와 시스템을 갖추는 것이 국익을 다투는 국제 사회에서 살아남을 수 있는 최선의 방책이라는 것을 웅변하고 있다. 남북으로 분단된 지금의 한반도 정세는 100년 전보다 더욱 복잡하고 미묘하다. 열강의 세력다툼에 휩쓸려 나라마저 빼앗겼던 그때의 실수를 되풀이하지 않기 위해서는 국제 정세의 격랑에 적절히 대응함은 물론이고, 이를 뒷받침할 정도의 민족역량을 구축하는 데 온 힘을 기울여야 할 것이다."[102]

제5장

을사늑약과 시일야방성대곡

한국의 주권을 박탈한 을사늑약

앨리스 루스벨트의 한국 방문

러일전쟁의 결과로 대한제국의 장래에 어두운 그림자가 드리워지자 고종은 지푸라기라도 잡고 싶은 심정이었다. 1905년 9월 19일 태프트와 함께 일본과 필리핀을 방문했던 루스벨트 대통령의 딸 앨리스가 태프트 일행과 헤어져서 서울에 도착했을 때, 고종의 눈엔 앨리스가 지푸라기 이상으로 보였으리라.

손세일은 "이때에 고종이 보인 환대는 민망스러울 정도였다"며 "앨리스는 이전에 방문한 다른 나라 왕족 이상의 대접을 받았다. 일행이 지나는 큰길가에는 사람들이 빽빽이 늘어서서 청홍(靑紅)의 장명등과 성조기를 흔들었다. 도착한 이튿날 고종은 앨리스 일행을 접견하고 오찬을 베풀었는데, 그는 앨리스와 같은 테이블에 앉았다. 오찬에 참석한 정부 고관들 가운데는 양복을 처음 입어보는 사람들이 많았다"

고 했다.[1]

이를 지켜본 미국공사관 부영사 스트레이트(Willard Straight)는 앨리스의 한국 방문은 마치 "황달에 걸린 그들의 상상력에 구명대" 같은 것이었다고 묘사했다.[2]

앨리스 일행이 한국에 머무는 동안 고종은 같이 온 상원의원 뉴런즈(Francis G. Newlands)를 만났는데, 뉴런즈는 고종에게 국제변호사를 고용하여 위엄 있는 이의신청을 하라고 권했다. 앨리스 일행은 29일에 기차로 부산까지 가서, 10월 2일에 배편으로 한국을 떠났다.[3] 이에 대해 캐롤 쇼는 앨리스가 융숭한 대접만 받고 그냥 가버렸다며, 이 사건을 미 정부가 조선을 우롱한 단적인 사례로 보았다.[4]

1905년 10월 어느 날 민영환을 비롯한 몇 사람의 대신들이 비공식 회의를 열고 당면 문제를 논의하면서 한미수호조약의 '거중조정' 조항을 다시 논의하였다. 한국 정부로서 유일한 대책은 미국의 협력을 얻는 것뿐이라는 결론을 내리고, 그러한 내용을 담은 황제의 친서를 미국 대통령에게 전달하기로 했다. 밀사로 선교사 헐버트(Homer Bezaleel Hulbert, 1863~1949)를 선임했는데, 헐버트는 고종의 친서가 도중에 일본인들에게 탈취당할 것을 두려워하여 그것을 주한 미국공사관의 파우치 편으로 워싱턴까지 보냈다. 고종은 헐버트를 밀파한 뒤 11월 12일에 모건 공사에게 루스벨트 앞으로 보내는 친서를 전달해주도록 부탁했으나, 모건은 그 일에 관여하기를 거절했다.[5]

"정부 대신들이 의논하여 조처하라"

고종의 이런 노력과는 달리 일진회는 정반대의 일을 하고 있었다.

1905년 8월 23일 일진회의 평의원장 송병준과 윤갑병 등이 경무청에 끌려가는 사건이 일어났다. 이권문제가 정치문제로 비화되면서 일어난 사건이었다. 주둔군은 일진회를 지원했지만, 통감부는 일진회를 무뢰한의 집단으로 보고 있었기 때문에, 러일전쟁이 끝나면서 주둔군의 영향력이 약해지자 일어난 일이기도 했다. 이때에 이용구는 흑룡회의 우치다에게 송병준의 석방을 부탁했고, 이때 이용구와 우치다는 "한일합방을 성사시킬 것"을 약속했다.[6]

우치다는 일진회에 대한 정밀분석 끝에 일진회를 해산시킬 것이 아니라 오히려 송병준을 석방시켜 더욱 적극적인 친일단체로 보강하는 것이 바람직하다고 판단해, 송병준의 석방을 이토 히로부미(伊藤博文, 1841~1909)에게 강력 건의했다.[7]

10월 20일 송병준이 석방되었다. 석방에 대한 감사의 뜻이었는지, 을사늑약 10여 일 전인 11월 5일 일진회는 보호조치를 찬성하는 선언서를 발표했는데, 이때부터 일진회에는 '매국노'라는 딱지가 붙여졌다.[8] 송병준은 거기서 한걸음 더 나아가 11월 18일 이토와 하세가와에게 고종황제의 폐립을 건의하는 등 아첨을 떨었고, 이후 일진회는 흑룡회와 손잡고 본격적으로 '한일합방' 운동을 하기 시작했다.[9]

1905년 9월 5일에 조인한 포츠머스조약에 대한 비준안을 교환한 날인 10월 16일로부터 불과 23일 만인 11월 9일 이토 히로부미가 보호조약 체결을 위해 대한해협을 건너 대한제국에 입국했다. 이토는 하야시 곤스케(林權助) 공사와 하세가와 요시미치(長谷川好道) 주한 일본군사령관 등과 함께 9일부터 18일까지 을사늑약을 체결하기 위해 한국 대신들을 회유·협박하는 작업을 벌였다.[10] 송우혜는 "결정적인 역할을 한 것은 역설적이게도 고종황제였다"며 다음과 같이 말했다.

"어전회의에서 황제를 알현하고 보호조약을 강요하는 이토에게 고종은 '정부 대신들이 의논하여 조처하라'는 말로 정면대결을 회피하고 뒤로 물러났다. 그러나 고종은 이토에게 오히려 길을 터준 셈이었다. 국제 여론상 보다 후유증이 클 '황제 협박'보다는 '대신 협박'이 오히려 마음에 들었던 이토는 고종의 책임회피를 반기며, 정부 대신들을 온갖 흉악한 술수를 동원하여 협박했다. 협력에는 상당한 보상이 약속되었고, 협력하지 않는 대신에게는 멸문의 협박까지 있었다."[11]

'을사5적'의 찬성으로 통과된 을사늑약

이토가 한국에 들어온 지 불과 여드레 만인 1905년 11월 17일(음력 10월 22일) 오전 1시경 덕수궁 중명전에서 을사늑약(乙巳勒約, 을사보호조약 또는 이른바 제2차 한일협약)이 체결되기에 이르렀다. 이토는 일본군을 출동시킨 가운데 8명의 대신 중 내부대신 이지용, 군부대신 이근택, 외부대신 박제순, 학부대신 이완용, 농상공부대신 권중현 등 이른바 '을사5적'의 찬성을 근거로 과반수가 넘었기에 양국의 합의로 조약이 성립되었다면서, 양국 대표로서 외부대신 박제순과 주한 일본공사 하야시가 서명한 조인서를 만들게 했다.[12]

이완용의 역할이 컸다. 회의장에 긴장된 공기가 감돌고 있을 때 이완용의 남대문 밖 중림동 집이 분노한 군중들의 방화로 불에 탔다는 소식이 전해졌다. 이 소식을 들은 각료들이 겁을 먹고 벌벌 떨기 시작하였을 때, 이완용은 갑자기 일어서서 흥분된 어조로 "오늘날의 나라의 사정은 일본국을 믿고 의지하는 것 이외에 별다른 좋은 방책이 없다고 본다. 여러분도 이러한 사정을 잘 고려하여 이 조약에 조인하도

1905년 11월 18일 오전 1시경 덕수궁 중명전에서 을사5적의 찬성을 근거로 을사늑약이 체결되었다.

록 합시다"라고 외쳤다. 이에 이토와 하야시가 "우리들이 철통같이 경비하고 있으니 염려할 것 없다"고 장단을 맞춤으로써 을사늑약이 체결되었다는 것이다.[13]

조약의 내용은 "첫째, 일본 정부는 일본 외무성을 통하여 한국의 외교관계 및 그 사무 일체를 감독 지휘하고, 외국 재류 한국인과 그 이익도 일본의 외교 대표자나 영사로 하여금 보호하게 한다. 둘째, 한국과 다른 나라 사이에 현존하는 조약을 실행할 임무는 일본 정부가 맡고, 한국 정부는 일본 정부의 중개를 거치지 않고는 국제적 성질을 띤 어떠한 조약이나 약속을 맺지 못하도록 한다. 셋째, 일본 정부의 대표자로 서울에 1명의 통감(統監)을 두어 자유로이 황제를 알현할 권리를 갖게 하고, 각 개항장과 필요한 지방에 통감 지휘하의 이사관을 두게 한다. 넷째, 일본과 한국 사이에 현존하는 조약 및 약속은 이 협약의 조항들에 저촉되지 않는 한 계속 효력을 가진다. 다섯째, 일본 정부는 한국 황실의 안녕과 존엄을 유지할 것을 보증한다" 등이었다.

다섯째 조항은 한국 대신들의 요구로 추가된 것이었으나, 그것은 허울에 지나지 않는 것이었다. 하야시 공사는 이 조항은 한국 대신들이 예의 체면론과 고종에게 생색을 내기 위해 요구해서 넣었을 뿐이라고 비꼬았다.[14]

이 조약에 따라 대한제국의 외교권은 일본 외무성이 갖고, 내정은 통감이 관할하게 되었으니 이로써 대한제국은 국가적 주권을 상실한 것이었다. 물론 사실상의 국가적 주권은 이미 상실된 지 오래였지만 말이다.

'을사5적' 인가, '을사7적' 인가?

한규설은 을사늑약 25년 뒤인 1930년 1월 1일부터 3일까지 『동아일보』에 「한말 정객의 회고담」이란 제목의 글을 연재했다. 자신의 처지를 미랭시(未冷屍), 즉 식지 않은 송장과 다름없다고 표현한 한규설은 당시 모든 대신이 조약체결에 반대한다는 결의를 다졌으나 군대까지 동원한 일본의 강압에 의해 조약이 체결됐다고 주장했다.

한규설의 증언에 따르면, 11월 17일 일본공사관에 불려가 회담을

을사5적인 외부대신 박제
순 · 내부대신 이지용 · 군부대
신 이근택 · 학부대신 이완
용 · 농상공부대신 권중현(왼
쪽부터)이다. 법부대신 이하영
과 탁지부대신 민영기를 포함
하여 '을사7적'이 타당하다는
주장도 있다.

할 당시에도 모두 불가라고 완강하게 버텼지만 회의가 계속되면서 대
신들의 태도가 부드러워졌다. 공사관에서 돌아와 다시 어전회의를 열
었는데, 이 사이 이토와 하야시 · 하세가와 등을 비롯한 일본의 외교
관과 군인들이 무수히 내전 가까이 들어와 형세가 매우 절박한 지경
에 이르렀다. 각 대신이 차례로 의견을 말했는데 학부대신 이완용이
거절만 한다고 일이 무사할 형세가 아니니 차라리 조문 수정을 요구
하는 게 낫다고 말하자 농상공부대신 권중현과 내부대신 이지용도 찬
성하는 의견을 밝혀 회의가 혼란에 빠졌다. 만민공론에 부쳐 해결하
자며 회의장을 빠져나온 뒤 이토 대사를 만난 한규설은 도장을 찍으
라는 요구에 반대했다가 18일 오전 1시 30분까지 수옥헌의 마루방에

감금당했다. 외부대신 박제순이 조약서에 도장을 찍어준 뒤 풀려났다.[15]

그러나 윤덕한은 우리의 역사가 참정대신 한규설에 대해서는 "조약에 반대하는 참정대신을 일본군이 골방에 가두고 조약안을 처리했다"라고 기술하고 있지만, 그건 사실과 전혀 다르다고 지적했다. 한규설은 울기도 했고 졸도하기도 했으며, 엄비가 거처하는 내실로 잘못 뛰어들기도 하는 등 제정신이 아니었다는 것이다.[16]

윤덕한은 '을사5적'이라는 표현에 대해서도 "대개의 상소문에서 지목한 5적은 박제순·이완용·이지용·이근택·권중현 등이다. 그러면 (법부대신) 이하영과 (탁지부대신) 민영기는 조약체결에 아무런 책임이 없다는 말인가"라는 질문을 던졌다.

"이토 앞에서 민영기가 분명하게 '반대'라고 밝힌 것은 사실이다. 그러나 그는 다른 대신들과 함께 문안 수정에 참여함으로써 결과적으로 조약에 동의했다. 더구나 이하영은 이토에게 '찬성' 판정을 받았고 오래 전부터 친일 주구 노릇을 해왔다. 또 궁내부대신 이재극도 고종과 이토 사이를 오가며 어느 대신 못지않게 보호조약체결에 중요한 역할을 했다. 그런데 이런 사정은 도외시한 채 을사조약의 책임을 오로지 5명에게만 물어 을사5적이라고 부르는 것은 이성적인 역사 인식의 결과라고 볼 수 없다"고 주장했다.[17]

강동진은 이하영과 이재극을 포함시켜 '을사7적'이 타당하다는 견해를 제시했다.[18]

민중의 분노

이토는 을사늑약에 반대한 참정대신 한규설을 내각 수반에서 축출하고, 박제순을 수상으로 해서 을사5적을 전원 유임시킬 걸 고종에게 요구해 이를 관철시켰다. 별로 믿기진 않지만 강동진에 따르면, "이러한 이토에게 고종황제는 하루만이라도 더 머물러 한국 정부 각료들에게 도움이 되는 지도를 해달라고 당부한다. 그러자 이토는 그렇게까지 간청하니 아침 출발을 오후로 연기하겠다고 마치 은정을 베푸는 것처럼 답하고 있다."[19]

강동진은 이토가 12월 8일 일왕 메이지에게 올린 보고서 내용을 근거로 "당시 한국 내각의 각료들이 총리 한규설과 같은 단호한 태도만 취했더라면, 아무리 간교하고 무도한 일제 침략자들이라도 그와 같은 내용과 방법으로 된 망국조약은 쉽게 성립시키지 못했을 것이다"며 다음과 같이 주장했다.

"조약체결 후에도 12일간이나 이토가 서울에 머물면서 여러 가지 회유공작과 을사5적들에 대한 위무와 설유를 한 것도 그들로 하여금 일본에 대한 신뢰감을 더욱 강하게 갖도록 하기 위한 술책이었다는 것도 아울러 실토하고 있다. 그들 을사5적이 그러한 망국조약에 응하고 난 뒤에도 아무런 책임도 지지 않았을 뿐더러, 이토 지시대로 철면피하게 다시 후계 내각을 조직, 유임하게 된 것도 이토 자신의 훈유(訓諭) 공작에 의한 것이라고 말하고 있다."[20]

민심도 그렇게 생각했으리라. 1905년 11월 18일 아침 을사보호조약이 체결되었다는 소식이 알려지자 민심은 들끓었다. 보호조약에 찬성한 대신들을 처단하라는 상소가 빗발쳤다.

을사늑약을 체결하고 퇴궐한 이근택은 집안 식구들을 불러모아놓고 조약체결 광경을 설명하면서 '내가 오늘 을사5조약에 찬성을 했으니 이제 권위와 봉록이 종신(終身)토록 혁혁(赫赫)할거요'라고 자랑하였다. 순간 부엌에서 식칼(饌刀)로 도마를 후려치는 소리가 나더니 한 계집종이 마당으로 뛰쳐나오며 '이 집 주인놈이 저렇게 흉악한 역적인 줄도 모르고 몇 년간 이 집 밥을 먹었으니 이 치욕을 어떻게 씻으리오'라고 호통을 치고 나서 그 길로 집을 나가버렸다. 계집종에 이어 오랫동안 같이 지내오던 침모(針母)도 집을 나가버렸다. 조약체결 이듬해 2월 이근택은 취침 중 자객들의 습격을 받고 13군데나 찔리는 중상을 입었다.[21]

'침몰하는 배에서 황급히 도망치는 쥐 떼'

을사늑약 체결 소식에 조선 백성이 분노에 떨 때 조선 주재 타국 외교관들은 무엇을 하고 있었던가? 당시 한국 정부와 외교관계를 맺고 있던 나라는 모두 11개국이었고 공사를 파견한 나라는 일본·미국·영국·독일·러시아·프랑스·청국 등 7개국이었다. 이미 공사관이 폐쇄되었거나 철수한 러시아와 일본 이외의 나라들은 미국이 앞장서는 가운데 공사관을 철수시켰다. 서양 국가들 중 한국과 가장 먼저 외교관계를 수립한 미국은 가장 먼저 국교를 단절하는 기록을 세웠다. 1882년 5월 22일에서 1905년 11월 24일까지 23년 6개월 만이었다.

앨런의 후임으로 부임했던 당시 미국공사 에드윈 모건(Edwin V. Morgan)은 한국 민중이 보호조약에 반대해 철시를 하고 아우성칠 때 일본공사 하야시와 축배를 들고, 한국 정부에 고별의 인사 한마디 없이 서울을 떠났다.[22] 아무리 '떠날 때는 말없이'라지만, 이건 해도 너무하지 않은가?

이에 대해 헐버트는 "이제까지 조선은 미국의 우의에 의존하여 존립했다는 확신을 가졌던 그 감정이 그 같은 조약이 종결된 것을 계기로 급격하고도 날카로운 반감으로 바뀔 수도 있었지만 그렇지 않았다는 데 대하여는 놀라움을 금할 수가 없다"며 다음과 같이 개탄했다.

"성조기는 공평과 정의의 표상이 되었으며 미국 국민은 자기에게만 도움이 되는 이익만을 오로지 추구하는 이기주의자가 아니라 정의—거기에 힘이 수반되든지 그렇지 않든 간에—의 편에서 싸워온 국민이라고 각계각층의 미국인들은 4반세기(1882년 한미수호조약 체결에서 1905년 을사늑약까지) 동안이나 장담해왔다. 그러나 자신의 입장이 난처하게 되자 우리가 언제 그런 적이 있었더냐는 듯이 고별의 인사 한마디 없이 가장 오만한 방법으로 한민족을 배신하는 데 제일 앞장을 섰다."[23]

미국 정부 방침에 따라 황급히 한국을 떠나야 했던 미국 부영사 스트레이트조차 미국의 공사관 철수가 마치 "침몰하는 배에서 황급히 도망치는 쥐 떼 같은" 모습이었다고 표현했다.[24]

김재엽은 "당시 미국의 행위는 오늘날까지도 한국 내 일각에서 미국을 '배척해야 할 악(惡)'으로 주장하는 증거로 인용되고 있으며, 이것만으로도 미국에 두고두고 부담으로 남을 수밖에 없다"며 다음과 같이 주장했다.

"하지만 당시 미국의 잘못을 근거로 '미국은 불구대천의 원수'라고 단정 짓는 것 역시 어리석은 짓이다. 1세기 전 미국이 저지른 일은 한국이 미국에 대해 지나친 기대나 의존을 해서는 곤란하다는 점을 보여주는 것이지, 미국이 항상 한국을 해치는 존재라는 뜻은 아니다. 어떤 국가든지 각자의 상황과 입장에 따라서 상대국과의 관계는 달라질 수 있는 것이다. '영원란 적도, 아군도 없다. 영원한 이익만이 존재할 뿐이다' 라는 격언은 바로 이 점에서 기억될 필요가 있다."[25]

02

⋮

을사늑약
유·무효 논쟁

헐버트·민영찬의 활동

고종의 밀명을 받은 헐버트가 호놀룰루, 샌프란시스코, 시카고, 피츠 버그를 거쳐 워싱턴에 도착한 것은 을사늑약이 강제로 체결된 다음 날인 11월 18일이었다. 손세일은 "일본 정부는 헐버트가 루스벨트에 게 고종의 친서를 전달하고 한국의 독립유지를 위한 미국 정부의 '거 중조정'을 당부하기 전에 모든 것을 해결해버릴 필요가 있다고 판단 하고 이토 히로부미(伊藤博文)를 한국에 파견하여 폭압적인 수단으로 조약 체결을 서두른 것이었다"고 했다.[26]

루스벨트는 헐버트에게 외교 사항이므로 국무부로 가라면서 접견 을 거절했고, 국무장관 루트는 바쁘다는 핑계로 하루하루 미루다가 모건 공사에게 주한 미국공사관의 철수를 훈령하고 난 다음 날인 11월 25일에야 헐버트를 만났지만 매우 냉랭하게 대했다. 상원의원들도 마찬가지였다. 헐버트가 한국의 사태를 설명했을 때 그들은 "당신은 우리가 어떻게 하기를 기대하는가? 미국이 한국문제로 인해 일본과 전쟁을 일으키는 것이 옳다고 믿는가?"라고 반문했다.[27]

11월 26일 헐버트는 고종으로부터 다음과 같은 전문을 받았다.

"짐은 총검의 위협과 강요 아래 최근에 한일 양국 사이에 체결된 이른바 보호조약이 무효임을 선언함. 짐은 이 조약에 동의하지 않았으며 앞으로도 결코 동의하지 아니할 것임. 이 뜻을 미국 정부에 전달하기 바람. 대한제국 황제."[28]

이 전보는 이미 일본의 수중에 놓인 국내의 전신망을 이용하지 않기 위해 사람을 청국에까지 보내 타전한 것이었다. 헐버트는 이 전문을 국무부에 알렸으나 며칠 뒤에 그와 만난 루트 장관은 미국 정부가 이 문제로 할 수 있는 일은 없다고 말했다.[29]

고종은 헐버트를 파견한 직후에 대미교섭을 강화하기 위해 또다시 민영환의 친동생인 주 프랑스공사 민영찬을 미국에 급파했다. 민영찬은 12월 11일에 루트와 만나 고종의 뜻을 전했다. 그러나 민영찬이 루트를 만난 닷새 뒤인 16일에 김윤정이 외부대신 임시서리 이완용으로부터 주미 한국공사관의 문서 및 그 밖의 재산을 일본공사관에 이양하라는 훈령을 받았다는 사실을 루트에게 통보함으로써 대미 밀사의 모든 교섭은 끝나고 말았다. 루트는 민영찬에 대한 회답을 미루다가 12월 19일에 보낸 편지에서 김윤정의 이 통보가 한국 정부의 공식 통보라면서 민영찬의 요청을 거절했다. 김윤정은 공사관을 일본공사관에 넘겨주고 귀국했다.[30]

'을사늑약은 무효다'

을사늑약의 부당성은 조약 체결 즉시 제기됐다. '을사조약이 완전히 무효'라는 첫 번째 주장은 1906년 프랑스 파리대학교 법과대학 교수이며 국제법학자인 프랑시스 레이(Francis Rey)의 「대한제국의 국제법적 지위」라는 논문이었다. 레이는 두 가지 문제를 지적했는데, 하나는 한국 정부 측의 동의 표시의 결함, 다른 하나는 일본 측이 한국에 대해서 확약하였던 보장 의무의 위반이었다. 레이의 주장은 1927년 미국 국제법학회가 하버드대학교에 국제법 법전화작업을 의뢰하여 1935년에 조약법을 정리, 공포하게 되었을 때 그대로 받아들여졌다.[31]

을사보호조약은 그간 을사조약·을사5조약·을사늑약(勒約, 강제로 맺은 조약)·한일협상조약·2차 한일협약·한일신협약 등 여러 가지 명칭으로 불려왔다. 일본 측은 '한일신협약' 또는 '2차 한일협약'이라는 명칭을 사용했다. 1904년 8월 22일에 한일협약이 있었고 협약으로서는 두 번째라는 의미였다.[32]

일본은 왜 협약이라는 등급을 고집했을까? 협약(Agreement)은 정식 조약(Treaty)과 협정(Convention)에 이어 세 번째 등급의 조약이었다. 일본은 협약은 양국 주무대신의 합의와 서명만으로도 효력을 가질 수 있다는 점에 착안해 협약임을 주장했다.[33]

이상찬은 "1905년의 조약안은 위임, 조인, 비준의 과정을 어느 것 하나도 거치지 않았다. 즉 체결되지 않았음이 분명하다. '강제로 체결되었다'라는 직접적인 표현도 하지 말아야 하고, 그런 의미가 들어 있는 '늑약' 등의 표현도 쓰지 않는 것이 좋겠다"고 주장했다.[34]

또 이상찬은 "한국 측 연구자들은 '을사'라는 표현을 집어넣는 경우가 많은데 조약 명칭에 연도를 꼭 넣을 필요는 없다고 생각한다. 조약의 제목은 통상적으로 조약의 등급과 구체적인 목적, 당사국가 등을 밝히고 있다는 점을 고려해야 할 것이다"며 다음과 같이 말했다.

"1905년 조약안의 등급은 그 내용의 중요성에 비추어볼 때 협약이 아니라 정식 조약이라야 맞는다. 이 조약의 핵심내용 또는 목적은 외교권 위탁 또는 외교 감리이다. 한일 양국 사이에 논의되고 체결을 강요받아 조인된 것처럼 꾸며졌지만, 실제로는 조인되지 않은 그야말로 '안'에 지나지 않는다. 이 세 가지를 고려할 때 1905년 조약안은 잠정적으로 '외교권 위탁에 관한 한일조약안(한일외교권 위탁 조약안)'이나 '한일 외교감리 조약안'으로 부르는 것이 가장 적합할 것이라고 생각된다."[35]

1992년 5월 11일, 서울대학교 규장각은 '규장각 자료총서' 근대법령편 3책을 영인·간행하는 과정에서 새로운 사실을 발견하여 발표하였는데, 그것은 이제껏 일제의 무력 위협하에 체결되었다고 알려진 '을사조약'이나 '정미7조약' 등이 황제의 비준을 거치지 않은 것으로 국제법상 무효라는 것이었다. 이와 관련, 신용하는 국사교과서에서 "일제는 1905년 이른바 '을사5조약'을 강제 체결하였다"는 식의 서술을 "일제는 1905년 이른바 '을사5조약'을 강제 체결하려다가 실패하자, 체결되지도 않은 조약을 일방적으로 체결된 것처럼 제멋대로 거짓 반포하였다"는 식으로 고쳐 써야 한다고 주장했다.[36]

2005년 11월 을사늑약 체결 100년을 맞아 독립기념관은 서울 서대문 독립공원 내 서대문형무소역사관에서 '을사늑약 100년, 풀어야 할 매듭'을 주제로 특별기획전을 열었다. 이 전시회는 일본이 무력을 동원해 대한제국의 외교권을 박탈한 1905년 을사늑약의 부당성을 밝히는 데 초점을 두었다.[37]

독립기념관장 김삼웅은 "을사늑약은 과거완료형이 아닙니다. 아직 매듭지어야 할 일이 남아 있는 현재진행의 사건입니다"라며 을사늑약의 무효를 공식으로 선언했다. 그는 "설사 을사늑약을 정상적인 조약으로 인정하더라도 일본이 청과 간도협약으로 한반도 넓이에 맞먹는 간도 땅을 넘겨줄 권한까지 가진 것은 아니었습니다"라면서 정부가 적극적으로 나서지 못한다면 학계나 민간에서 무효화를 선언하는 등 끊임없이 문제를 제기해야 한다고 주장했다.[38]

고종의 처신

고종의 처신에 대해서는 지금까지도 논란이 계속되고 있다. 고종을 긍정 평가하는 이태진은 "일본 왕에게 제출된 '한국 특파대사 이등방문 복병서'에 따르면 을사조약에 대한 고종의 반대는 완강했다"며 다음과 같이 말했다.

"조인을 위한 첫 단계인 전권 공사를 임명해달라는 일본의 요구에 고종이 끝까지 응하지 않은 것으로 되어 있고, 궁내부대신을 통해 2~3일만 결정을 미뤄줄 것을 요청하는 모습도 보인다. 고종이 이토 히로부미한테 외교권의 형식만이라도 남겨달라고 요구한 것의 핵심은 해외여론 호소를 위해 외국공사제를 남겨두려는 것이었다. 그 뒤 을사조약 무효를 국제적으로 호소한 노력은 이런 고종의 외교전략을 엿볼 수 있는 대목이다."[39]

반면 윤덕한은 "통신수단이 미비했던 왕조시대에 상소는 가장 강력한 여론형성 통로였다. 이들의 상소문을 받아 당시 『대한매일신보』를 비롯한 신문들도 한결같이 '황제는 끝까지 반대했는데 5적이 일본에 굴복해 멋대로 보호조약을 체결했다'고 보도했다. 이렇게 해서 '고종이 을사조약에 반대했다'는 '신화'가 창조되어 그것이 오늘날까지도 마치 역사적 진실인 양 굳어져 전해 내려오고 있는 것이다. 그러나 을사조약의 최고 책임자가 고종이며 이 조약과 관련해 가장 비난받아야 할 당사자가 고종이라는 것은 역사의 기록이 증언하는 부인할 수 없는 사실이다"며 다음과 같이 주장했다.

"고종이 이토의 요구를 단호히 거부하지 못하고 내각에 책임을 떠넘긴데 이어 나중에는 '협의하여 처리하라'고 지시함으로써 내각대신들로 하여금 선택의 여지를 없게 만들어버린 것이다. 사실 전제군주 국가에서 황제의 명령은 최종적인 것이며 따라서 황제가 협의해서 처리하라고 지시했는데 대신들이 이를 끝까지 거부할 수는 없는 일이다. 그래서 이토와 (일본공사) 하야시는 고종의 이 지시를 최대의 무기로 삼아 대신들을 내리눌렀던 것이다."[40]

'낭만주의적 역사 인식의 위험'

을사늑약이 무효라는 주장을 모든 한국인들이 다 반기는 건 아니다. 윤덕한은 "오늘날에도 우리의 일부 '애국적인 학자'들은 고종이 을사조약에 반대했고 비준하지 않았으므로 '무효'라는 주장을 펴고 있다. 을사조약이 무효라는 것은 그것이 일제의 군사적인 점령이 이루어진 상태에서 강요된 조약이라는 점에서 충분히 설득력이 있다"며 다음과 같이 주장했다.

"그러나 고종이 반대하고 비준을 하지 않았다는 것은 사실이 아니다. 그러한 주장은 '애국적'일지 모르지만 진실은 아니다. 그리고 진실이 아닌 것에서 진정한 애국심이 솟을 수는 없다. 나라의 체면을 생각해 무능한 군주를 감싸는 억지 주장을 펴기보다는 통렬하게 책임을 물음으로써 역사에서 교훈을 얻으려는 자세가 보다 애국적인 것이 아닐까."[41]

이주영은 민족주의 명분에 대한 집착은 현실적으로 실현이 불가능했던 일들을 애써 강조하는 낭만주의적인 역사 인식으로 이끌 위험이 있다고 했다.

"금성출판사 본의 경우, 을사조약과 병합조약이 무효라는 주장을 1페이지 분량으로 중요하게 다루고 있다. 즉, 을사조약은 고종이 외부대신 박제순에게 위임장을 주지 않았으므로 무효이고, 또한 한일병합조약도 고종이 조약안을 재가하지 않았기 때문에 무효라는 것이다. 결국 일제의 대한제국 강점과 식민통치 행위는 불법이 되므로 마땅히 식민지배에 대한 원상회복과 배상의무가 남아 있다는 것이다. 그와 같은 사소한 사실들은 교과서에서 비중 있게 다루어져야 할 만큼 중요한 문제는 아니다. 이미 나라를 일본에 빼앗겨 40년 가까이 지배를 받은 마당에, 뒤늦게 와서 그 조약이 무효이고, 따라서 배상과 원상복귀의 의무가 남아 있다고 주장하는 것은 아무 소용이 없는 일이기 때문이다."[42]

이런 유·무효 논쟁은 1910년의 '한일합방조약' 또는 '한국병합늑약'에 대해서도 똑같이 벌어지므로, 나중에 더 논의하기로 하자.

장지연의
'시일야방성대곡'

'오늘이야말로 목 놓아 크게 울 날이로다'

일본은 민심의 동요를 우려하여 을사늑약 체결 사실을 당분간 비밀에 부쳐두고자 했으나 『황성신문』은 1905년 11월 20일자 기사로 '보호조약' 체결 과정에서의 일본의 강압을 자세히 폭로했다. 같은 날 『황성신문』 사장 장지연은 그 유명한 논설 「시일야방성대곡(是日也放聲大哭, 오늘이야말로 목 놓아 크게 울 날이로다)」을 써 을사늑약의 시정을 다음과 같이 요구하였다. 그 일부를 현대문으로 바꾸면 다음과 같다.

"우리 대황제 폐하의 강경하신 뜻으로 거절해 마지않으셨으니 이 조약이 성립되지 못할 것은 이등박문 스스로가 알아 파기할 것으로 생각했는데 아 저 개돼지만도 못한 소위 우리 정부의 대신이란 자들이 사사로운 영화를 바라 머뭇거리고 으름장에 겁먹어 떨면서 매국의 역적 됨을 달갑게 여겨서 사천년 강토와 오백년 종묘사직을 남의 나

보통 3000부를 찍던 『황성신문』은 「시일야방성대곡」이 실린 1905년 11월 20일자 신문은 1만 부를 찍어 일제 경무청 검열을 거치지 않고 배포했다.

라에게 바치고 이천만 동포를 몰아 남의 노예로 만드니 저 개돼지만도 못한 외부대신 박제순과 각부 대신은 깊이 나무랄 것도 없지만 명색이 참정대신이란 자는 정부의 수상으로 단지 부(否) 자(字)로 책임만 때우고서 명예를 구하는 밑천으로 삼을 계획이었던가. 김청음처럼 항서를 찢고 통곡하지도 못하고 정동계처럼 칼로 배를 가르지도 못하고서 뻔뻔스럽게 살아남아 세상에 다시 섰으니 무슨 낯으로 강경하실 황상 폐하를 다시 뵈올 것이며 무슨 낯으로 이천만 동포를 다시 대할 것인가. 아 원통하고 분하도다. 남의 노예된 우리 이천만 동포여, 살 것인가 죽을 것인가. 단군 기자 이래 사천 년을 이어온 국민정신이 하룻밤 사이에 갑자기 멸망하고 말 것인가. 원통하고 원통하도다 동포여 동포여!"[43]

장지연이 홧김에 마신 술로 미처 이 원고를 다 완성하지 못하자 유근이 후반부를 썼다고 한다. 장지연의 원통함은 독자들에게 그대로 전달되었다. 이후 최악의 욕으로 '개돼지만도 못한 놈' 이라는 말이 널리 쓰이게 되었다.[44]

'거의 집집마다 보관하고 외웠다'

「시일야방성대곡」이 읽혀진 민심의 현장은 어떠했던가. 송우혜는 "1905년 11월 20일, 대한제국의 수도에서 제일 번화한 거리인 종로" 의 풍경을 다음과 같이 묘사했다.

"맵게 몰아치는 11월 하순의 음산한 찬바람이 옷자락을 마구 흔드는데, 여러 사람들에게 둘러싸여 큰 소리로 신문을 읽던 중년 선비가 방금 읽은 『황성신문』을 손아귀에 움켜쥐고 외쳤다. '그렇소! 오늘이야말로 목을 놓아 울 때요! 참으로 목 놓아 크게 울어야 할 때요! 그러나 운다고 무엇이 달라지겠소! 나는 결코 울지 않으리다!' …… 지면에 떠 있는 시일야방성대곡이란 문장이 잉크가 아니라 피로 인쇄된 듯 강렬하게 보는 이의 눈을 끌어당긴다. 무리 속에 있는 장년의 사내가 크게 대꾸했다. '그렇지요! 울어서 국사(國事)가 바로잡힌다면야 오늘 우리 국민 그 누가 방성대곡을 아끼겠소!' 말은 그리하고 있지만 그들의 눈에서는 뜨거운 눈물이 줄줄 흘러내렸다."[46]

이 짤막한 한 편의 논설이 불러일으킨 파장은 엄청난 것이었다. 이 논설은 "거의 집집마다 보관하고 외웠다"고 할 정도로 민심에 큰 영향을 미쳤다. 당시 『황성신문』은 보통 3000부를 찍었는데 '시일야방성대곡' 이 실린 11월 20일자 신문은 1만 부나 찍어 일제 경무청의 사전 검열을 거치지 않고 발송 배포하였다. 그로 인해 장지연 사장은 구속되었으며 『황성신문』은 무기정간을 당했다. 장지연은 3개월간 투옥되었다가 정부로부터 통정대부로 일할 것을 권유받았으나 그걸 거절하고 은퇴하였으며 『황성신문』은 80일간 정간 이후 복간되었다.[47]

'한때 분함을 참으면 백년 화근을 면함이라'

『황성신문』이 「시일야방성대곡」을 게재하였을 때, 『대한일보』는 그 일을 경거망동으로 비난했다.[48] 이 신문은 일본인 경영의 일문지였으니 이해한다 치더라도, 이해하기 어려운 건 『제국신문』의 반응이었다.

　『제국신문』은 「한때 분함을 참으면 백년 화근을 면함이라」는 논설에서 과격한 신문 논조로 나가면 『황성신문』과 같이 탄압을 받아 신문 없는 사회가 될 것이라며, 을사보호조약의 책임이 한국민에게 있음을 강조하며 공부에 힘쓸 것을 권고하는 대조적인 모습을 보여 주었다. 최기영은 그 이유를 다음과 같이 분석했다.

　"이는 『제국신문』이 실력양성론에 입각한 개량주의적인 입장에 서 있었음을 짐작케 한다. 『제국신문』은 국민이 중국 역사만 알고 본국 역사에 대해서는 알지 못한다고 1907년 6월에 「본국력」를 일시 연재한 바 있었다. 그러나 그것을 제외하면 실제 한국의 역사를 비롯하여 전통에 관한 기사는 거의 찾아지지 않는다. 『황성신문』이 한국의 역사·지리·제도, 그리고 실학을 소개한 것과 크게 비교된다. 이것은 신문 관여자들의 한학(漢學)이나 한국 고전에 대한 이해의 정도와도 관련이 있을 것이고, 독자층의 수준과도 무관하지 않았을 것이다."[49]

　그러나 일본의 검열로부터 자유로웠던 『대한매일신보』는 『제국신문』과는 달리 장지연과 『황성신문』을 극구 찬양했다. 『대한매일신보』 11월 21일자 논설은 "실로 대한 전국 사회 신민의 대표가 되어 광명 정직한 의리를 세계에 발현(發顯)하리로다. 오호라 황성 기자의 붓은 가히 해와 달과 더불어 그 빛을 서로 다투리로다"고 찬양했다. 또 『대한매일신보』는 11월 27일자에 순한문과 영문으로 된 호외를 발행하여 을사보호조약의 부당함을 폭로하였다. 이 호외는 한쪽 면에는 한문으로 한일신조약청체전말(韓日新條約請締顚末)을, 다른 한 면은 영문으로 「시일야방성대곡」을 번역하고 이토 히로부미의 강요로 을사조약이 체결된 전말도 실었다.[50]

곧 잊혀진 '시일야방성대곡'

'시일야방성대곡'은 먼 훗날까지도 장지연은 물론 『황성신문』을 상징하고 대표하는 간판이 되었다. 1904년경 『황성신문』의 전체 지면에서 차지하는 광고 비중은 45~50퍼센트에 이르렀지만, 언론사 연구에서 이 광고는 별 주목을 받지 못했다. 이와 관련, 김진송은 "『황성신문』에 줄기차게 반복된 비로드와 중절모의 광고는 「시일야방성대곡」의 비분강개한 흐느낌 속에서 현대사의 곁가지로도 주목되지 않"는다고 했다.[51]

일반 대중은 그 어떤 것에도 주목하지 않았던 게 아닌가 하는 생각도 든다. 「시일야방성대곡」으로부터 채 3개월도 되지 않은 시점에서 '시일야방성대곡'의 통곡은 잊혀진 건 아니었을까?

『황성신문』 1906년 2월 16일자는 "본지가 발행된 지 8~9년이 지났는데 여전히 신문에 눈길조차 주지 않은 사람이 있다"며 많은 한국인들이 "심지어 신문이 무엇인지도 모르고 있다"고 개탄했다. 『황성신문』은 1906년 8월 1일자 이후 구독료 및 기부금 모금운동을 추진하면서 '문명록'이라는 이름으로 기부자 명단을 정기적으로 게재했지만, 별 효과를 보지는 못했다.[52]

04

민영환의 자결이
촉발시킨 연쇄 자결

민영환의 할복자살

을사늑약이 체결되자 전 의정대신 조병세, 시종무관장 민영환 (1861~1905)은 각각 소두(疏頭, 상소의 우두머리)가 되어 몇 차례 대궐에 나아가 상소를 올려 조약 폐기를 호소했다. 그러나 조병세는 감금당하고 민영환은 일본 헌병들에게 강제로 쫓겨났다. 민영환은 굴하지 않고 계속 늑약 반대 상소를 올렸다.[53]

기독교계도 상소투쟁에 가세했다. 11월 27일 상동교회의 구국기도 회를 주도했던 인사들은 대한문 앞에서 목숨을 건 상소투쟁을 벌였다. 기독교인들은 대한문 앞 상소가 있은 지 사흘 뒤인 11월 30일 오후 3시 을사늑약을 규탄하는 글을 인쇄하여 종로에 뿌리고 군중 앞에서 격렬한 반일(反日) 연설을 했다.

이 투쟁엔 김구도 참여하였다. 김구 일행이 종로 가두연설 끝에 일

민영환은 여러 차례 조약
파기 상소를 올렸으나 아
무런 성과가 없자 1905년
11월 30일 새벽, 유서 2통
을 남기고 자결했다.

본군과 투석전을 벌이고 있을 때 시종무관장 민영환의 할복 자결 소
식이 전해졌다. 민영환은 여러 차례 조약파기 상소를 올렸으나 아무
런 성과가 없자 마침내 11월 30일 새벽에 자결한 것이다.[54] 급보를 받
고 달려갔던 시종무관 어담(魚潭)은 민영환의 장렬한 최후를 다음과
같이 회고했다.

"언뜻 얼굴을 보니 옆으로 두 치 정도의 구멍이 난 목줄기로부터
아직까지 피가 흐르고 있었고 원망하는 듯 노한 듯 딱 부릅뜨고 있는
양쪽 눈은 처절하고도 가여웠다. 다음 오른손에 꽉 쥐고 있는 작은 칼

을 풀어내고 의복을 벗기니 일(一)자로 할복하고 있었다. 칼을 만져보니 손톱 깎기에 쓰는 퍽 작은 칼로서 깊이 찌를 수 없었기에 다시 상처 위로 좌로 우로 몇 번이나 칼질한 것 같았다. 그 증거로 의복의 양 무릎에 좌우 손을 닦은 듯한 핏자욱이 묻어 있는데, 생피가 찐덕찐덕하여 작은 칼을 쓰기 어렵게 되자 좌우 손으로 칼을 바꿔 쥐어가며 한 손의 피를 무릎에 닦은 것이 틀림없다. 그러나 이같이 하고도 목적을 이루지 못하자 목구멍을 옆으로 끊어 젖힌 것이 아닌가! 참으로 장절한 죽음이었다."[55]

민영환의 유서

민영환은 다음과 같은 유서를 남겼다.

"아, 국가의 치욕과 백성의 욕됨이 이 지경에 이르렀구나. 우리 인민들은 생존경쟁 가운데에서 장차 멸망에 이를 것이로다. 대저 살기를 도모하는 자는 반드시 죽고 죽기를 기약하는 자는 반드시 사는 법이니 제공은 어찌 이를 모르는가. 영환은 다만 한번 죽음으로써 황제의 은혜에 보답하고 우리 이천만 동포형제들에게 사죄하고자 한다. 영환은 죽어도 죽지 않고(死而不死) 구천의 아래에서 제군을 도울 것을 기약하노니 동포들은 천배 만배 더욱 분발할진저."[56]

손세일은 "민영환의 유서 가운데에서 특히 주목되는 것은 미국공사관으로 영향력 있는 미국인 친지들에게 보낸 유서이다. 이승만과 헐버트를 미국에 밀파한 친미파의 대표답게 그는 슬프게도 자결하는 순간까지 한국의 독립보전을 위한 미국인들의 '거중조정'에 대한 기대를 버리지 않고 있었음을 보여준다"고 했다. 이 유서 내용은 다음과 같다.

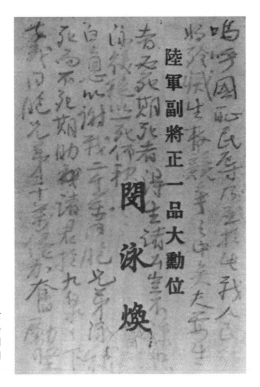

민영환의 유서. 당시 마흔네 살
이었던 그는 슬프게도 자결하는
순간까지 한국의 독립보전을 위
한 미국인들의 '거중조정'을 기
대했다.

"귀하는 오늘의 일본인의 목적과 행동을 알아야 합니다. 그러므로
나는 우리 국민이 입을 부당한 처사를 세계에 알리면서 귀하가 거중
조정을 행사하고, 우리의 독립을 지지하기 위해 귀하가 아량 있는 노
력을 해주실 것을 간청합니다. 만일에 귀하가 우리나라를 위해 위와
같은 일을 할 수 있다면, 나의 죽어가는 영혼도 행복하게 쉴 수 있을
것입니다. 우리 국민들의 성실한 태도를 오해하지 말아주시기 바랍니
다. 귀국과 우리나라 사이에 성립된 우리나라의 (미국과의) 최초의 조
약을 귀하가 잊지는 않을 줄 믿습니다. 귀국 정부 및 국민들의 동정심
을 실제로 증명해주시기 바랍니다. 그때에는 죽은 자도 알게 될 것이

고, 귀하에게 감사할 것입니다."[57]

서울은 '흥분의 도가니'

손세일은 "이때의 민영환은 나이 마흔네 살이었다. 그가 죽던 날 큰 별이 서쪽으로 떨어지고 까치 수백 마리가 그의 집을 둘러싸고 울며 흩어지지 않았다거나, 그가 자결한 자리에서 뒷날 대나무가 솟았다는 이야기는 그에 대한 국민들의 숭모가 어떠했는가를 말해주는 것이다"며 다음과 같이 말했다.

"민영환의 자결소식이 전해지자 장안은 삽시간에 흥분의 도가니를 이루었다. 온 장안의 시민들이 '국가의 기둥이 쓰러지고 큰 별이 떨어졌다'고 울부짖으면서 민영환의 집으로 몰려가서 통곡하며 '순국의 권화(權化)를 한 번 뵙게 해다오'하며 인산인해를 이루었으나 재빨리 달려온 일본 헌병들이 시민들을 함부로 끌어내고 문을 닫은 다음 자물쇠를 걸어버렸다."[58]

궁내부 특진관, 학부와 법부의 협판 등을 거쳐 '을사조약'이 체결되기 약 2주일 전인 1905년 11월 1일에 대신회의의 실무를 총괄하는 의정부 참찬에 임명되었던 이상설은 민영환이 자결했다는 소식을 듣고는 종로 네거리로 달려가서 술렁거리는 군중들 앞에서 통곡을 하면서 열변을 토했다.

이상설은 "민영환이 죽은 오늘이 바로 전 국민이 죽은 날이다. 우리가 슬퍼하는 것은 민영환 한 사람의 죽음 때문이 아니라 전 국민의 죽음 때문이다"고 했다. 연설을 마친 이상설은 땅에 뒹굴면서 머리를 땅바닥에 부딪쳐 자결을 시도하다 기절하고 말았다. 이상설은 죽진

않았지만, 온 장안에 그 역시 민영환을 따라 순국했다는 소문이 퍼져 흥분과 통탄이 고조되었다.[59]

연쇄 자결

민영환은 도대체 어떤 인물인가? 그는 명성황후의 조카로서 생부는 탐욕으로 임오군란을 촉발해 군란의 와중에 척살된 민겸호였다. 그는 여흥 민씨 가문을 통해 조기 출세해, 17세에 과거급제, 22세에 성균관 대사성(국립대 총장)이 됐으며 30세 전에 이조참판·호조판서·병조판서를 역임했다.[60] 그는 1895년 일제가 명성황후를 시해한 을미사변이 일어나자 주미 전권대사 부임을 거부하고 낙향했다. 그후 관직에 복귀한 그는 『독립신문』을 후원하고, 일본의 내정간섭에 항거하다 좌천당하기도 했다.[61]

『대한매일신보』는 민영환이 순국한 뉴스를 제2면 톱에 크게 다루었다.[62] 1905년 12월 1일자 『대한매일신문』에 '사민조회소'라는 광고가 실렸다. 을사보호조약을 반대하다 자결한 민영환의 죽음을 애도하는 내용의 광고로서 우리나라 최초의 의견광고로 알려져 있다.[63]

당대 제일의 권문세가 출신인 민영환의 자결은 국내외에 큰 파문을 일으켰으며, 그의 죽음은 연쇄 자결을 불러왔다. 조약파기 상소투쟁에 앞장섰던 조병세와 전 참판 이명재가 12월 1일에 음독 자결한 데이어 학부주사 이상철, 대사헌의 요직을 제수 받고도 사퇴하고 역신(逆臣)의 처결을 주장했던 송병선 등이 잇따라 음독 자결했다.

민영환의 아내도 남편을 따라 자결했으며, 민영환 집에서 고용원으로 일했던 계동 사는 인력거꾼은 민영환이 자결한 바로 그날 하루 종일 통곡하다가 밤이 되자 경우궁 뒷산 소나무에 목을 매고 자결했다. 홍영식의 형 홍만식, 평양의 병사 전봉학 등도 자결했다.[64]

윤치호는 "그(민영환)가 생시의 노력으로 이루어낸 것보다 죽음으로 이루어낸 것이 더 많았다"고 썼다.[65]

앨런은
어찌 되었는가?

앨런과 루스벨트의 논쟁

고종에게 미국에 대한 환상을 심어주는 데 가장 큰 기여를 했던 앨런
은 어찌 되었는가? 그는 을사늑약에 대해 무슨 생각을 하고 있었는
가? 여기서 약 2년 전에 일어난 1903년 9 · 30 사건을 거론하지 않을
수 없다.

앨런은 휴가차 일시 귀국한 1903년 9월 30일 백악관에서 대통령
루스벨트와 격한 논쟁을 벌인 바 있었다. 앨런은 미국이 만주에서 러
시아를 도와야 한다는 입장이었던 반면, 루스벨트는 일본을 도와야
하고 한국을 병합하도록 허용해야 한다는 쪽이었다. 앨런은 러시아가
만주에 도로와 철도를 건설해 거대한 상업적 무대를 열었으며 그곳
무역의 75퍼센트가 미국에 오고 있는데, 루스벨트가 그런 이득을 희
생시키려 한다고 비판했다. 이에 대해 강성학은 "경제에는 문외한이

며 지정학적 관점을 갖고 있는 루즈벨트에게 앨런의 경제적 논리는 무의미한 것이었다"고 평가했다.[66]

루스벨트는 "러시아는 그간 '문호개방'을 보전하려는 우리의 모든 노력을 방해해왔다"고 지적하면서, 앨런이 "단지 미국의 상업적 이익만을 염두에 둔 일회성 정책을 주장하는 것"이라고 비판했다.[67]

앨런은 정면에서 루스벨트의 생각을 반박했으며, 도중에 흥분해 루스벨트의 생각은 아주 쓸모없는 것이라고 공격하기까지 했다. 게다가 그는 미국 국민에 호소하고 싶은 마음에 면담 후 언론 인터뷰를 통해 자신의 주장을 폈는데, 이는 결과적으로 미국 대통령과 국무부를 무시하는 내용이었다. 분노한 루스벨트는 파면까지 생각했지만, 국무장관 존 헤이가 만류해 앨런은 견책(譴責) 처분을 받았다.[68]

앨런이 체미(滯美) 중일 때에 미국 콜로라도의 『콜로라도 스프링즈 텔레그라프』지 1903년 10월 24일자를 비롯한 여러 신문에 "고종황제가 미국 선교사의 딸 에밀리 브라운과 성대한 결혼식을 올렸다"는 황당한 내용의 기사가 실렸다. 김원모는 이를 '앨런의 충정이 빚어낸 해프닝'으로 보았다.[69] 어떻게 해서건 조선에 대한 미국 여론의 관심을 끌어내보려던 앨런이 언론플레이를 했다는 말이다.

"미국은 우리에게 맏형처럼 느껴진다"

앨런은 왜 루스벨트에게 대들고 그런 언론플레이까지 할 정도로 미국의 대(對)러시아·일본 정책에 집착했던 걸까? 앨런의 동료들이 만주에 많은 투자를 한 것과 앨런의 친러적 태도를 연계시켜 보는 시각도 있지만,[70] 설사 그렇다 하더라도 그게 전부는 아니었으리라.

미국의 국익을 지키기 위한 나름대로의 소신 때문일 수도 있었고, 과거 고종에게 "미국 국민은 한국이 앞으로 곤경에 빠질 경우에 강력하고도 사심 없는 말을 해줄 수 있는 유일한 국민이 될 것"이라고 말하면서 이권을 챙겼던 것에 대한 책임감에서 그랬던 것인지도 모를 일이다. 또 그는 고종에게 "미국과 다른 조약 체결국들이 한국의 독립을 강탈하려는 어떤 국가의 기도를 어렵게 만들 것"이라고 개인적으로 확언한 바 있었고, 이런 확언에 자극받아 고종은 "미국은 우리에게 맏형처럼 느껴진다"고 말한 바 있다.[71]

한국에서 미국이 획득한 이권은 미국의 정책보다는 앨런 개인의 노력에 더 좌우되었지만, 1905년에 이르러서는 열강 간 이권쟁탈전에서 최우위를 차지하고 있었다. 미국의 한 언론인은 "알렌은 상업적으로 미국이 독일이나 영국의 우위에 설 수 있도록 이권과 계약들을 확보해왔으며, 그것은 국회에서 멕시코를 제외하고는 유일한 사례인 것이다"고 평가했다. 이는 앨런이 공사직에 남기 위해 강조한 걸 반영한 견해이긴 하지만, 그리 과장된 이야기는 아니었다. 그럼에도 1905년 아시아에 대한 미국의 총수출액 중에서 중국과 일본이 각각 42퍼센트와 40퍼센트를 차지한 반면, 한국은 0.8퍼센트에 불과했으니, 경제적으로도 한국은 중요한 고려사항이 아니었던 셈이다.[72]

견책 처분을 받고 한국에 돌아온 앨런은 심사숙고(深思熟考)했으리라. 김기정은 "한국으로 돌아온 이후에 알렌은 워싱턴이 선택한 미일협력 구도하에서는 일본의 한국 침탈에 대응해서 한국이 미국의 외교적 지원을 얻는다는 것은 거의 가능성이 없다는 사실을 다시금 확신하게 되었다. 따라서 알렌은 그가 더 이상 반일주의자가 아님을 알리고자 온갖 노력을 다하였다. 특히 이때부터 일본의 한국 지배를 공공연히 주장하곤 했다. 이제 그에게 가장 시급한 것은 워싱턴으로부터 그의 신임을 회복하는 문제였기 때문이었다"고 말했다.[73]

앨런은 1904년에 이르러서는 한국의 몰락을 예감하고 있었다. 그는 한때 고종을 긍정 평가하였으나 이제는 "이 나라의 커다란 해충이 되어 있고, 저주의 대상이 되어 있으며 …… 로마가 불타고 있는 동안 쓸데없이 시간을 낭비하고 있던 네로황제처럼 무희들과 놀면서" 시간을 보내고 있는 지배자가 되어 있다고 판단했다.[74]

앨런의 모순

앨런은 루스벨트의 신임을 다시 얻기 위해 애를 썼지만, 루스벨트는 앨런의 존재가 자신의 동아시아정책 수행에 혹시 방해가 될지 모른다고 판단해 1905년 3월 앨런을 해임시켰다.[75] 앨런은 그때까지 7년 9개월을 공사로 일했다. 1900년 3월 이래 서울공사관의 서기관으로 있었던 모건이 그의 후임자가 되었다. 앨런은 자신을 위로하고 싶었던 걸까? F. H. 해링튼은 다음과 같이 말했다.

"알렌 자신이 한국의 종말은 가까웠다고 수십 번 이야기했고, 더욱이 한국이 멸망하고 있다는 것에 대해 즐거움까지 나타낸 일이 있었다. 그런데 이제 그 자신이 한국인의 자유를 수호하는 자로 자처하고 일본의 지배로부터 이 나라를 구하려고 원했기 때문에 해임되었다고 생각하는 것이었다."[76]

그랬다. 그의 심사는 모순에 가득 차 있었다. 그는 이미 1902년경부터 미 국무성에 보낸 보고서들에서 한국의 독립유지 능력에 대한 비관적 견해를 여러 차례 피력하였다. 그는 1904년 4월의 보고서에서는 한국 황제의 미국에 대한 기대가 '당혹스럽다'고까지 말하면서 자신은 그런 기대를 부추기지 않았으며, 오히려 한국 황제가 "1882년 제물포조약의 제1조('우호적 중재'가 명시되어 있는 조문)를 자신에게 유리하게끔 제멋대로 해석하고 싶어합니다"라고 주장했다.[77]

한국에 대한 애증(愛憎)의 감정을 갖고 있었던 걸까? 그러면서도 앨런은 한국의 몰락을 가슴 아파했다. 해임된 후 미국으로 돌아간 앨런은 1905년 11월 29일 친지에게 보낸 편지에서 미국공사관의 신속한 철수에 대해 다음과 같이 비판했다.

"무엇보다도 나를 가장 불쾌하게 했던 일은 미국이 상황을 받아들임에 있어서 너무 성급한 방법을 취했다는 것이었다. 영국이 첫 행동을 취할 때까지 왜 조금 더 기다리지 못했을까? 한국인들은 우리를 너무나 신뢰하였고, 헤이 장관 시절까지 워싱턴으로부터 많은 훌륭한 약속을 받았다. 적어도 우리는 그들에게 동정심을 표현했어야 했으며, 관에 못질하는 것은 장례식이 끝날 때까지 기다렸어야 했다."[78]

앨런은 1905년 12월 18일자 편지에서도 그런 비판을·반복했다. 그는 "일본이 보호령을 포고한 지 불과 10일 이내에, 이 문제에 대한 영국의 고지(告知)가 있기도 전에, 또 대통령의 영애(令愛, Alice Roosevelt)가 한국 황제로부터 그처럼 훌륭한 향응을 받은 지 불과 몇 주일도 되지 않았는데 우리의 행동이 이다지도 성급한 것에 충격을 받았다"고 말했다.[79]

김기정은 "알렌이 뒷날 미국의 공사관 철수에 대해 비판적이었던 것은 그 정책 자체의 정당성에 대한 비판이 아니라 정책 집행의 시간상의 문제였다"며 "결국 그의 지한적(知韓的) 태도는 제국주의 시대의 전형적 외교관의 인식을 크게 벗어나지 못하는 것이었다"고 평가했다.[80]

앨런은 충격을 받았다지만, 고종황제는 충격 속에서도 포기하지 않
았다. 고종은 앨런에게 한국문제의 해결을 위해 사용하라고 1만 달러
를 동봉한 편지를 보냈지만, 이제 모든 게 끝나버렸다고 생각한 앨런
은 1만 달러를 되돌려 보냈다.[81]

앨런의 일본경계론은 나중에 들어맞았지만, 그의 심사는 늘 복잡했
다. 미국의 이익이라고 하는 관점에서 한국을 생각했기 때문일 수도
있다. 그는 1932년 12월 11일 사망했다.

제**6**장

1900년대 중반의 생활문화

01

천도교로 개명한 동학

손병희의 귀국

일진회가 을사늑약에 지지서명을 내는 등 친일활동을 가속화하자 일본에 머물러 있던 의암 손병희는 1905년 12월 1일 일진회와의 관계를 단절하기 위해 동학의 명칭을 천도교라 고쳤다. 그는 1906년 1월 28일 만 4년 만에 귀국하였는데, 손병희의 귀국을 환영하는 동학교도들이 경부선 역마다 운집하여 수만 명에 이르렀다. 국사범으로 일본에 망명하고 있던 권동진·오세창도 함께 귀국하였다. 최기영은 이들이 귀국할 수 있었던 것은 고종이 일진회의 친일활동을 견제하기 위한 필요 때문이었다고 보았다.[1]

손병희는 서울에 천도교중앙총부를 설립하는 한편, 천도교 조직을 갖추는 과정에서 '인내천(人乃天, 사람이 곧 하늘)'을 근간으로 하는 근대적 교리체계를 세웠다.('인내천'의 실제 저작권자는 천도교 교직자인 양한묵이다)[2] 3대 교주 손병희는 1대 교주 최제우의 시천주(侍天主, 사람은 누구나 마음속에 하늘님을 모시고 있다), 제2대 교주 최시형의 사인여천(事人如天, 사람 섬기기를 하늘님같이 하라) 사상에 이어 인내천 사상을 창안한 셈이다.

천도교로의 개명의 정치학

그런데 왜 동학의 대표적인 사상이 시천주에서 인내천으로 바뀌었을까? 김용휘는 "학자들은 대체로 교리의 합리화를 통해 신비적 요소를 제거하고 근대적 교단으로 탈바꿈하려는 의암과 교단 지도부의 의도가 반영된 것으로 해석한다"며 다음과 같이 말했다.

"인간의 의식 성장에 따라 한울과의 관계가 변하는 것은 당연하다. 따라서 시천주에서 인내천으로의 변화는 수행의 과정에서 일어나는 자연스러운 현상이다. 그것이 교단적으로 반영된 것이 인내천의 교리화다. 그런데 인내천만 강조하다 보니 천도교가 마치 한울님에 대한 신앙도 필요 없고, 심지어 한울님이라는 존재마저 부정하는 것처럼 오해되는 문제가 발생했다. 지나친 인본주의 종교로서 신도 따로 없고 따라서 동학 수련에서 중요한 관건인 강령과 감응도 불필요한 것으로 치부해, 자기 안의 본래의 성품을 깨닫는 것만 강조하는 풍조가 생겼다."[3]

김정인은 "1905년 동학에서 천도교로의 개명은 단지 이름을 고치는 데 그치는 것이 아니었다"며 다음과 같이 말했다.

"이제 천도교는 서구문명의 우위를 시대의 대세, 보편으로 인식하면서 이를 적극 수용하고자 한다. 이러한 문명개화로의 일대 전환을 꾀한 이는 동학의 3대 교주 손병희였다. 독립협회 인사들과의 교유, 일본으로의 망명과 러일전쟁 당시 일본군에 거액을 기부하는 그의 행적 속에서 '동국의 학'을 실천하려는 의지는 찾아보기 어렵다. 이제 천도교인들은 기독교인들처럼 일요일을 시일(侍日)이라 부르고 예배당에 가서 시일식을 거행한다."[4]

도올 김용옥은 천도교로의 개명을 "동학이 평범한 종교운동으로 전락한 것"으로 보았다.

"그 이전의 동학도들은 자유로운 활동의 결사체였으며, 조직윤리에 개인윤리를 복속시키는 종교적 권위주의로부터 완전히 해방되어 있었다. 그들은 '동학을 한다'고만 말했으며 '동학을 믿는다'고 말한 적이 없다. 동학은 간단(間斷)없는 삶의 실천일 뿐이었으며 새로운 가치관을 수립하는 매우 느슨한 인적 관계망의 활동이었고 운동이었을 뿐이다."[5]

이용구 등 일진회 간부 출교 처분

손병희는 4년간의 공백에 따른 문제들을 극복하고 교권을 확실하게 장악해야만 했다. 최기영은 손병희가 1906년 2월 2일 일진회에 1000원을 기부한 것, 이용구 · 송병준을 천도교의 고위직에 임명한 것, 1906년 5~6월 보문관(普文館)의 설치나 『만세보』의 간행 등에 일진회의 협조를 얻은 것 등을 바로 그런 이유 때문인 것으로 보았다.[6]

손병희는 정부나 일본세력과의 마찰을 피하기 위해 정교분리를 하고자 하였다. 그는 1906년 8월 31일부터 정교분리에 관한 논급을 시작했다가 9월 17일 정치활동이 두드러졌던 일진회 측과 교섭이 실패하자, 9월 18일 천도교도의 일진회 탈퇴를 지시하는 동시에 이용구 등 일진회 간부 62명의 천도교 출교(黜敎)를 처분하고 이를 신문에 공고하였다.[7]

손병희가 일본에 체류하는 동안 이용구에게 천도교의 전 재산이 맡겨져 있었기 때문에 이용구 일파의 출교 처분은 손병희로서는 모든 재산을 잃는 걸 감수한 모험이었다. 이와 관련, 황선희는 "손병희는 천도교를 선포한 뒤에도 출교 처분을 결정하기까지 인내심으로 이들을 설득·회유하였다. 『만세보』사설의 논조가 한때 일진회의 정치개혁운동에 대해서 긍정적으로 평가했던 것도 이와 같은 선상에서 생각할 수 있다"고 했다.[8]

손병희는 천도교의 교세가 어느 정도 안정되자, 이를 기반으로 다시 정권 장악을 위한 정치활동에 뛰어들어 대한협회(1907년 11월 결성)에 가담해 자신의 대리인으로 권동진(1861~1947)과 오세창(1864~1953)을 내세웠다. 그러나 일진회와의 단절로 재정문제가 악화되는 상황에 처하게 되었다.[9]

황선희는 천도교가 "완전히 이전의 교세를 회복한 것은 1910년대로서 3·1운동 당시 조직력과 자금 조달면에서 천도교가 주도적 역할을 맡을 수 있었던 것도 1910년대의 교회 재건이라는 배경이 있었기 때문이다"고 했다.[10]

이용구의 시천교 선포

개화기의 모든 인물들은 상황의 복잡성으로 인해 복잡할 수밖에 없지만, 특히 손병희의 경우엔 더욱 그렇다. 이이화는 손병희에 대한 평가는 포폄이 엇갈려 있다며 다음과 같이 말했다.

"러일전쟁 때 일본군에 군자금을 댄 일, 한일병합을 주장한 이용구를 상당기간 끌어안은 일, 돈을 민족운동 이외에 마구 쓴 일, 본부인말고도 첩을 둘씩이나 거느린 일 따위가 사람들 입에 오르내린다. 또 최제우 · 최시형을 신으로 만들고, 자신도 성사와 인황씨로 추앙하게 한 것도 인간 중심의 동학을 신비주의로 변질시켰다는 입길이 따른다. 걸출한 인물에게도 흠집이 있다는 말로 호도될 수 있을까? 하지만 그의 공이 과를 덮고도 남는다는 평가에 귀를 기울일 필요가 있겠다."[11]

한편 출교 처분을 당한 이용구는 1906년 11월 13일 시천교(侍天敎)를 조직 · 선포하였으며, 자신이 동학의 정통을 이었다고 주장했다. 이이화는 "여기에 웃지 못할 일화가 하나 있다"며 다음과 같이 말했다.

"1907년 내각에 여러 차례 건의한 끝에 그가 교조 최제우와 최시형을 신원케 한 일이다. 교조신원이 농민군 봉기의 한 원인이었는데 그의 노력으로 신원되었던 것이다. 그리고 최제우의 초상을 유명한 화가 안중식을 시켜 그리게 하고는 교당에 걸어놓고 받들었다. 너무 심한 역사의 아이러니다."[12]

한국 최초의 공개
축구 · 야구 경기

축구대회의 확산

관립한성외국어학교에 초빙된 외국인 교사들이 선보인 서양식 축구는 조선의 전통 축구인 축국과의 구분을 위해 척구라 불렀다. 외국어학교 출신들이 결성한 대한척구구락부는 그 발족 취지에서 당시 친러파니 친일파니 친청파니 젊은이들 간에 갈등 반목이 심한 데 대한 화합수단임을 명시하였다.[13]

1900년경에 외국어학교를 졸업한 김종상의 증언에 의하면 궁내부 참리를 비롯하여 어전통역관 등 외국어학교 출신자들, 또는 축구동호인들이 휴일을 이용하여 훈련원(동대문운동장 터) 등지에서 영국인 교사의 지도로 축구를 배우며 공차기를 즐겼다고 한다.[14]

1902년 배재학당에 축구반이 처음으로 생겼고, 1904년 황성기독청년회에서 운동부를 조직해 축구를 했으며, 이 해에 외국어학교는

축구를 체육 과목의 하나로 채택하였다.[15)]

이즈음 세계 축구는 어떻게 돌아가고 있었던가? 1904년 5월 21일 프랑스 주도하에 프랑스 · 벨기에 · 덴마크 · 네덜란드 · 스페인 · 스웨덴 · 스위스 등 7개국 대표자들이 모여 국제축구연맹(FIFA)을 창설했다. 잉글랜드는 초청에 응하지 않다가 1905년에서야 참가에 동의했는데 축구에 대한 귀족주의적 태도로 인해 탈퇴, 복귀를 두 차례 반복하게 된다.(잉글랜드는 제1차 세계대전이 끝난 후 패전국들과의 스포츠 교류에 반대해 FIFA에서 탈퇴했다가 24년 재가입했으나 엄격한 아마추어제를 고수하는 고집을 피우다 다시 탈퇴했고 50년 이후에 복귀하였다)[16)]

한국 최초의 정식 골대가 세워진 건 1905년 배재고보 운동장이었다. 소나무 기둥을 깎아 적당한 너비로 세우고 양쪽 기둥 위에 각목 두 가닥을 못질한 것에 지나지 않았지만, "이 골대에서 경기를 해보는 것이 모든 축구선수의 소망이었고, 심지어는 이 신기한 물건을 구경하러 일부러 배재고보에 내방하는 관광객까지 있었다 한다."[17)]

한국 최초의 공개 축구경기는 1905년 6월 10일 서울 훈련원(오늘날의 동대문운동장)에서 열린 대한체육구락부와 황성기독청년회 간의 시합이었는데, "관중들은 구름처럼 몰려들었고, 양 팀 응원단의 열띤 응원도 상상을 초월했다."(대한체육구락부는 1905년 3월 조직된 체육단체였다)[18)]

1906년엔 프랑스인 마르텔의 지도로 불어학교 학생들이 경기를 갖기도 했다. 바로 이 해부터 '축구'라는 명칭으로 불리기 시작했다. 1908년 4월 보성소학교가 창립 4주년 기념축구대회를 열었고, 10월에는 다동의 공성학교가 경기를 벌이는 등 축구 붐은 연소층까지 미쳤다.[19)]

'YMCA 야구단'

야구도 축구의 뒤를 따랐다. 한국에 야구가 처음 들어온 것은 1905년으로, 당시 선교사로 온 미국인 질렛(P. L. Gillett)이 황성기독청년회 회원들에게 야구를 가르친 것이 그 시초이다. 1906년 2월 11일 훈련원 터에서 YMCA팀 대 덕어(독일어)학교팀 사이에 최초의 야구경기가 열렸다.[20]

『황성신문』 1909년 3월 21일자엔 다음과 같은 〈야구단 운동가〉라는 노래가 소개돼 있을 정도로 야구는 큰 인기를 누렸다.

"무쇠 골격 돌 근육 소년 남아야/애국의 정신을 분발하여라/다달았네 다달았네 우리나라에/소년의 활동 시대 다달았네/(후렴) 만인 대적(對敵) 연습하여 후일 전공 세우세/절세 영웅 대사업이 우리 목적이 아닌가"[21]

2002년 10월에 개봉된 영화 〈YMCA 야구단〉은 바로 이 시절의 야구를 다뤘다. 신분과 나이가 다른 사람들이 모여 짚신 신고 빨래방망이로 공을 치던 시절을 따뜻한 톤으로 그린 코믹 드라마다. 당시 야구공은 짚을 뭉쳐 만들었다. 그런데 이후 점차 헝겊공, 가죽공으로 바뀌어갔다. 영화 속에서 포수는 마스크 대신 하회탈을 쓰는데 이는 영화적 상상력이며, 나중에 헝겊으로 얼굴을 가리는 장면의 사실 여부는 당시의 사진을 통해 확인된 것이다.

그때는 지금보다 영어를 더 많이 썼다. 야구를 베이스볼이라 했고 1루 2루 3루도 퍼스트, 세컨드, 서드 베이스로 불렀다. 그러나 제작사 측은 100년 전 시대를 담은 영화에서 영어가 많이 나오면 이상할 것 같아 영화에서는 1베이스, 2베이스, 3베이스로 정했다. 기록에 따르면 당시에도 야구해설가가 있어 변사처럼 경기를 관중들에게 설명했

한국에 야구가 처음 들어온 것은 1905년으로 당시 선교사로 온 미국인 질렛이 황성기독교청년회 회원들에게 야구를 가르친 것이 그 시초이다. 사진에서 맨 앞 오른쪽이 질렛이다.

다. 당시 야구와 영화가 가장 크게 다른 점은 커브공이다. 영화에서 일본 투수는 커브를 던지지만, 당시에는 커브를 던지는 기술이 없었다.[22]

최초의 부인용품 상점

축구·야구라는 새로운 스포츠가 대중에게 선을 보였듯 새로운 유형의 상점도 이 시기에 나타났으니 그건 바로 부인용품 상점이었다. 1905년 봄, 서울 안현동(지금의 안국동)에 우리나라 최초의 부인용품 상점이 문을 열었다. 여성이 직접 경영하고 여성이 쓰는 물건만을 파는 상점이었다. 상호는 안현부인상점. 주인은 이일정(1877~1935)으로, 훗날 헤이그 밀사로 널리 알려질 이준의 아내였다. 이와 관련, 박은봉은 다음과 같이 말했다.

"개화의 물결이 밀려들긴 했지만 모름지기 점잖은 양반은 굶주릴지언정 학문에 힘써야지 이익을 취하는 일에 나서선 안 된다고 생각하던 시절이었다. 더구나 양반집 여자는 바깥출입을 함부로 할 수 없고, 장바구니를 들고 직접 시장에 나오거나 시장에서 물건 파는 여자는 천한 신분으로 여기던 때였다. 그러니 조선왕조를 개창한 태조 이성계의 이복형 이원계의 17대손이요, 과거에 합격하고 일본 와세다대학 유학생인 이준의 아내가 상점을 연 것은 대단한 '사건'이었다."[23]

안현부인상점은 전면을 유리로 장식하여 당시로서는 가장 현대적인 모습을 갖췄으며, 이일정은 상점에 나와 바늘·실·실패·단추·분·머릿기름·빗·족집게·비누 등등 여성용 필수품과 살림살이를 팔았다. 그의 가게는 인기가 높았지만, 비웃음과 야유의 손가락질도 매우 심했다. 아내 이일정이 가끔 좌절할 때마다 이준은 "비웃는 자들이야말로 어리석은 무리요, 앞으로 십 년이 못 되어 오늘 코웃음 치던 무리들이 당신을 가리켜 우리 부녀계의 선각자요, 모범이라 칭송하리라"고 격려했다.[24]

박석분·박은봉은 이일정의 그런 시도에 대해 "남편 이준이 애국계몽, 정치개혁운동에 나서면서 옥고도 겪고 유배도 되어 불우한 환경 속에서 어린 남매를 데리고 천신만고로 남편의 뒷바라지를 해오던 끝에 '여성은 반드시 독자적으로 생활할 수 있는 경제적 기반을 닦아 놓지 않으면 안 된다'는 것을 깊이 깨달은 것"이라며 다음과 같이 평가했다.

"그때까지 상거래는 남자에게 국한되었다. 다만 방물장수(일명 황아장수)는 여자들이 하기도 했다. 상점의 경우에도 일본상인들이 진출하여 종로거리에 일인 상점이 늘어나 화려한 일제상품이 국내시장을 잠식하고 있었다. 이 같은 상황에서 이일정의 부인상점은 양반 부인들의 경제활동이 여전히 집안에 국한되어 있던 상황에서 독자적인 부인의 경제활동이라는 차원에서도 의미가 있을 뿐만 아니라 민족상업의 흥성이라는 차원에서도 큰 의의를 지닌 것이다."[25]

이일정은 상점운영으로 자식들을 키웠을 뿐만 아니라 수입 중 일부를 일본유학생의 장학기금으로 내놓고 국채보상부인회 활동도 열심히 하였다. 상업적 관점에서도 이일정은 당시의 '트렌드'를 제대로 읽었다.

각종 부인용품 수요가 늘기 시작하더니, 1906년부터는 파라솔(양산)이 선을 보여 인기를 누리게 된다. 이미 1898년 10월 장옷(얼굴을 가리는 쓰개치마)을 폐지하고 대신 우산을 지니도록 청하는 상소가 나온 걸 시작으로 여성복제(服制)개량운동이 활발하게 진행됐던 까닭이다. 1895년 엄비가 최초로 양장을 하고 기념사진을 찍은 모습이 나타났으며, 1899년엔 윤치호의 부인 윤고려(또는 윤고라)가 양장차림으로 등장하였다. 장옷의 폐지는 내외법의 철폐에 따른 당연한 요구로, 일부 고관 부인이나 사회활동을 하는 여성들은 이미 장옷을 벗어던졌다. 그 대신 대용품으로 등장한 것이 바로 파라솔이었다.[26]

임종국은 "이 신식 쓰개치마의 사치는 대단하였다"며 "색깔은 연두

색 바탕에 붉은 꽃을 찬란하게 수놓거나 또는 푸른 바탕에 노란 꽃을 장식하였다. 오색이 찬란한 파라솔의 대나 살을 상아로 제조한 것도 있겠고, 이런 종류를 한 사람이 4~5개씩 구입해 두고 기분 따라 장소 따라 알맞은 것을 쓰고 다녔다"고 했다.[27]

03

'흰옷금지령' 과
공창제

천년 묵은 백의 논쟁

한국인을 가리켜 백의민족(白衣民族)이라고 하는데, 그 내막을 들여다 보면 '흰옷'을 둘러싼 오랜 갈등이 있었다. 삼국시대와 고려시대엔 평민은 흰옷을 입게끔 강제화되었다. 어기면 처벌을 받아야 했다. 당시 흰옷 강제화는 벼슬아치와 평민과의 구별을 위해서였다.[28]

조선시대에 들어와서는 오락가락하다 헌종 때에 이르러 벼슬아치와 평민 모두에게 흰옷 착용을 하지 말라는 명령이 떨어졌다. 이때의 명령은 잦은 빨래의 문제를 고려한 경제적 이유 때문이었다. 그러나 잘 지켜지지 않았다. 벼슬아치들은 입으라는 청색 옷은 입지 않고 그 대신 천담복(淺淡服, 엷은 옥색의 옷)으로 버텼다.[29]

이에 영조는 천담복을 입고 과거를 보려는 자는 모두 과거 응시자격을 박탈할 정도로 강경 대응했다. 그 결과 양반들은 청의를 입게 되었지만 일반 서민들은 여전히 백의를 입었다. 그래서 곳곳에서 벼슬아치들이 먹통을 들고 다니면서 흰옷에 먹물을 칠하거나 뿌리곤 했다.[30]

1882년 12월 한성판윤이 된 박영효는 흰옷 대신 색깔 있는 옷을 입도록 하자는 생활개혁 캠페인을 시도했지만 그 자리에 잠시 머물다 물러나고 말았다.[31] 1895년 변복령 때엔 관료들에게 검은색 옷을 입게 했으며, 1897년 광무개혁 후에는 백의 착용을 금하였다. 그러나 서민들은 여전히 백의였다. 동학농민전쟁 때에도 관군은 검은 옷을 입고 있었지만, 농민군은 백의 일색이었다. 백의에 피가 튀면 색깔이 유난히 선명해 감정을 자극하기도 했다.[32]

검은색은 '문명의 색'

1900년대 중반 다시 백의 파동이 일어났다. 1905년 10월 경무사 신태휴는 흰옷 대신 검정 등 짙은 색 옷을 입으라는 법령을 발포했다. 강압적이었다. 흰옷을 규제하는 조치가 시작되었다. 방법은 졸렬했다. 흰옷 입고 거리를 다니는 사람을 잡아 염색을 할 수밖에 없게끔 옷을 더럽히는 수법이었다. 순검들은 등판에 '흑(黑)' 자도 쓰고 '묵(墨)' 자도 쓰고 혹은 '염색' 이라고도 썼다. 새 옷 만들 돈 없는 사람들은 거리에 나서기조차 어려웠다.

'흰옷금지령' 의 이유는 검은 옷이 편리하고 위생적이라는 것이었지만, 아무리 봐도 그건 억지였다. 일본에서 수입된 색색의 옷감이 잘 팔리지 않았기에 나온 조치가 아니냐는 의혹이 제기되었다. 금지령 이후 짙은 색 천이나 염료가 불티나게 팔리기 시작했지만, 그럼에도 큰 변화는 나타나지 않았다.[33]

권보드래는 "1905년 말의 흰옷 금지 조치는 일본 염료산업의 진출과 조선 염료산업의 부분 성장이라는 결과를 남기고 사그라들었지만, 백의민족의 의식에는 이미 먹물이 튀어 있었다"고 평가했다.[34]

이승원은 "흰옷을 금지하는 대신 '검은색' 계열의 옷을 입으라고 '법'으로 강제한다. 왜 하필이면 검은색일까. 검은색은 '문명의 색'이었다"며 "서구문명의 휘장을 두르고 들어온 근대의 상징들은 대부분 검은색으로 채색되어 일상을 덮어갔다"고 했다.

"학생들은 개화의 상징이자 근대 학생의 상징인 교복과 모자를 쓰기 시작한다. 검은색 옷과 검은색 모자. 영락없이 군인의 모습이었다. 아니, 학생들이 처음으로 입은 '교복'은 '군복'을 정확하게 본뜬 옷이었다. 당시 여군이 없었으니 여학생들의 교복은 검은색 치마에 저고리를 입는 방식이었다."[35]

일본 매춘문화의 확산

과거에 입던 옷에 대한 집착이 강한 것처럼, 과거의 관습에 대한 집착도 강했다. 1894년 갑오개혁으로 신분제가 폐지된 후에도 신분과 직책, 경제력에 따라 축첩은 여전히 유지되고 있었다. 1900년대 들어서도 사정은 크게 달라지지 않았다. 조은 · 조성윤이 1896~1906년 '한성부 호적대장'을 토대로 한성지역의 첩 현황을 조사한 공동 논문 「한말 첩의 존재양식」에 따르면, 당시 서울지역 공직자의 5분의 1이 첩을 소유하고 있었으며, 첩 소유자의 83.9퍼센트가 양반 출신이었다.[36] 『대한매일신보』 1907년 10월 2일자 논설이 보인 다음과 같은 비분강개(悲憤慷慨)가 당시의 축첩 실상을 반증해준다.

일본의 영향으로 매매춘은 1876년 개항 이후 일본인 거류지에서 시작해 전역으로 확산됐다. 사진은 1906년 평양기생학교의 조회 모습이다.

"축첩은 개인을 망하게 하고 일가를 멸(滅)하고 일국을 상(傷)하게 하는 것이다. 여자에게는 부덕이니 정절이니 지조니 하고 열녀(烈女)는 이부(二夫)를 불경(不敬)한다 하여 청춘과부로 하여금 재가(再嫁)를 불허하면서 어찌 남자에게는 특권을 부여하고 이것이 남자가 완력이 강함에 기인된다면 어느 금수(禽獸)에 불급하는 행위라 어찌 만물의 영장이라 자칭하는 인류의 행할 바이오."[37]

축첩제의 건재가 시사하듯이 지배층의 성적(性的) 향락문화도 번성했다.

신경숙은 논문 「조선 후기 여악(女樂)과 섹슈얼리티」를 통해 "조선

시대에는 일반 기녀들뿐 아니라 국가의 공식 의례와 각종 연회에서 음악과 가무를 담당했던 여악(女樂)이나 관기(官妓)도 지배층을 위한 성적 봉사 임무에서 자유롭지 않았다"며 "조선 후기 여악이 관의 영향으로부터 벗어나 민간예술의 영역으로 편입되면서 여악의 경영자로 나선 기부(妓夫), 남성가객(歌客), 좌상객(座上客) 등 이른바 '여악 매니저'들에 의해 여악이나 관기의 성적 도구화가 더 심해지게 됐다"고 주장했다.[38]

청일전쟁·러일전쟁을 거쳐 일본인들의 침투가 가속화되면서 성적 향락문화는 일반 대중의 삶까지 파고들었다. 매춘여성을 격리하고 등록하여 허가를 받게 하며, 세금을 걷고 위생검사를 하게 된 것은 1900년대 중반부터였다. 17세기 이래 공창(公娼)제도를 택해 온 일본의 영향 때문이었다. 일본의 매매춘제도는 1876년 이후, 먼저 일본 거류지에서 시작해 한국 전역으로 확산되었다.[39]

1904년 경무사 신태휴는 매춘행위가 공공연하게 이루어지는 것을 못마땅하게 여겨 서울 남부 시동(詩洞)에 상화실(賞花室)이라는 매매춘 지역을 만들고 그 외에서의 영업은 못하게 하는 훈령을 내렸다. 국내인들이 드나드는 집은 '상화가(賞花家)', 외국인들이 드나드는 집은 '매음가(賣淫家)'라는 문패를 달게 했다. 인천 화개동 등 여러 곳에도 집창촌이 형성되었다.[40]

홍성철은 "당시 일본으로부터 배일적인 인물로 분류됐던 신태휴가 성매매 여성의 증가와 성병문제, 성매매에 따른 사회적 폐해, 성폭력 등으로 인해 성매매 여성 집단 거주지를 자발적으로 추진했다는 것은 그만큼 풍기문란이 심각했기 때문인 것으로 보인다"고 분석했다.[41]

1904년 무렵 "전답 좋은 것은 철로(鐵路)로 가고 계집애 고운 것은 갈보로 간다"는 속요(신아리랑타령)가 떠돌 정도였다.[42] 갈보(蝎甫)의 '갈' (빈대)은 중국말에서 이르는바 밤에 나와서 사람의 피를 빨아먹는 취충(臭蟲, 냄새 나는 벌레의 뜻임)을 뜻하는 것이었으니, 욕 치고는 끔찍한 욕이었다.[43] 그럼에도 갈보의 수는 계속 늘어나는 추세였다.

통감부의 적극적인 공창화 정책

권희영은 「호기심 어린 타자: 20세기 초 한국에서의 매춘부 검진」이란 논문을 통해 1904년 인천에서 처음 시작된 매춘부들의 위생검진에 주목했다. 권희영은 "정치가, 군인, 사회운동가 등이 모두 부국강병(富國强兵)을 시대적 목표로 설정함으로써 매춘부 치료가 하나의 시대적 요청으로 여겨지게 됐다"며 "이 과정에서 당시 매춘부는 남성의 불안감과 죄책감까지 함께 떠안은 채 가차 없이 그 명예를 짓밟혔다"고 주장했다.[44]

1906년부터 모든 주요 도시에서 매음세를 징수하는 동시에 매춘부에 대한 위생검사가 실시되었다. 1909년의 보도로는 창기 숫자가 서울에서만 2500명을 헤아렸다.[45] 1900년대부터 약 광고가 범람한 가운데 1910년 이후 성병치료제 광고가 제일 흔했다.[46]

처음에 성병 검사에 대한 매춘부들의 저항은 필사적이었다. 성병 검사가 남자 의사에 의해 강압적이고 비인간적으로 진행되었기 때문이다. 그들은 검사를 피하기 위해 영업을 일시적으로 중단하거나 검사 대상에 오르지 않는 기생으로 전업했고, 지방에 내려가거나 심지어는 아편을 먹고 자살을 기도하였다. 당국은 포주에 대한 단속을 강화하는 것으로 이러한 저항에 대응했다.[47]

1908년 6월에는 매춘부의 가부(假夫, 기둥서방)나 포주들에게 '경성 유녀조합'을 조직하게 해 성병검사 위반자에 대한 경찰 개입을 강화 했으며, 1908년 9월에는 경시청령으로 '기생단속령'과 '창기단속령'을 발표해 매매춘 관행의 공창화를 구체화시켰다. '기생'은 무엇이고 '창기'는 무엇인가? 기생은 매춘을 할 수 없고 객석에서 무용과 음곡을 할 수 있게 한 반면, 창기는 매춘만 할 수 있게 한 구분이었다.[48]

이즈음부터 기생을 일패(一牌), 이패(二牌), 삼패(三牌)로 나누는 분류법도 쓰였다. 일패는 양반층의 잔치에 참여해 흥을 돋우는 예전 뜻 그대로의 기생을 뜻했다. 이패는 기생 출신으로 은밀히 몸을 파는 은근자(殷勤者) 또는 은군자(隱君子)인데, 이때의 '군자'는 도둑을 양상군자(梁上君子)로 부르는 반어적 용법이다. 사람들은 보통 '은근짜'라고 불렀다. 삼패는 성매매만으로 생계를 이어가는 여성을 뜻했다. 전통 기생은 이패와 삼패가 기생으로 불리는 것에 분노했으며, 기생만 쓸 수 있는 홍양산을 삼패가 쓰고 다니자 경무청에 항의를 하는 한편 양산에 기(妓) 자를 금색으로 새겨 붙이기도 했다.[49]

기생은 그들이 사용하는 화장품에 의해서도 분류되었다. 일패는 값이 가장 비싼 양분(洋粉)을 썼기에 양분기생, 이패는 값이 중간인 왜분(倭粉)을 썼기에 왜분기생, 삼패는 값이 가장 싼 국산품인 연분(鉛粉)을 썼기에 연분기생으로 불렸다.[50]

국산 연분(납분)은 그 부작용이 매우 심각했다. 이 연분을 많이 쓰는 여인들은 얼굴이 푸르게 부어오르고, 잇몸이 검어지고, 구토가 나고, 관절이나 뇌세포까지 손상되는 납독의 피해를 감수해야 했다. 납독으로 인해 미친 사람이 생겨났고, 기생의 사생아들 중에는 눈이 멀었다든지 관절이 굳었다는 사례가 많이 나타났다. 그런 심각한 부작용을

알면서도 연분을 썼으니!⁵¹⁾

통감부는 1908년 10월 1일 기생·창기·기둥서방 등 468명을 한 자리에 모이게 해 단속령에 관한 설명회를 열었다. 통감부는 이들에게 스스로 조합을 결성케 해 성병 검사는 물론 화대 조정에 협조하게 만들었다. 새로운 규약은 화대를 한 시간당 80전으로 정했다. 그전엔 시간 여하에 관계없이 1회 4~5원으로 되어 있었는데, 이것은 고객들이 이용하기에 불편하므로 시간당 요금을 정해야 일반인들이 더 저렴하게 이용할 수 있다는 이유에서였다. 또 기생과 창기의 연령 하한을 당시 조선의 결혼가능 연령을 근거로 만 15세로 정하였는데, 이는 일본 국내 공창의 연령 하한인 18세보다 3살이나 낮고 일본인 거류지의 일본인 창기의 연령보다도 낮은 것이었다.⁵²⁾

야마시다는 "일본은 통감부 설치와 동시에 조선인 매음부의 공창화, 그리고 조선의 매매음 형태의 일본식 공창제도화를 추진하였으며 그것은 거류지의 공창제도화와는 대조적으로 강압적으로 행해졌다. 조선 공창제도의 특징은 일본 국내 또는 거류지에서 풍기단속을 위해 유곽을 설치한 것과는 달리 시내에 산재돼 있는 상태에서 매음업을 공허하면서 매음부의 성병 검사를 중심으로 공창화를 실시한 점이다"며 다음과 같이 말했다.

"이것은 결과적으로 조선 사회 전반에 매매음을 스며들게 하는 역할을 하였으며 그와 더불어 여성을 성적 도구로 삼는 성의식의 확산에 영향을 미쳤을 것으로 보인다. 또한 조선 공창제도 확립 과정에서 매음부의 성병 검사가 일관해서 중시된 것은 일본 군대의 강병책이 중시된 것이 그 배경에 있었으며 그 실질적인 의미는 매음부의 건강을 위한 것이 아니라 성적 도구의 '안전성'을 확보하려는 데 있었다."⁵³⁾

'동해물과 백두산이' 애국가 등장

애국가 작사자 논쟁

1902년 8월 15일 '대한제국 국가'가 공식적으로 제정되었다. 1896년 독립협회가 국가 제정운동을 전개한 지 7년만이었다. 이때의 국가는 현행 애국가 가사와는 다른 내용으로 왕권강화를 표현하는 내용이었다.[54]

1905년 윤치호가 역술(譯述)하고 김상만이 발행한 『찬미가』에 현행 애국가 가사와 똑같은 '찬미가'가 게재되었다. 『찬미가』는 악보 없는 가사집이었는데도 1908년 재판까지 찍어낼 정도로 인기를 모았다. 이와 관련, 노동은은 다음과 같이 말했다.

"중요한 사실은 현행 '애국가'가 1905년부터 공식 찬송가 성격으로 씌어졌다는 점이다. 즉 현행 '애국가'는 기독교적 신앙고백을 하는 '기독교식 애국가'임을 단적으로 반증하고 있다. 이것은 '애국가'

가 누구의 가사작품이든 '기독교적 신앙고백을 하는 너무나 기독교적인 애국가'임을 다시 한 번 확인케 한다."[55]

1948년 지금의 가사가 애국가로 채택되었다. 곡은 1936년 베를린에 있던 안익태가 작곡했다. 애국가 가사를 누가 작사했느냐를 놓고 윤치호설·안창호설·김인식설·최병헌설·민영환설·윤치호─최병헌합작설 등이 제기됐다. 크게 윤치호설과 안창호설이 대립해왔지만, 1955년 국사편찬위원회가 작사자 미상으로 발표한 이후 오늘에 이르고 있다. 1948년 애국가가 국가로 지정되자 윤치호의 유족이 저작권을 주장하려는 욕심에 1907년 윤치호작이라는 조작된 서명을 들고 나왔다가 망신당한 뒤부터 불신감이 고조된 탓도 있다.[56]

1998년 국가상징연구회 세미나

1998년 2월 13일 국가상징연구회(1994년 창립)는 서울 사간동 출판문화회관에서 세미나를 열고, 애국가 작사의 진실 규명을 다시 시도했다. 이 세미나에서 서지학자 겸 민요연구가 김연갑은 국사편찬위원회의 작사자 미상 결론을 졸속이라 비판하고 윤치호 작사설을 제시했다. 김연갑은 '국가 애국가 작사자는 윤치호'라는 발제를 통해, "구한말 백성들이 부르던 수많은 애국가류 가운데 '동해물과 백두산'으로 시작하는 지금 애국가 작사자는 윤치호"라고 못 박았다. 즉 "애국가는 윤치호가 1907년 작사, 1908년 재판 발행한 『찬미가』를 통해 널리 보급했다"는 것이다.

김연갑은 그 단서로 '동해물과 백두산' 가사가 남아 있는 가장 오랜 노래집인 『찬미가』 재판, 윤치호가 임종 전 가족들에게 남긴 자필 애국가 가사지를 제시했다. 김연갑은 "국사편찬위원회가 '찬미가'를 증거로 채택하지 않고, 윤치호 자필 '가사지'의 증거력을 무시한 것은 큰 잘못"이라고 주장했다.

또 김연갑은 "국사편찬위원회가 수많은 애국가를 등장시켜, 마치 작사자가 다수이거나 모를 수밖에 없는 것 아니냐며, 찬성 11 대 반대 2로 만장일치를 끌어내지 못해 윤치호 단독 작사설을 유보시킨 것은 애국가연구의 첫 단추를 잘못 낀 것"이라고 비판했다. 즉 "역사의 진실규명을 표결에 부친 것부터가 있을 수 없는 일"이라는 주장이다.

독립기념관 연구원 이명화는 '안창호 작사설에 대한 검토' 발제를 통해 "'동해물과 백두산' 애국가는 대성학교가 상징적으로 앞장서 보급했고, 주역은 안창호"라고 맞섰다. 그는 "안창호와 윤치호의 관계로 보아 둘이 의논해 애국가 가사를 지었을 것으로 추정한다"면서 "안창호 작사설을 확정할 수 없듯, 윤치호 작사설도 확정할 수 없다"고 주장했다.

이명화는 "안창호가 이끌던 신민회의 미주 『신한민보』 1910년 9월 21일자에 소개된 '국민가'가 애국가 가사와 일치하며, 이는 윤치호 작으로 기록돼 있다"고 처음 공개했다. 그러나 이명화는 "이것도 안창호가 애국가를 보급하기 위해 윤치호를 전면에 내세운 것"으로 추정했다. 이명화는 또 "윤치호 작사설의 근거가 되는 '찬미가'라는 것도 사실은 '윤치호 역술'로 돼 있다"고 지적, "'역술'과 '작'은 엄연히 다른 것 아니냐"고 주장했다.

이에 대해 토론에 참여한 장춘식(배재대신학과 교수)과 이상만(음악평론가)은 "윤치호가 자신이 설립한 한영서원 교재로 편찬한 『찬미가』는 서양 노래를 번역하면서 애국가를 곁들여 넣었기 때문에 '역술' 용어

를 '번역과 지음'으로 해석해야 한다"고 윤치호설을 지지했다.[57]

최병헌 유족과 윤치호 유족의 대결

1998년 10월 미국 시애틀에서 20여 년간 교회활동을 해온 김병섭은
애국가의 작사자는 서울 정동교회의 2대 담임목사였던 최병헌이라고
주장했다. 1988년에 이은 두 번째 주장이다.

김병섭은 "애국가는 1905년경에 작사하셨는데 당시 정동교회 목사
관이 남산을 정면으로 바라보는 데 위치하였으므로 애국가 2절에 '남
산 위에 저 송백은 철갑을 두른 듯'이라고 우리 민족의 송죽과 같은
절개를 표현하셨고, 4절에는 '이 기상과 이 마음으로 님군을 섬기며'
라고 우리 겨레의 충성심을 나타내신 것"이라고 했다. 이 노래의 당시
제목은 불변가였다고 한다. 김병섭이 증거로 제시한 소책자 『찬미가』
는 '융희2년'(1908년)에 발간된 것으로 돼 있다. 그는 "애국가의 후렴
부분은 윤치호 선생의 황실가(일명 무궁화가)에서 나온 것이 확실하므
로 결국 애국가의 노랫말은 최병헌·윤치호 두 사람의 공동작품인
셈"이라고 결론 내렸다.

김병섭은 "애국가 작사자 문제는 1954년 미국이 대백과사전을 추
보하면서 애국가 작사자를 문의해왔을 때 이미 해결된 것"이라고 주
장했다. 당시 사학자 김도태와 국사편찬위원들이 도산 안창호의 제자
인 김인식(작곡가)의 손자와 최병헌의 손자 최충일 등의 증언을 듣고
심사한 결과 최병헌을 애국가 작사자로 결론 내렸다는 것이다. 그는
분명한 증거들이 있는데도 최 목사 유족 측과 윤치호 유족 측이 각자
자기주장만 하다 보니 '작자 미상'이라는 어정쩡한 상태가 계속되어

온 것이라며 양쪽에서 한 발씩 양보해 최병헌 · 윤치호의 공동저작임을 인정하고 정부에 그 증거들을 내야 한다고 말했다.[58]

'한국 민족구성원의 공동 작품'

노동은은 "애국가의 작사자가 밝혀지지 않는 이유는, 현행 '애국가'가 1890년대에 자주적인 민족국가 수립이라는 과제를 두고 '애국가 부르기운동과 애국가 제정운동'을 전개하면서 한반도 민족구성원들이 함께 참여하여 공동 창작하였기 때문이다. 그리고 그 창작 과정에서 윤치호나 안창호 그 밖의 인사들이 자기 이름으로 '차용 · 편찬 · 발행'한 데서 비롯된다. 그러므로 현행 '애국가' 작사자는 한국 민족구성원의 공동합의 작품이라 봐야 한다"고 말했다.[59]

이이화는 "윤치호가 처음부터 지었다기보다 당시 여러 애국가를 참작해 다듬은 것으로 추정된다. 여기에는 비록 황제를 찬양하는 구절은 사라졌으나 두 가지 지적되어야 할 것이 있다"며 다음과 같이 말했다.

"하나는 '하느님이 보우하사'라는 구절이다. 이를 전통적인 천명사상인 상제(上帝)의 개념과 동일하게 볼 수도 있으나 그보다는 기독교적 분위기를 풍긴다. 윤치호와 애국가를 지은 인사들은 거의 기독교 신자였다. 또 하나는 자연현상과 민족기상을 결부시켰지 인간의 힘과 의지, 역사와 현실을 표현하는 절실한 용어를 구사하지 않았다. 을사조약으로 국권이 강탈당해 반식민지 상태로 전락했을 때였는데도 말이다."[60]

제 **7** 장

애국계몽운동과 실력양성론

일제 통감부 설치

'상왕으로 군림한 이토'

1906년 2월 1일 일본은 한성에 통감부를 설치했으며, 초대 총감엔 이토 히로부미가 취임했다. 을사보호조약을 체결하고 나서도 이를 설치하는 데 1개월 이상이나 걸린 것은 미국을 비롯한 모든 열강의 공사관 철수를 기다렸기 때문이었다.

1906년 3월 2일 이토 히로부미가 초대 통감으로 서울에 부임할 때 남대문에는 '환영'이라고 쓰인 커다란 현수막이 내걸렸다. 친일집단인 일진회가 내건 것이었다.[1] 을사늑약이 체결된 뒤 부일(附日)행위의 대가로 관찰사·군수·내부주사·순사 등 관직에 기용된 일진회 회원이 100명을 넘었던바 그에 대한 감사의 뜻이었는지도 모르겠다.[2]

이토는 "외교권은 물론 입법·사법·행정권과 군사지휘권까지 모두 장악한, 한국 왕 위에 군림하는 한국의 실질적인 최고 통치자였다.

1906년 3월 2일 초대 통감으로 취임한 이토 히로부미는 한국의 왕 위에 군림하며 모든 권력을 장악했다.

그야말로 상왕(上王)이었다."[3] 통감부 개설 당시 일제는 부산 · 마산 · 군산 · 목포 · 경성 · 인천 · 평양 · 진남포 · 원산 · 성진 등 10개소에 이사청을 두었으며, 1906년 8월에 대구, 11월에 신의주, 1907년 12월에 천진에 이사청을 개설함으로써 한반도 전역을 지배할 수 있는 기반을 확립하였다.[4]

러일전쟁과 을사늑약을 거쳐 통감부 설치 이후 조선 거주 일본인들의 수도 크게 늘기 시작했다. 그건 일본 정부의 시책이었다. 일본인 이주민은 1902년 2만 2471명, 1904년 3만 1093명에서 1906년 8만 3315명으로 급증했다. 장지연은 1906년 『대한자강회월보』에 쓴 글에서 "현재 일본인이 한국 땅을 밟는 자가 날마다 500여 명에 이르니

그 수는 1년이면 18만 명 이상에 달할 것이라 한다"고 우려했다.[5]

통감부는 일본인들이 1000명 이상 사는 곳에 거류민단을 설치했는데, 1906년 8월 서울 · 인천 · 부산 · 진남포 · 군산 · 평양 · 목포 · 원산 · 마산 등에 거류민단에 생겼으며, 10월에는 대구, 1907년 9월에는 서울 용산, 1908년 신의주 등 1910년까지 모두 12곳의 민단이 생겨났다. 일본 거류민단은 제일 먼저 유곽 설치에 나섰다. 일제가 거류민단의 거주지역을 중심으로 철로를 놓으면서 '철도역=윤락가' 라는 공식이 이때부터 생겨나게 되었다.[6]

고종 밀서 사건

이제 고종이 할 수 있는 일이라곤 세계 여론에 호소하는 것밖엔 없었다. 고종은 1906년 1월 29일 한 통의 밀서를 작성해 영국 『트리뷴(Tribune)』지 기자 더글러스 스토리(Douglas Story)에게 비밀리에 넘겨주었다. 이 밀서의 가장 중요하고 핵심이 되는 요지는 고종이 을사보호조약에 조인하거나 동의하지 않았으므로 일본이 한국에 통감부를 설치하여 내정을 간섭하는 행위는 불법이라는 것이었다.[7]

이 밀서는 『트리뷴』지 2월 8일자에 실렸다. 「한국의 호소, 트리뷴지에 보낸 황제의 성명서, 일본의 강요, 열강국의 간섭 요청」이라는 제목의 기사는 "한국의 황제는 실질적으로 포로의 신세다. 일본군은 궁중을 둘러싸고 있으며 궁중에는 스파이들이 가득 차 있다. 을사조약은 황제의 재가를 받지 않았다"라고 시작했다.[8]

주영 일본 대사관은 스토리의 기사가 전혀 사실과 다르다고 즉각적으로 부인하였지만, 『트리뷴』지에 실린 고종의 밀서는 로이터통신을

타고 거꾸로 동양으로 되돌아와 한국 · 일본 · 중국의 신문들에 다시 실렸다.[9]

1906년 여름 만국평화회의가 헤이그에서 열릴 것으로 알려지자, 고종은 6월 22일 "1905년 11월 18일에 대한제국과 일본 간에 체결된 것으로 알려진 을사5조약이 불법, 무효임을 선언한다"낸 내용의 친서를 작성했다. 고종은 이 날짜로 대한제국의 마지막 밀사인 미국인 호머 헐버트 박사를 특별위원으로 임명하여 미국 · 영국 · 프랑스 · 독일 · 러시아 · 오스트리아 · 헝가리 · 이탈리아 · 벨기에 및 중국의 국가원수에게 친서를 전달하도록 밀지를 내렸다.[10]

동시에 고종은 네덜란드의 헤이그로 가서 만국공판소에 공정한 재판을 요청하도록 헐버트에게 권한을 위임했다. 그러나 1906년 여름에 열리기로 한 만국평화회의는 연기되고 말았다.[11]

1906년 7월 7일 일제는 "무질서하고 빈번한 잡배의 출입을 단속한다"며 궁금령(宮禁令)을 공포해 고종을 사실상 연금 상태에 몰아넣었다. 이토는 그래놓고선 매관매직과 부정부패를 강력 비판하면서 관리의 봉급을 인상했다. 이에 대해 강동진은 "한국 관리의 친일화를 노린 술책이었다"며 "왜관찰사(倭觀察使), 왜군수(倭郡守)의 출현이 바로 그것이다"고 했다.[12]

밀서 진위 논쟁

『트리뷴』지에 실린 고종의 밀서 논란은 계속되었다. 스토리는 일본의 암살 위협까지 받자, 결국 『트리뷴』 1907년 1월 13일자에 밀서 전문을 공개했다.[13] 며칠 후인 1월 16일 『대한매일신보』도 밀서의 실물 사

진을 공개했다.[14]

당시의 신문은 사진을 거의 싣지 않았다. 그래서 한국의 독자들은 이러한 논쟁을 기사를 통해서 겨우 알 수 있었는데, 『대한매일신보』는 고종의 밀서를 한 페이지의 좌우를 가로지르는 큰 사진판으로 실었기 때문에 국민들에게 미친 충격도 그만큼 컸다.[15]

통감부는 고종의 밀서 사진은 사실무근이니 이를 정정하라고 요구하는 공문을 『대한매일신보』에 보냈지만, 『대한매일신보』는 밀서가 진짜라는 주장을 끝까지 굽히지 않았다. 이에 일본은 『대한매일신보』의 논조를 무력화하고 마침내는 폐간시키려는 작전을 실천에 옮겼다. 그리고 친일적인 한국어 신문을 지원하면서 하지(Hodge)라는 영국인이 발행하던 『서울프레스』를 매수해 통감부의 기관지를 만든 후 대외 홍보를 강화하였다.[16]

02

애국계몽운동의 시작

이제 남은 희망은 교육

독일인 에손 서드는 1902년에 발표한 글에서 "학교에서까지 자기 나라의 역사나 학문에는 등을 돌린 채 수백 년 동안 중국 학문에만 관심을 두고 열중했다. 이 나라 젊은이(문인)들은 중국의 요순시대에 대해서는 꿰뚫고 있지만 …… 자기 선조 나라인 신라 역사에 대해서는 아는 것이 없다"고 말했다.[17]

그러나 을사늑약 이후 새로운 바람이 불기 시작했다. 『대한매일신보』는 1905년 12월 14일자 논설 등을 통해 "국권회복의 관건이 자수자강(自修自强) 곧 실력양성에 있으며, 그 실력양성은 정계(政界)의 개편, 단체의 결성, 신교육의 실시, 신지식의 보급, 실업의 진흥에 있음"을 본격적으로 주장하고 나섰다.[18]

사실 이제 남은 희망은 교육밖엔 없었다. 박은식은 『대한매일신보』

1906년 1월 6일자 논설에서 "우리의 국세가 다 기울었다고 폄론하는 자 있으나 교육 하나만 흥황하게 되면 겨우 이어지고 있는 국맥을 되찾을 수 있을 것이며 땅에 떨어진 국권을 회복할 수 있다"며 다음과 같이 주장했다.

"한국인을 타인의 노예로 만들고 국가의 사상을 알지 못하도록 할 것이라면 모르겠거니와 국가 독립의 영광을 회복하고 국민이 자유의 권리를 잃지 않으려면 오로지 교육을 널리 하여 민지를 발달케 하는 것이 제일 중요하다. 교육의 힘은 실로 크다. 쇠퇴한 국운을 만회하고 빈사한 인민을 소생케 하는 것이 교육이다."[19]

사립학교 설립 열기

실제로 1905년 이후 애국계몽운동기에 자강운동의 일환으로 사립학교가 집중 설립되었다. 을사늑약 직전인 1905년 9월 이용익이 보성학교(소학교, 중학교, 전문학교), 보성관(출판사), 보성사(인쇄사)를 서울에 설립한 건 획기적인 일이었다.

친러파의 거두로서 한때는 '민중 수탈의 원흉'으로 규탄받기도 했던 이용익은 한일의정서 체결(1904년 2월 23일) 연기를 주장했다가 일본에 의해 납치돼 1905년 1월 초까지 10개월간 일본에서 지냈다. 그는 일본에서의 견문을 통해 깨달은 바가 있어 교육문화 진흥에 전 재산을 바치기로 했으며, 나중에 유서에서 "널리 학교를 세워 인재를 교육함으로써 국권을 회복하라"고 말했다고 한다.(이용익의 동상은 오늘날 고려대 대학원 현관 앞에 서 있다)[20]

강동진은 "이용익 등과는 달리 친일파들은 한일의정서 체결에 순

을사늑약 직전인 1905년 9월 이용익이 서울 수송동에 보성학교를 설립했다. 사진은 보성전문학교 (고려대학교 전신) 개교 1주년 기념사진이다.

순히 응하였다"며 "이용익이 일본을 반대했다고 하여 그를 친러파로 치부하는 것은 일제 침략자의 입장에서 규정한 대로의 역사를 보는 식민지사관이라고 말하지 않을 수 없다"고 했다.[21]

이용익은 이른바 '예금통장 사건'으로도 유명한데, 이건 아무래도 이용익에 대한 긍정적 평가를 어렵게 만든다. 사연인즉슨 이렇다. 이용익은 1905년 5월 군부대신으로 복귀했지만 을사늑약에 반대하다가 신변에 위협을 느껴 얼마 후 고종의 밀명을 받아 비밀리에 출국했다. 프랑스를 거쳐 러시아에 도착한 그는 상트페테르부르크에서 일본이 파견한 자객 세 명의 총격을 받고 중상을 입었다. 간신히 목숨을 건진 이용익은 블라디보스토크로 옮겨가 요양을 하다가 1907년 1월 20일 사망했다. 그런데 이용익이 죽기 전 손자 이종호에게 남긴 일본 제일은행 통장엔 33만 원(오늘날 수백억 원)이 입금돼 있었다. 이종호는 이 돈의 인출을 거부한 제일은행을 상대로 소송을 벌였고, 이 싸움은 1930년대까지 지속돼 당시 세간의 화제가 되었다. 이종호는 1932년 사망함으로써 이용익의 예금은 영원히 사라지게 되었다. 이용익의 총 예금액은 100만 원에 이르며, 이 돈을 먹기 위해 송병준과 조선총독부가 음모극을 벌였다는 설이 있다.

이와 관련, 전봉관은 "나라를 말아먹은 대신들은 나랏돈 빼먹는 것으로도 모자라 서로의 사재까지 삼키려고 이전투구를 벌였다"며 다음과 같이 말했다.

"이용익의 33만 원 예금은 따지고 보면 이용익의 사재도, 황실의 내탕금도 아닌 백성의 고혈(膏血)이다. 그리고 그 거금은 언제 어떻게 무슨 목적으로 쓰였는지도 확인되지 않은 채 사라져버렸다. 백성의 고혈이 줄줄 새어 나가니 어찌 나라가 부강해질 리 있겠는가. '이용익 100만 원 사건'을 돌이켜보면, 나라가 망하게 된 데는 그럴 만한 이유가 있었음을 새삼 깨닫게 된다."[22]

보성학교 설립 이후 을사늑약을 거치면서 사립학교는 문자 그대로 우후죽순(雨後竹筍) 생겨났다. 1905년 양정의숙에 이어 1906년 인가를 받고 설립된 사립학교는 휘문의숙·숙명여학교·진명여학교·중동학교 등 63개에 이르렀다.[23]

특히 종교계 사립학교가 많았다. 1905년 이전에 설립된 학교로는 평양의 숭의(1903), 목포의 정명(1903), 원산의 루씨여학교(1903), 개성의 호수돈(1904) 등이 있었고, 이후엔 한영서원(1906), 대구의 계성(1906)·신명(1907), 전주의 기전(1907)·신흥(1908) 등이 세워졌다.[24]

학회의 조직과 활동

애국계몽운동은 실력양성에 의한 국권회복을 표방하면서 여러 가지 형태로 추진되었는데, 정치활동이 금지된 상황에서 지식인들이 맨 먼저 펼친 운동은 학술문화단체를 표방한 학회의 조직이었다. 1906년 4월에는 장지연, 윤효정 등이 중심이 되어 전년에 이준 등이 조직했다가 해산당한 헌정연구회를 확대 개편하여 대한자강회(大韓自强會)를 조직했고, 같은 해 10월에는 박은식을 중심으로 한 서우학회(西友學會)와 이준·이동휘 등의 한북흥학회(漢北興學會)가 조직되었다.[25]

1906~7년 자강운동의 중심 단체로 활동한 대한자강회는 창립취지서에서 '한국은 자강지술(自强之術)을 강구하지 않아 인민은 우매하고 나라는 쇠퇴하여 마침내 이국의 보호를 받게 되었다'며, 그러나 만일 이제라도 우리가 분발하여 자강에 힘쓰고 단체를 만들어 힘을 합한다면 국권의 회복도 가능하고 부강한 앞날을 바라볼 수 있을 것'이라고 주장했다.[26]

대한자강회는 기관지로 『대한자강회월보』를 1906년 7월 31일자로 창간해 1907년 7월 25일까지 통권 13호를 발행하였다. 1907년 7월 1일 대한자강회 인천지회장 정재홍이 이완용 내각의 궁내부대신 박영효를 육혈포로 쏘아 중상을 입힌 사건이 일어났을 때, 『대한자강회월보』 제13호(1907년 7월)는 이 사건을 전 86면 중 10면이 넘는 특집으로

꾸미기도 했다. 최덕교는 『대한자강회월보』가 "한말에 나온 유일한 정치 잡지로 꼽힌다"고 평가했다.[27]

장지연은 1907년 『대한자강회월보』(제5호)를 통해 한국인들이 하루 빨리 고쳐야 할 다섯 가지 병근(病根)으로 당파의 고질, 기질(忌嫉)의 악벽(惡癖), 의뢰의 정신, 나태의 고증(痼症), 국가사상의 결핍 등을 들었다. 이에 대해 박찬승은 "이러한 논지는 당시 자강운동론자들의 일반론적인 것이었다"며 다음과 같이 말했다.

"이러한 한국인들의 잘못된 습성의 지적은 본래 외국인, 특히 일본인들에 의하여 선도된 것이었다. 즉 이 시기 일본인들에 의해 광범하게 거론되던 한국민족열등성론이 한국인들에게 영향을 주어, 한국인들 사이에서도 비록 자기비판적인 의도 위에서이긴 하나 자주 거론되면서 당연한 사실로 받아들여지고 있었던 것이다. 이도 또한 사회진화론과 함께 식민주의자들의 식민주의이론이 한국인들 스스로에 의해 내재화되는 모습의 하나를 보여주는 것이라 하겠다."[28]

13호까지 발간됐다가 정간당한 『대한자강회월보』에 일본인 고문 오가키 다케오(1861~1929)는 23편의 글을 기고했다. 그는 창간호 머리말에서 러시아에 붙었다 중국에 붙었다 하는 '독립정신이 없는' 조선 정치가들을 비난하고, "한국이 군대를 키우지 않아도 된다. 문명 열강들이 한국을 정의로 대해줄 터이니 약소국이라 하더라도 침략당할 일 없다. 일단 교육과 식산흥업에 힘쓰고 나중에 적당한 시기에 독립을 되찾자"고 주장했다. 오가키의 글을 찬양하는 조선인의 글도 같이 실렸다. 박노자는 이를 거론하면서 "이것이 항일 계몽지란 말인가?"라는 물음을 던졌다.[29]

애국계몽운동 개념 논쟁

1905년 이후 나타난 일련의 운동을 애국계몽운동이라고 한다. 애국계몽운동이라는 용어를 처음 사용한 사람은 손진태였다. 그는 1949년 발간한 『국사대요』에서 '보호조약' 이후 "사립학교를 창설하고 학회를 조직하고 종교단체를 창립하여 신학문을 교수하고 정치사상을 선전하고 민족정신을 고취하여 전 민족을 일단의 대세력으로 하여서 완전한 독립을 전취하고자 하였던 운동"으로 정의했다.[30]

강재언은 "1905~1910년 사이 언론·출판·집회·결사 등 합법적인 모든 방법을 통하여 민중의 독립자강정신을 계발하고, 그것을 기초로 하여 단결을 강조하고 교육과 산업의 진흥에 의한 실력배양을 통하여 국권의 회복을 기도한 운동"으로 정의했다.[31]

신용하는 "을사조약에 의하여 국권을 박탈당한 후 개화자강파가 중심이 되어 완전한 한 국권회복을 목적으로 전개한 민력(民力)개발과 민족독립역량 양성운동을 총칭하는 개념"으로 정의했다.[32] 신용하는 애국계몽운동의 주요 내용으로 "교육구국운동·언론계몽운동·실업구국운동·국채보상운동·신문화운동·국학운동·청년운동·민족종교운동·국외독립군기지창설운동" 등을 들면서 다음과 같이 주장했다.

"이 애국계몽운동에는 민중들이 광범위하게 호응하고 참가했기 때문에 1904~1910년의 짧은 기간에 실로 크고 많은 성과를 내었다. 이 애국계몽운동의 성과로 한국 민족은 국권을 잃고 나라가 완전 식민지로 떨어져가는 5년간의 '절망적 시기'를 '대각성의 시대' '민족독립역량 증강의 시대'로 역전시킬 수 있었다."[33]

그러나 박찬승은 '선실력양성 후독립'을 주장한 자강운동을 '애국계몽운동'이라고 부를 수는 없다며 대한매일신보계·상동청년학원계·신민회 내 급진론자·애국적인 국학자·대종교계(1909년 이후 황성신문계의 박은식도 포함)의 운동만을 지칭해야 한다고 주장했다.[34]

대종교는 1909년 단군을 교조로 섬기는 민족 종교로 '단군교'로 출발했다가 일제의 극심한 탄압을 피해 이듬해에 대종교로 이름을 바꾸었다. 단군교단의 핵심 멤버 중엔 신민회 회원이 많았다. 제1대 교주는 전라도 벌교에서 태어난 나철(1813~1916)이며, 나철은 단군이 나라를 세운 음력 10월 3일을 개천절(開天節)로 공포해 기념일로 삼았다. 단군교는 창설 1년 5개월 만인 1910년 6월 29일 신도 수는 2만 1539명에 이르렀다. 대종교는 교단의 존속과 지속적인 독립운동을 위해 1914년 만주로 그 근거지를 옮겼으며, 나철은 1916년 8월 15일 단군의 유적이 있는 구월산으로 들어가 일제의 탄압에 대한 항의 표시로 일본 정부에 글을 남기고 자결하였다.[35]

사립학교 설립운동과 국채보상운동 등 애국계몽운동의 전개 과정에서 그 조직적·물질적 토대로서 중요한 역할을 한 건 계(契)였다. 그러나 나중에 경제적·사회적 불안에 기인한 도박계 등이 성행하면서 계에 대한 일반의 인식을 크게 왜곡시켰다.[36]

선교사와 한국인 신도의 갈등

애국계몽운동과 항일운동의 경계는 불분명하였다. 그로 인한 갈등도 있었으니, 이게 가장 두드러지게 나타난 곳이 개신교였다. 앞서 지적했듯이, 을사늑약 이후 항일운동에 참여하는 신도들과 선교사들 간의 갈등은 한동안 지속되었다.

이에 대해 이혜석은 "한국인들은 선교사들과 달리 그 입교 동기부터 정치적·사회적 성향을 많이 내포하고 있었다. 즉 기독교를 믿음으로써 조선이 문명개화국이 될 수 있다는 동기가 강하였던 것이다. 조선인들이 개신교와 문명개화를 동일시하였던 것은 선교 초기의 선교전략에 영향 받은 것이기도 했다"며 다음과 같이 말했다.

"선교사들은 '안락과 호사'를 향유하면서 이것이 '서양 종교의 결실'이라는 것을 보여줌으로써 기독교의 실제적 가치를 매력 있게 느끼게' 해줄 수 있다고 믿었다. 그런데 이제 와서 현실에서 눈을 돌린 '순수신앙'만을 강요하고 조선인 신자들 사이의 정치적·민족적 각성을 불순한 것이라고 단죄하니 선교사들과 조선인 신자들 사이의 갈등은 피할 수 없는 일이 되었다."[37]

그런 갈등은 학교에서도 일어났다. 선교사들은 교육사업에 종교과목을 점차 늘여가고 예배참석을 의무화하였으며 영어를 정규과목에서 빼버렸다. 이에 학생들이 서명운동·수업거부·동맹휴학 등의 방법으로 항의하자, 학교 측은 퇴학·폐교 등의 강경조치로 맞서는 사태가 곳곳에서 일어났다.[38]

선교사들은 '순수신앙'을 역설하면서 탈정치화를 요구했지만, 그들 자신은 매우 정치적이어서 노골적으로 친일(親日)을 표방하고 나서는 이들도 많았다. 감리교 감독 해리스는 "이토의 통치는 상찬을 받기에 마땅"하다고 하였으며, 존스나 스크랜턴 같은 이는 "선교사는 통감의 선정에 성실한 동정(同情)을 품고 조선인의 도덕적·정신적 개발을 위함에 노력하고, 정치상의 것에 대해서는 초연의 태도를 갖는 것을 상궤(常軌)로 한다"고 말하였다. 선교사들은 "새 지배자에게 복종하고 보다 나은 사람이 되시오"라고 조언했으며, 어느 선교사는 교인들

에게 일본 통치를 받게 되면 조선에 유익하다고 강조하기까지 했다.[39]

　그래도 조선 신도들의 반일운동은 계속되었다. 이혜석은 "선교사들은 이러한 상황에 위기의식을 느끼고 '교회가 영적·종교적 차원을 잃고 정치혁명의 기구적 수단으로 전락' 해 간다고 우려하였으며, 교회가 '반일운동에 빠져들어 썩어가고 있다' 고 하였다. 그리하여 정치화될 가능성이 있는 교회에서 '불순분자' 들을 축출하고 정치에 무관한 교회로 만들기 위하여 1907년 대부흥운동을 계획, 전개하였다" 고 주장했다.[40]

최익현의 의병 봉기

최익현 부대의 실상

을사보호조약 이후 의병투쟁이 전국적으로 전개되었으며, 1906년엔 민종식 · 최익현 · 신돌석 · 이하현 · 정용기 등이 이끄는 의병투쟁이 전개되었다. 1906년 6월 4일 의정부 찬정을 지낸 74세의 노유(老儒) 최익현은 자기 문하생인 전 낙안군수 임병찬 등과 함께 전라북도 태인의 무성서원에서 기병을 결의하고 순창 · 태인 · 곡성 등 각지 군아를 습격하였다.

최익현은 의병의 성공 가능성이 없다는 걸 잘 알고 있었지만, "다만 우리의 대의(大義)를 펴서 천하로 하여금 우리 대한(大韓)에도 죽음을 잊고 나라를 위하는 사람이 있다는 것을 알게 한다면, 언젠가 국권을 회복하는 경우를 위하여 만에 하나 도움이 없지는 않을 것이다"고 했다.[41]

을사늑약 이후 의병투쟁이 전국적으로 전개되었을 때, 최익현도 의병을 일으켰다. 일본군에게 잡혀 쓰시마 섬으로 끌려간 최익현은 "내 늙은 몸으로 이 원수의 밥을 먹고 더 살겠느냐"라며 단식 끝에 굶어 죽었다.

6월 10일 순창으로 진출한 최익현 부대는 일본 군경이 아니라 조선 군인과 대결하는 상황에 처하게 되었다. 최익현은 동족상살을 회피하기 위하여 설득하러 나섰으나 여의치 않자 의병군의 해산을 명하는 등 도저히 의병이라고 보기 어려운 행동을 취하다가 결국 조선 관군의 선제공격을 받고 패배하였다.[42] 황현의 『매천야록』은 최익현 부대의 실상을 다음과 같이 전했다.

"최익현은 중망(衆望)이 있었고 충의가 일세에 뛰어났다. 그러나 군대를 부리는 데 익숙하지 못했고 나이 또한 늙어서 일찍이 기모(奇謀)가 있어 승산을 기획했던 것이 아니라, 수백 명의 오합지졸은 모두 기율이 없었고 유생 종군자는 큰 관을 쓰고 넓은 옷소매의 의복을 입어 마치 과거장에 나가는 것 같았으며 총탄이 어떤 물건인지 알지도 못했다."[43]

오영섭은 이런 의병투쟁에 고종의 밀지가 큰 역할을 했다고 주장했다. 최익현의 경우, 1905년 11월 22일에 발급된 고종의 밀지를 받고, "황제폐하께서 국운의 그릇됨을 탄식하시어 각 도에 의병을 일으키라는 밀칙을 내리셨다"는 통문을 밀지의 사본과 함께 문하의 모든 제자들과 명망가들에게 보냄으로써 의병을 일으킬 수 있었다는 것이다.[44]

최익현의 순국

1906년 7월 최익현은 일본헌병사령부에 의하여 쓰시마 섬 이스하라의 위수영 경비대에 구금되었다. 일제가 유생의 봉기를 염려한 탓이었다. 최익현은 "내 늙은 몸으로 이 원수의 밥을 먹고 더 살겠느냐"며 단식 끝에 굶어죽었다. 12월 20일이었다. 이광표는 "그는 정말 굶어죽은 것일까. 엄밀히 말하면 그렇지 않다. 즉 단식사가 아니라 단식의 후유증으로 인한 죽음이었다. 그러나 이것이 그 죽음의 의미를 훼손시키는 것은 결코 아니다"며 다음과 같이 말했다.

"단식이 계속되던 어느 날 최익현은 일본군 수비대장으로부터 자신의 식사비는 조선의 국왕이 보내오고 있다는 말을 들었다. 마음이 약해지기 시작했다. 그 말은 곧 어명이나 다름없었기 때문이다. 도끼를 들고 궁궐 앞에 꿇어 엎드려 개항 반대 상소문을 올리기도 했고 단발령을 내린 고종 앞에서 '40년 군신의 의리는 여기서 끝났습니다'라고 당당히 외쳤던 최익현이었지만 이번엔 어쩔 수 없다. 단식을 중단할 수밖에. 그러나 그의 나이 이미 74세. 노령의 나이에 옥중생활은 무리였고 그로 인해 병마에 시달려야 했다. 결국 그는 병사했다. 풍토병에 걸려 죽었다는 말도 있다."[45]

최익현의 시신은 보름 남짓 지나 부산항에 도착했다. 항구에 모여든 수많은 백성들은 운구행렬을 뒤따르며 그의 죽음을 애도했다. 당시 꾀죄죄한 행색에 괴나리봇짐을 진 사팔뜨기 시골 선비 하나가 목을 놓아 곡을 하였는데, 그가 바로 매천 황현이었다.[46] 최익현의 장례행사에는 수만 명의 인파가 몰려 일제가 무슨 일이 생길까봐 전전긍긍할 정도였다.[47]

최익현 평가 논쟁

정옥자는 최익현의 순국에 대해 "이 같은 그의 항일의병운동은 일제하 독립운동의 원천이 되었다. 최익현은 국가적 위기를 당하여 선비의 마지막 선택인 무력항쟁으로 애국을 실천하였다. 그는 타협과 굴절을 외면하고 망국의 고통을 구국항쟁으로 승화시킨 조선 선비의 전형이었다"며 다음과 같이 말했다.

"행동하는 지성으로서 저항과 투쟁으로 점철된 그의 치열한 생애는 현실론이 판을 치는 오늘에 시사하는 바 크다. 지금 충남 예산엔 그를 기리기 위한 춘추대의비가 있다. 또한 충남 청양의 모덕사를 비롯하여 경기 포천·전북 고창·전남 구례 등 곳곳에서 제향을 올리며 그의 높은 지조와 절의를 기리고 있다."[48]

이처럼 그간 학계는 최익현의 의병활동에 대해 민족운동사적 의미를 부여해왔다. 그러나 이이화는 "최익현의 활동을 근대적 의미의 민족주의적 틀 속에서 파악했던 평가들은 전면적 수정이 가해져야 한다"며 다음과 같이 반론을 제시하였다.

"최익현이 주도한 의병부대는 밑으로부터 견실(堅實)한 자기 기반을 갖고 있지 못한 재야 유생층이 주도하는 비전투적 조직이었고 또 일제와 싸워 현실적으로 이길 수 있는 전력이나 전술적인 군사적 판단도 뒤로 한 채 일어난 명분만의 조직이었으며, 같은 유생 의병들끼리도 서로 협조관계를 갖추지 못한 고립 분산된 조직이었다. 이것은 이 당시 성숙된 민중 역량에 대한 인식이 없고, 무력항쟁의 필연성을 깨닫지 못한 유생 의병장의 한계를 그대로 반영한 것이면서, 또 유림 내의 해묵은 이런저런 이해관계와 견해차이가 해소되지 않은 채 독자적인 행동으로 전개된 결과였다. 이런 점들은 당시 유생 의병장들이 실질적인 무력항쟁의 구심점이 전혀 될 수 없었다는 것을 잘 설명해준다."[49]

조정래의 『아리랑』도 "최익현만 그렇게 앞뒤가 막힌 유생이 아니었다"며 유생들의 한계에 대해 다음과 같이 말했다.

"그로부터 넉달 뒤에 강재천이 임술군 하운면에서 300명을 이끌고 기병하였을 때 그 얼마나 기뻐했던가. 그 의병대는 전공도 혁혁하여 동복에서는 왜병 20여 명을 참수하였고, 순창에서는 30여 명을 사살하기도 했던 것이다. 그런데 선봉장 이상윤이 백성의 재산을 징발했다 하여 강재천은 끝내 의병을 해산하고는 산 속으로 자취를 감추어버렸다. 외적을 멸하여 군권(君權)을 회복하고 생령을 구하려는 의병인데 그 뜻을 그르쳐 도적질을 했다는 것이 그 이유였다. 군수조달을 도적질이라고 못 박은 양반의 그 알량한 양심과 편협한 고집이 저지른 어이없는 일이었다."[50]

을미의병 시 동학농민군이 의병에 몰려든 사실을 알고 초기 단계부터 색출해 처단하고자 했던 유인석도 최익현이나 강재천 못지않은 '편협한 고집'의 소유자였던 걸까? 『아리랑』은 유인석 부대는 세력이 왕성하여 많은 전공을 세웠으면서도 유인석이 평민 장수 출신 김백천을 처형함으로써 파경의 길로 접어들게 되었다며 다음과 같이 개탄했다.

"김백선은 충주성을 점령하여 관찰사를 처단하는 동시에 도주하는 왜군을 추격하여 용맹스럽게 싸웠다. 그런데 증강된 왜군이 다시 쳐들어왔다. 전세가 불리한 상태에서 며칠을 싸웠지만 약속된 안승우의 원병은 오지 않았다. 김백선은 많은 부하들을 잃고 제천으로 퇴각하지 않을 수 없었다. 분노한 그는 약속을 어긴 안승우의 목을 베려고 했다. 그런데 총대장 유인석은 오히려 김백선을 처형하고 말았다. 그 이유는 평민이 감히 양반에게 불경죄를 저질렀다는 것이었다. 그다음부터 유인석의 의병은 급속히 쇠퇴하기 시작했다. 김백선의 죽음으로 평민이 절대다수인 의병 대중의 사기가 완전히 땅에 떨어진 탓이었다. 결국 유인석은 의병을 해산하는 궁지에 몰렸고, 소수만을 이끌고 중국 요동지방으로 이주하는 운명에 처했다."[51]

그런 한계는 양반제도 자체에서 비롯된 것이었는지도 모른다. 양반제도하에선 '국가' '민족' 개념이 서기 어려웠다. 설사 어렴풋하게나마 '국가' '민족'을 생각한다 하더라도 그건 어디까지나 신분제를 전제로 하는 동시에 양반적 가치에 종속되는 것이었다.

민영환의
'혈죽 신드롬'

"누가 민영환이 죽었다고 말하는가?"

민영환(1861~1905)이 죽은 지 몇 개월이 지났다. 이젠 사람들이 민영
환을 잊을 때도 되었다. 그런데 민영환의 집에서 이상한 소문이 새어
나왔다. 민영환이 죽은 방, 피를 흘렸던 바로 그 자리에서 대나무가
돋아났다는 것이었다. 자결할 때 쓴 칼과 입었던 옷을 넣어둔 채 오래
도록 열어보지 않았던 방 안에, 죽순(竹筍) 네 가지가 돋아났다는 것이
다. 방에서 대나무가 자란다니! 게다가 민영환의 집에서! 참으로 놀라
운 일이 아닐 수 없었다.

대나무는 죽은 민영환의 피에서 자라났다고 해 '혈죽(血竹)'이라는
이름이 붙었고, 이를 보겠다고 사방에서 사람이 몰려들었다. 혈죽(血
竹) 신드롬이었다. 『황성신문』 1906년 7월 6일자는 몰려든 인파로 꽉
찬 민영환의 집 바깥 풍경을 보도하면서, 군중의 반응과 대화 내용을

소개했다. 어떤 사람은 민영환의 의로운 행위가 "별만큼이나 밝게 빛난다"고 했고, 어떤 이는 "이 대나무를 보고 나서, 나는 그를 존경하지 않을 수 없다"고 했으며, 또 다른 이들은 너무 깊은 감동을 받은 나머지 "흐느끼고 통곡" 하는 모습을 보였다.[52]

『황성신문』 1906년 7월 7일자 논설은 "천둥번개처럼 이 나라 방방곡곡을 질주한" 이 소식을 처음엔 믿지 않았다고 고백하면서, 그러나 문제의 대나무를 직접 보고 나선 '고개를 들어 하늘을 우러러보며 이것은 대나무가 아니다. 이것은 피다!' 고 외쳤다고 했다. 이 논설은 민영환의 행동이 "하늘을 가득 채우고 있었던 사악한 기운을 물리쳤고, 불길한 기운을 떨쳐냈으며, 나아가 우리 이천만 동포의 독립의 정신을 대표한다"고 주장하면서, 민영환 유서의 표현을 원용해 "아! 민영환은 죽었으나, 우리 조선은 죽지 않았다. 우리 조선이 죽지 않는 한, 민영환도 죽지 않는다"고 말했다.[53]

이후 몇 개월간 민영환을 추모하는 시들이 봇물처럼 쏟아져나왔다. 『황성신문』 1906년 7월 17일자에 실린 시는 "누가 민영환이 죽었다고 말하는가?"라고 절규하였다. 시를 쓸 수 없는 사람들은 개인 명의로 민영환의 혼을 기리고자 하는 광고를 신문에 실었다.[54]

'대한제국이 처음으로 낳은 국가 영웅'

『대한매일신보』 1906년 7월 17일자는 혈죽을 그린 죽화(竹畵)를 한 면 전체에 걸쳐 게재했다. 이에 대해 앙드레 슈미드는 "신문의 한 면 전체가 삽화 한 장에 할애된 것은『대한매일신보』발간사상 전무후무한 일이었다"며 다음과 같이 주장했다.

第二百七十二號　　大韓每日申報 （隆熙二年七月十七日）

『대한매일신보』 1906년 7월 17일자는 혈죽을 그린 삽화를 한 면 전체를 할애해 실었다.

　"국민국가 프로젝트에 방해된다는 이유로 수많은 토속적인 미신들에 대하여 맹렬히 비난하는 데 수많은 사설 지면을 할애하던 『대한매일신보』가, 이 '혈죽'에 대해서는 열정적으로 찬양하기에 이른 것이다. 혈죽에 대한 찬양은 단순히 은유적인 차원을 넘어서 민영환의 영혼이 말 그대로 실제로 부활한 것을 의미했다. 민족과 애국의 기운이 이 초록빛 잔 가지에 깃들어 있는 것으로 해석되었으며, 민영환의 영혼은 그 부활의 매개가 되었다."[55]

　권보드래는 "민영환은 대한제국이 처음으로 낳은 국가 영웅이었

다. 1909년에 가면 안중근이 이등박문(이토 히로부미)을 살해해 충격을
던졌지만, 이때 반응은 민영환의 자결을 대할 때처럼 폭발적이지는
않았다. 안중근의 사진이 널리 팔리기는 했으나, 이등박문을 처단했
다는 사실 자체가 민영환의 자결처럼 절대적 공감을 불러일으키지는
못했던 듯하다. 이등박문에 대한 반응이 다양했고, 그가 죽었다는 사
실의 의미를 재는 시각 역시 다양했기 때문이리라. 그러나 민영환의
자결은 이의가 있을 수 없는 영웅적 행동이었다"고 말했다.

이어 권보드래는 "나라를 위해 목숨을 바쳐야 한다고 입버릇처럼
말해 온 열혈(熱血)의 시대는, 국망(國亡)의 위기에 실제로 몸을 던진
인물 앞에서 감격해 마지않았다. 더욱이 민영환은 전권대사까지 지낸
세력가 출신인데다 일종의 왕족이기까지 했다. 이것만으로도 조선인
사이에서 민영환이 차지하는 위치는 확고하였다. 이 위에 혈죽이라는
극적인 계기까지 덧붙여진 것이다"며 다음과 같이 주장했다.

"민족영웅을 갈구하던 조선은, 영웅의 숭고한 존재를 새삼 느낄 수
있었다. 민충정공의 일을 이야기하다 보면 절로 마음이 흥분되어 애
국의 결의를 한층 다지게 되곤 했다. 조선인으로서 민충정공의 죽음
앞에 범연할 수 있는 사람은 없었다. 누가 더욱 분격하느냐, 누가 더
더욱 분발하느냐가 문제일 뿐이었다. 동생에게 민충정공의 자결을 전
해들은 누이는, 이윽고 끼니 때가 되어 밥을 달라는 동생에게 지금이
밥 운운할 때냐고 당당하게 말할 수 있었다. 듣기만 해도 가슴이 막히
거늘, 태연하게 끼니를 챙길 수 있는 것은 애국심이 부족한 탓 아니냐
고 힐난한 것이었다. 민영환의 자결은 한국인 모두가 참여한 상징적
사건, 함께 한국인으로서의 의식을 나눈 정치적 사건이었다. 혈죽은
두고두고 사람들 입에 오르내렸고, 필통이나 술잔 등의 문양으로도

쓰였으며, 시조의 소재가 되어 멀리까지 퍼져 나가기도 했다. 혈죽에서 피어오른 꽃, 그것은 바로 '국민'이라는 꽃이었다."[56]

민영환 서거 100주년

혈죽의 존재가 알려지고 8일 후인 1906년 7월 15일 일본인이 경영하던 기쿠다(菊田) 사진관이 혈죽의 사진을 찍었는데, 이게 오늘날까지 널리 알려진 사진이다. 혈죽은 1906년 2월부터 자라나 그해 9월에 시들었는데, 유족은 그 시든 혈죽을 보관해왔다.[57]

고려대박물관은 2005년 11월 30일 충정공 민영환 서거 100주년을 맞아 유족들이 100년 가까이 보관해온 대나무(혈죽) 실물과 당시 이를 촬영한 사진, 그리고 유서 등 유족들이 기증한 유품 100여 점을 전시하는 '사이불사(死而不死), 민영환' 특별전을 열었다. 이 전시회는 2006년 1월 29일까지 열렸다.[58]

민영환 서거 100주년을 맞아 민영환을 다각적인 측면에서 바라본 연구결과들도 쏟아져나왔다. 애국자로 긍정 평가한 연구들이 많았지만, 이영훈은 "동학농민혁명을 주도한 전봉준은 그(민영환)를 가장 대표적인 탐관오리로 지목했다. 일제 침략에 대항해 목숨 바친 애국지사로만 알고 있던 우리에게 그가 부정부패의 원흉으로 지목받았다는 것은 충격적"이라며 이를 대한제국 말 당시는 지도층의 부패와 무능의 책임에서 누구도 자유롭기 어려웠던 상황임을 보여주는 사례로 지적했다.[59]

김윤희 등은 "우국지사 충정공이 부패관료의 괴수로 지목됐던 것은 당시 조선 지배층이 지니고 있던 아이러니"라며 조선의 멸망을 가장 슬퍼하고 오열했던 계층은 일반 백성이 아니라, 그들의 고혈을 빨아먹던 일부 지배층이었음에 주목했다. 나라를 말아먹는 데 앞장선 사람들이 나라를 빼앗겨 더 이상 기득권을 유지할 수 없게 되자 땅을 쳤다는 것이다.[60]

이와 관련, 최진환은 "민영환이 과연 그런 부류였는지에 대한 구체적인 자료와 근거는 제시되지 않았다. 하지만 전봉준이 공초 과정에서 그러한 사실을 밝혔다는 점에서 신빙성이 없지는 않아 보인다"며 다음과 같이 말했다.

"어떻게 보면 당시 지배층의 축재 관행이 일반화했고, 일제 앞잡이로 나섰던 사람들도 있었던 것을 고려하면 그는 상대적으로 양심 있는 사람이라고 할 수도 있다. 하지만 항일경력에만 초점을 맞추다 보니 부패 부분은 감춰진 것은 아닐까. 항일행위가 모든 것에 대한 면죄부가 될 수 없다. 그가 죽은 지 100년 가까이 흘렀지만 정확한 평가가 이뤄져야 한다. 툭하면 국민을 앞세우면서도 부정부패를 일삼는 일부 정치인들에게 경종을 울리기 위해서라도."[61]

박노자는 "사실 여부를 지금 확인할 길은 없지만 1890년대 전반에 민영환이 매관매직을 주관한 고종과 민비의 신임을 받았던 만큼 완전히 사실 무근은 아닐 것이다"며 마음과 같이 주장했다.

"민영환은 국민에 대한 사랑을 기저로 하는 '애국자'이기보다는 자신에게 부귀를 선사했던 고종에 대한 충성심, 즉 '충군'의 의지를 다진 왕조의 영웅이었던 셈이다. 그를 '국민의 영웅'으로 만들어준 것은 비장한 죽음과 친미적 성향 등을 높이 사고, '모범적 근대인'으로 재해석한 『대한매일신보』 등의 '국민 만들기' 캠페인의 일환이었다."[62]

『국민신보』『만세보』 창간

일진회 기관지 『국민신보』 창간

일진회는 1906년 1월 6일 기관지로 『국민신보』를 창간하였다. 초대 사장은 일진회 회장인 이용구였고 창간 직후인 1906년 2월부터 6월까지는 이인직이 주필을 맡았다. 1907년 7월 19일에는 친일 논조에 분노한 시위 군중들이 신문사를 습격하여 사옥과 인쇄시설을 모조리 파괴한 일도 있었다. 황현은 『매천야록』에 "민간인들은 그들을 미워하여 구독을 하지 않았다. 그러므로 그들은 강제로 관리들에게 송부하여 신문대를 받아갔다"고 썼다.[63]

도대체 일진회는 어떤 단체였나? 일진회는 "당시 서울에 본부를 두고 13도에 지부를, 360여 군에 지회를 둔 이 나라 역사상 최초의 근대적인 전국조직이었으며 독립협회 이후 최대의 민간단체"였는데, 이들은 러일전쟁 시에는 일본군의 경의선 철도부설 공사와 군수품 수송

일진회는 취약한 대중적 기반과 지방조직을 보완하기 위해 이용구가 만든 진보회와 통합했다. 일진회는 진보회와 통합함으로써 전국적인 조직으로 세력을 확장하게 되었다. 사진은 초대 통감 이토의 자문관들과 이용구(오른쪽).

에 회원 수만 명을 동원하였고 을사보호조약 이전에 외교권을 일본에 위임하라고 아우성치는 등의 친일 매국행위를 자행하였다.[64]

　비극적인 건 이들이 동학당과 독립협회의 잔존세력이었다는 점이다. 또 아마 그래서 적잖은 영향력을 행사할 수 있었을 것이다. 일진회는 대중적 기반이나 지방조직이 취약하였던바, 송병준은 이를 보완하기 위해 이용구가 1904년 9월에 만든 진보회와의 통합을 추진했다. 이용구는 동학농민전쟁 때 논산에서 동학군 5만 명을 지휘한 동학당의 실력자였다. 지난 10년 동안 정부의 혹독한 탄압으로 무수한 희생자를 낸 동학당은 러일전쟁의 국면을 맞아 이길 가능성이 높은 일본을 지원함으로써 나중에 일본의 힘을 빌려 포교권을 얻으려 했다. 머리 깎고 검은 옷을 걸친 진보회원은 순식간에 20만 명으로 늘어나 정부를 깜짝 놀라게 만들었다. 정부가 군대를 동원하고 일본군의 힘을 빌려 진보회를 말살시키려 할 즈음 일본군의 비호를 받고 있던 일진회가 통합을 제의해 온 것이다. 일진회의 회원은 겨우 수백 명에 지나지 않았지만 위기에 몰린 진보회로선 그걸 따질 처지가 아니었다.[65]

이와 관련, 윤덕한은 "결국 이용구는 동학당을 살리기 위래 일본군을 배경으로 조직되어 일본군의 보호를 받고 있던 일진회와 합치는데 동의했던 것이다. 일진회는 진보회와 통합함으로써 일거에 전국적인 조직으로 세력을 확장하게 되었다. 따라서 일진회의 핵심조직은 진보회이며 일진회는 진보회의 후신이라고 해도 과언이 아니다"며 "이로부터 일진회는 송병준과 일본 군부 및 그들과 제휴한 일본 낭인들의 조종 아래 완전한 매국단체로 전락하고 만다. 정부의 가혹한 탄압이 한때의 반외세 민중운동세력을 오히려 외세의 주구로 몰고 간 비극을 낳았던 것이다"고 했다.[66]

1906년 『만세보』 창간

을사보호조약 이후 『국민신보』 이외에도 여러 종류의 신문들이 창간되었다. 1906년 1월 25일에 창간된 『중앙신보』는 일본인이 만든 한국어 신문이었으나 오래가진 못했다. 이 신문은 흥미롭게도 『대한매일신보』에 전면광고까지 내가면서 한국인 독자 획득에 적극성을 보였으나, 1906년 5월 17일자에 한일 양국 간에 대인물이 없음을 크게 개탄하여 마지않는다는 내용을 논설을 실어 정간 처분을 받았다가 5월 25일 제110호로 폐간되었다.[67]

1906년 6월 17일에 창간된『만세보』는 천도교주 손병희의 발의(發意)로, 우정국 통신국장 출신의 오세창(1864~1953)을 사장으로 하여 이인직·권동진·장효근 등이 발간한 천도교 계통의 일간지다.『만세보』는 다른 신문들이 종래의 8단제를 고수하고 있을 때에 10단제를 실시하였고, 국한문혼용이었지만 한동안 한자 활자에도 국문으로 토를 다는 새로운 시도를 보여주었다.[68]

천도교는『만세보』창간 직전인 1906년 5월 기존의 박문사(博文社)를 인수하여 보문관(普文館)이라는 인쇄소 겸 출판사를 설립하였고, 이곳에서 중앙총부의 명의로 교리서와 천도교 관계서적을 간행하였다.[69]

『만세보』는 1900년 일본으로 유학을 떠나 도쿄의 정치학교에서 수학한 주필 이인직(1862~1916)의 영향으로 '사회' 개념 및 사회학의 소개에 매우 적극적이었다.[70] 당시 일본에서 유행하던 '현모양처(賢母良妻)'라는 어휘가 한국에 처음 등장한 것도『만세보』1906년 8월 2일자 '잡보'에서였다. 7월 7일자 기사「부인개명(婦人開明)」은 "문명상에 유지(有志)한 귀부인 280여 명(회장 이숙자)이 여자교육회를 조직하여 양규의숙 내에 개회식을 거행하고 여자교육의 찬성할 의무와 부인 사회의 문명한 목적으로 취지를 연술(演述)하였다"고 소개하였다. 이 연설문의 일부가 8월 2일자에 실렸는데, 여성교육의 목적은 현모양처를 양성하기 위한 것이라는 내용이다.[71]

양규의숙은 일본의 영향을 강하게 받은 학교였다. 현모양처 사상은 서구에서 18세기경 자본주의화에 의한 근대 가족이 나타나면서 공사

영역의 분리와 함께 형성된 것으로, 한국에선 일제강점기에 본격 유행하게 된다.[72]

『만세보』와 일진회의 관계

『만세보』에 관여하는 사람들은 대체로 일진회의 기관지였던 국민신보사와 무관하지 않은 인물이었으며, 『만세보』의 발간에는 일진회의 지원이 있었다. 일진회와 제휴관계를 유지했던 천도교는 1906년 8·9월경에 일진회와 대립하여 결별하게 되는데, 이로 인해 『만세보』의 재정은 크게 어려워졌다. 2000부 정도를 간행하였던 『만세보』는 창간된 지 1년여 만인 1907년 6월 30일자 호외를 끝으로 폐간되었다.[73]

최기영은 "『만세보』는 간혹 천도교의 공식적인 입장과 배치되는 의견을 보이기도 하였으나 천도교의 이해에 관계되는 부분에서는 그 기관지의 역할을 하였고, 또 일반 독자를 대상으로 하여 드러나지 않게 천도교 홍보의 기능도 하였다. 그러나 일진회와 일본 제국주의에 대한 철저한 인식이 결여되어 있었는데, 그것은 편집진의 친일적인 경향과 무관하지 않았다. 따라서 정부의 인사행정에 대한 비판은 자주 눈에 뜨이나, 통감부 즉 일본의 대한정책이나 실정에 대해서는 별다른 주의를 기울이지 않았던 것 같다"며 다음과 같이 말했다.

"『만세보』는 애국심을 강조하면서, 각기의 천직과 의무에 충실하여야 한다는 실력양성론을 주장하였다. 의병활동에 대한 부정적 시각도 실력양성론과 관련이 있었다. 그러나 국채보상운동에는 적극적으로 참여하였다. 국채보상운동이 현실적으로 성과가 없음을 인식하였지만, 애국심의 발현이라는 측면에서 적극 옹호하였던 것이다."[74]

06

이인직의
『혈의 누』정치학

왜 신소설인가?

『만세보』의 주필 이인직이 1906년 7월 22일부터 집필한 「혈(血)의 누(淚)」는 우리나라 신문에 연재한 첫 신소설로 10월 10일까지 50회에 걸쳐 실렸다.(물론 앞서 보았듯이 '첫 신소설'이 아니라는 주장도 있다) 신소설이란 20세기 초에 나온 새로운 양식의 소설로서 고소설 혹은 구소설과는 다른 새로운 형식의 소설이란 의미로 이인직이 『혈의 누』를 연재하면서 붙인 데서 유래했다.[75]

『혈의 누』는 1907년 광학서포에서 나온 뒤 1926년까지만 해도 각각 다른 출판사에서 300여 종이나 발간됐다. 광학서포는 광고를 내면서 구소설의 대치어로 '신소설'이란 용어를 강조했다.[76]

이 소설의 중심 이념은 유교적 질서에 반대하고 신문명과 신교육을 추구하는 개화사조로, 바로 이런 이유 때문에 이인직은 스스로 이 소

신소설의 대표명사 『혈의 누』. 『만세보』의 주필 이인직이 집필한 것으로 이는 우리나라 최초의 신문 연재 소설이며, 현대소설을 태동시킨 초석이다.

설을 고대소설과 구분해 신소설이라고 불렀다. 이은호는 "그러나 『혈의 누』로 대표되는 신소설은 국제 정치 질서에 대한 유치한 인식 때문에 이념상 치명적인 약점을 지니고 있었다"며 다음과 같이 말했다.

"새로운 문물만 받아들이면 나라가 부강해질 것이라는 소박한 낙관주의는 외세를 끌어들이고 우리 민족을 그 아래 굴복시킨 측면이 없지 않다. 이인직이 외세, 특히 일본에 대한 환상에 빠져 이완용의 수족 노릇을 한 것은 이런 점에서 시사하는 바가 크다. …… 이 소설은 낙관적 개화주의에 빠져 있다는 비판을 받고 있으나 다른 한편 대중들도 쉽게 이해할 수 있는 구어체 문장을 사용했다는 점에서는 높이 평가되고 있다. 또 상투적인 한문구를 배제한 것도 이 소설의 성과이다. 이처럼 쉬운 문장은 훗날 우리나라에서 현대소설을 태동시키는 초석이 된다."[77]

『만세보』 1906년 10월 14일자부터 1907년 5월 31일자까지에는 이인직의 「귀(鬼)의 성(聲)」이 실렸다. 이 소설들은 개화를 주장하였으나, 친일적인 경향을 보였다. 이인직은 1908년에는 『치악산』 상편과 『은세계』 상권을 단행본으로 출간하여 많은 독자를 확보한 신소설 작가로서의 지위를 확고히 했다.[78]

임헌영의 『혈의 누』 『은세계』 비판

임헌영은 "우리는 개화소설이라면 무조건 다 좋은 것으로 알고 있는데 사실은 그렇지 않습니다. 개화기 신소설에는 일본을 찬양하는 대목이 수도 없이 많습니다. 예를 들면 우리가 국문학사에서 근대소설로 제일 처음 배우는 것이 뭡니까? 이인직의 『혈의 누』 아닙니까?"라면서 다음과 같이 주장했다.

"저는 왜 자꾸 그런 소설이 시험에 나는지 모르겠어요. 참 부끄럽다고 생각해요. 왜냐하면 『혈의 누』를 보면 평양성 안에 살던 김옥련이라는 처녀의 어머니 최 씨 부인이 청일전쟁으로 쑥대밭이 된 시내를 헤매다가 어떤 남자한테 겁탈당하려는 찰나에 일본 헌병이 이 부인을 구해주는 내용이 나옵니다. 소설을 그냥 읽으면 아, 참 재미있다, 일촉즉발의 위기에서 여자가 구해졌구나 하고 박수를 치겠지요. 그런데 그것은 다 의도된 내용이에요. 왜 다른 사람도 많은데 하필 일본 헌병이 구해주느냐 말입니다. 이것은 일본에 대한 적대감을 무장해제시키는 거예요. 그 다음에 그 딸 김옥련이 어머니, 아버지, 가족을 다 잃고 헤맬 때 이를 구출해주는 사람도 역시 일본 군의관입니다.

일본 군의관이 데려다 친딸처럼 잘 대해줍니다. 제가 생각하기에 일본 군의관이 데려갔으면 첩으로 두었겠지 친딸처럼 대했겠어요?"[79]

임헌영은 이인직의 『은세계』에 대해서도 다음과 같이 비판했다.

"여기에는 개화파운동을 하다가 희생된 최병도라는 사람의 자녀들이 미국유학을 갔다가 귀국한 뒤에 산에서 폭도를 만나는 대목이 나옵니다. 이때 폭도가 누구냐면 바로 의병입니다. 신소설에서는 의병을 다 폭도라고 썼습니다. 의병을 폭도로 보는 시각이니 문제 아닙니까? 소설에서는 그 폭도들한테 주인공이 일장연설을 하는 대목이 나옵니다. 도대체 지금이 어느 땐데 총을 들고 설치느냐, 고종을 폐위시킨 것은 근대 개혁으로 아주 잘한 일이라는 식으로 얘기하고 있어요."[80]

이인직의 친일행적

정진석은 "이인직은 친일파요 입신출세주의자라는 낙인이 찍혀 있다. 그는 한일병합에 조인한 이완용의 심부름을 하였으며, 친일 신문 『국민신보』의 주필과 『대한신문』의 사장을 지냈다는 사실 때문에 친일파라는 비난을 면할 수 없게 되어 있다"며 이인직을 둘러싼 논란에 대해 다음과 같이 말했다.

"그러나 신소설 작가로서 그의 작품은 애국 정조를 고취한 것이라는 평가도 받는다. 한일병합 직후 일본인들은 『혈의 누』와 『은세계』를 다른 역사책 30여 종과 함께 압수하고 '금서'에 넣었던 사실이 이를 증명한다는 것이다. 그러나 다른 한편에서는 이인직의 소설은 일본 정치소설의 영향을 받은 것으로 어느 정도의 자강의식과 국권신장론을 편 것은 사실이지만 당시의 현실에서 보다 긴요했던 자기방어와는 거리가 멀었다는 주장도 있다. 『혈의 누』는 대륙 진출의 식민지 확대라는 군국일본의 국책적 입장을 반영시킨 정치소설을 아무런 비판의식 없이 받아들인 결과를 가져오는 데 불과하였다는 것이다."[81]

오성호는 이인직이 "반봉건의 문제에 대해서는 적극적인 관심을 보여주었으나, 반제의 문제에 대해서는 이렇다 할 관심을 보여주지 못했다"며 "한미한 집안의 자손으로 태어나 신분상승의 기회가 상대적으로 제한되어 있던 그에게 있어서 조선 사회의 봉건적 요소들은 부정되어야 할 대상이었지만, 일정한 신분상승의 기회를 제공해주기도 했던 일본에 대해서는 오히려 긍정적인 태도를 보일 수밖에 없었던 것이다"고 평가했다.

"『혈의 누』에서 청일전쟁의 역사적 본질이 분명하게 그려지지 못한 점이라든지, 일본인 군의관의 모습이 그 침략적 본질이 사상된 채 선량한 인물로 그려지고 있는 점 등은 반제문제에 대한 그의 불철저한 인식을 보여주거니와 그가 후일 이완용의 개인 비서로서 한일병합의 막후공작을 담당했던 것이나, 병합 이후 그 공로를 인정받아 죽을 때까지 경학원(經學院) 사성(司成)을 지냈던 사실들은 그의 불철저한 반제인식과 인과관계를 가진다."[82]

'애국계몽주의의 통속화'

이인직의 소설과 관련, 김윤식 · 정호웅은 "개화 공간 30여 년을 통틀어 애국계몽주의의 통속화가 가장 뚜렷했던 시기는 1907년 전후라 할 것이다"며 다음과 같이 말했다.

"통감부가 설치되고 초대 통감이 부임한 것은 1907년이었다. 이로부터 1910년의 한일병합까지는 애국계몽주의가 그 실질성을 잃고 통속화의 길로 접어들었던 시기이다. 한일병합 이후 작품들은 따라서 통속화의 길을 걷던 애국계몽주의가 노골적으로 상업주의로 치달았던 시대의 소산이다. 이인직의『혈의 누』후편인『모란봉』(1913)의 해괴망측하기 그지없는 통속성이 그 증거이다."[83]

장석주는 "이인직은 신문 정치소설을 현실 정치에 개입하는 한 방편으로 여긴 사람이다. 그가 작가로 나선 것도 실제로는 정치적 야심 때문이다. 유학시절에 일본에서 암시를 받은 대로 논객을 거쳐 정객이 되려고 그는 정치소설에 매달린다. 그러나 얼마 지나지 않아 일본식 의회제도와 거리가 먼 우리의 정치구조에서는 그것이 불가능하다는 것을 깨닫는다. 소설을 통한 정치적 입신이라는 꿈을 접고 나서, 이인직은 새삼스럽게 소설의 대중성과 상업성에 눈길을 돌린 것이다"고 주장했다.[84]

이념과 정치지향성만 빼고 말한다면, 이인직은 대성공을 거둔 작가였음에 틀림없다. 당대의 최고 베스트셀러를 쓴 대중작가라면 '정치' 이상의 보람을 느끼지 않았을까? 우리는 1900년대와 일제강점기를 국가 · 민족 단위로만 생각하지만, 이인직의 경우가 잘 보여주듯이, 신분상승에 강렬한 열망을 갖고 있던 중하층 출신의 사람들에겐 국가 · 민족은 좀 다르게 다가갔거나 여겨졌으리라. 물론 국가 · 민족 단위로 기술되는 역사는 그런 자상한 고려까지 잘 해주진 않지만 말이다.

07

『경성일보』『경향신문』 『대한신문』 창간

통감부 기관지 『경성일보』 창간

1906년 9월 1일엔, 일본공사관의 기관지인 『한성신보』와 일인 신문 『대동신문』이 합병돼 통감부 기관지로 『경성일보』가 창간되었다. 이 신문은 처음에는 일어판과 국문판을 동시에 내다가 1907년 9월 21일 부터는 일어판만을 냈다. 통감부 기관지라 한국인들에게 먹혀들어 가지 않은데다 이미 일본인 경영의 국문판지가 다수 발행되고 있었기 때문인 것으로 보인다. 『경성일보』는 1910년 총독부가 생기면서 총독부 기관지가 되었다.[85]

천주교의 『경향신문』 창간

1906년 10월 19일에 창간된 『경향신문(京鄉新聞)』은 천주교에서 프랑

1906년 10월 19일 창간된 『경향신문』은 순한글 주간지로서 프랑스인 신부 안세화를 편집인 겸 발행인으로 한 종교신문임에도 불구하고 일반 기사도 많이 실었다.

스인 신부 안세화(Florian Demange, 1875~1938)를 편집 겸 발행인으로 하여 만든 순한글 주간지로서 종교신문임에도 불구하고 일반 기사도 많이 실었다. 그래서 치안방해라는 이유로 발매금지 및 압수를 당하기도 했다. 이 신문은 서울에서 발행되었으나 서울 사람뿐만 아니라 시골에 있는 사람을 포함해 전 국민을 대상으로 삼아 발간한다는 취지에서 이름을 '경향신문'이라고 붙였다고 밝혔다.[86)]

　'경향'의 뜻은 바티칸의 교황이 크리스마스나 부활절 등의 대축제일에 강복(降福)을 할 때 메시지의 첫마디에 사용하던 "Urbi et Orbi(市와 市外)"에서 따온 말로 '서울과 시골(온 세상)'이란 뜻이다.[87)] 실제로 이 신문은 각 지방소식이 다른 신문보다 상세하였는데, 이는 각 지방에 거주하고 있던 신부와 신자들을 활용한 덕분이었다. 『경향신문』의 논설은 탁월하여『대한매일신보』는『경향신문』의 논설을 1907년 8월부터 10월까지 3개월 동안 9편을 전재(轉載)하기도 하였다.[88]

『경향신문』은 천주교회의 정교분리(政敎分離) 원칙에 따라 정치 불간섭주의를 내세웠다. 그래서 1907년 초부터 국채보상운동이 전개되었을 때에도『경향신문』은 다른 신문들과는 달리 소극적으로 임했으며, 의병(義兵)의 봉기도 현실적인 정세를 파악하지 못하여 실효성이 없을 것으로 보았을 뿐만 아니라 일본군의 만행보다도 의병투쟁에 따르는 폐해를 강조해 일본군의 의병 토벌(討伐)을 필요하고 유익한 것으로까지 이해하였다.[89]

최기영은 "그것은 일본을 의식한 면도 있겠지만, 폭력행위나 살인행위를 신앙과 교리의 차원에서 반대한 천주교회의 입장으로 짐작된다. 물론 당시 다른 신문들 역시 의병의 무장투쟁에는 부정적인 견해를 표명하고 있었다. 일본에 대한 인식 역시 현실을 인정하는 입장에서 비롯되고 있었다"고 분석했다. 또 최기영은 "원칙적으로『경향신문』은 한일병합에는 반대하는 입장이었다. 그렇지만 한일병합 직후 일본의 한국 통치에 대하여 논평한 것을 보면, 실제로는 병합이 한국민들에게 유리할 것으로 이해하고 있었던 것 같다"고 했다.[90]

『경향신문』을 계승한 『경향잡지』

『경향신문』은 1910년 12월 30일까지 220호를 끝으로 폐간되었는데, 1911년 1월 15일부터는 종교적인 내용만을 다루는 격주간『경향잡지』로 이름을 바꿔 발행되었다.[91]『경향잡지』의 호수는『경향신문』의 호수를 이어 221호부터 시작되었다.

『경향잡지』는『경향신문』의 부록 '보감(寶鑑)'을 이어받은 셈이었는데, 이는 지금까지 발행하고 있어 한국 기네스북 언론·출판 부문에서 최고(最古) 잡지로 등재돼 있다. 2006년 10월 19일 창간 100돌을 맞았다. 1972년 이 잡지의 발행인을 맡았던 김수환 추기경은 100주년 기념호(통권 1663호)에서 "하느님의 구원말씀의 전달자로서 빛과 소금의 사명을 다하고 있는『경향잡지』가 창간 100주년을 맞이하는 것은 기념할 만한 일"이라며 "세상의 어둠을 밝히는 빛으로 언제나 밝게 빛나기를 빈다"고 축하했다.[92]

또 1964년 이 잡지의 주필을 맡았던 정진석 추기경은 창간 100주년 기념호에서 "『경향잡지』는 교회사뿐 아니라 한국 근현대사에서도 중요한 역사학적 가치를 지니고 있는 잡지"라며 "우리 교회와 우리나라의 100년 역사를 담아낸『경향잡지』야말로 역사의 산 증인"이라고 말했다.[93]

이완용내각의 기관지『대한신문』창간

1907년 7월 18일에 창간된『대한신문』은『만세보』의 시설을 인수하여 만들어진 이완용 내각의 기관지였다. 사장은『만세보』의 주필이었던 이인직이 맡았는데, "『국민신보』와 나란히 친일 선전을 일삼아『대한매일신보』와는 격렬한 논전을 벌이는 일이 자주 있었다."[94]

평안남도 관찰사 이진호는 훈령을 각 군에 하달해 다른 신문을 보지 말고『대한신문』과 관보만 보라고 했으며, 만약 다른 신문을 구독하면 신문대금을 지불하지 않겠다고 하여 물의를 빚기도 했다.[95]

제8장

국채보상운동과 고종 퇴위

01

개신교의
평양대부흥운동

"미워하던 일본인까지 사랑하게 되었다"

1907년 1월 14일 평양 장대현교회에서 열린 부흥사경회에서 당시 한국인 최초의 장로교 목사 안수를 앞두고 있던 길선주 장로는 1500명의 신도 앞에서 자신의 죄를 공개적으로 털어놓았다. 이것이 한반도 개신교계를 발칵 뒤집어놓은 평양대부흥운동이 일어난 계기였다.

그 자리에 참석했던 정익로 장로는 "그날 밤 길선주 목사의 얼굴은 위엄과 능력이 가득 찬 얼굴이었고 순결과 성결로 불붙은 얼굴이었다. 그는 길 목사가 아니었고 바로 예수님이었다"며 다음과 같이 말했다.

"그는 눈이 소경이어서 나를 보지 못하였을 터이나 나는 그의 앞에서 도피할 수가 없었다. 하나님이 나를 불러놓은 것으로만 생각되었다. 전에 경험하지 못한 죄에 대한 굉장한 두려움이 나를 엄습하였다. 어떻게 하면 이 죄를 떨어버릴 수 있고 도피할 수 있을까. 나는 몹시

번민하였다. 어떤 사람은 마음이 너무 괴로워 예배당 밖으로 뛰쳐나갔다. 그러나 전보다 더 극심한 근심에 쌓인 얼굴과 죽음에 떠는 영을 가지고 예배당으로 되돌아와서 '오! 하나님 나는 어떻게 했으면 좋겠습니까' 라고 울부짖었다."[1]

길선주의 고백 이후 교회 지도자들과 교인들은 "축첩했다" "장사에서 폭리를 취했다"며 자신의 죄를 털어놓고 회개하는 '회개 릴레이'가 펼쳐졌고, 저녁에 시작된 예배는 새벽을 넘겨 이어졌다. 살인죄와 도둑질 등 사적인 비밀을 남김없이 털어놓은 부흥회장은 지옥의 문이 열린 것 같았다고 전해진다. 부흥회 전엔 양반과 상놈들이 예배당 안에서도 따로 앉았는데, 부흥회가 끝나기도 전에 함께 앉기 시작했다.[2]

이 장면을 목격한 베어드 부인은 다음과 같이 증언했다.

"어떤 때는 자기 머리를 주먹으로 때리고 마룻바닥을 치며, 어떤 때는 말 그대로 고뇌 속에 감겨 마치 사탄이 그들을 찢어놓는 것같이 울부짖기도 하다가 마침내 더 이상 견딜 수 없어 폭발 직전에 이르러서는 자리를 박차고 일어나 눈물 콧물로 범벅이 된 채 울부짖으며 자기 죄를 고백하는 것이었습니다. 그 고백한 죄들이란! 마치 지옥을 파헤쳐놓은 것 같았습니다. 살인과 간음을 비롯하여 방화(放火), 술 취함, 도둑질, 강도, 거짓말, 시기, 질투, 증오 등등 온갖 더러운 죄들을 쏟아놓으며 수치심으로 몸부림쳤습니다."[3]

심지어 한 노인은 이제 여태껏 미워하던 일본인까지 사랑하게 되었다고 고백했다.

"나는 관리였습니다. 나의 마음은 직책상의 업무 때문에 몹시 굳어 있었습니다. 그러나 내가 예수께 나아오고 그가 나의 왕이 된 이후로는 일본인조차도 사랑하게 되었고, 태양이 지고 있는 서산들은 모두

한국인 최초의 장로교 목사 안수를 앞두고 있던 길선주 장로는 평양 장대현교회에서 열린 부흥사경회에서 1500명의 신도 앞에서 자신의 죄를 공개적으로 털어놓았다. 평양사경회 모습과 길선주 목사 (가운데).

찬란하게 빛나고 있습니다."[4]

3배로 증가한 개신교 신자 수

평양대부흥운동의 가장 두드러진 특징은 통성(通聲)기도였다. 통성기도는 평양대부흥회운동 이전엔 보기 힘든 낯선 기도 방식으로 국내에 처음 소개된 건 1906년 가을 한국을 방문한 존스턴(Howard Agnew Johnston) 박사를 통해서였다. 그는 웨일스부흥운동 소식을 소개하면서 "웨일스의 부흥회에서는 공적 기도를 인도하는 인도자만 기도하지 않고, 각 사람이 다른 사람을 의식하지 않은 채 큰소리로 통성기도를 하였다"는 사실을 알려주었다.[5]

한국에 파송돼 나온 신참 선교사 매큔(G. S. McCune)은 통성기도에 충격을 받았다. 그는 다음과 같이 말했다.

"헌트 목사의 설교가 끝나고 리 목사가 몇 마디 말을 했다. 그 마지막 말, 기도합시다는 말이 떨어지기가 무섭게 예배당 안은 하나님께 기도드리는 소리들로 가득 찼다. 예배당 안에 있는 교인들은 거의 모두가 큰소리로 기도드리고 있었음이 분명했다. 놀라운 광경이었다! 혼자 큰소리로 기도하는 자는 없었다. 그럼에도 자세히 들을라치면 서로 다른 목소리들을 구분해낼 수도 있었다. 어떤 이는 울고 있었고 어떤 이는 하나님께 죄목을 나열해가며 용서를 빌고 있었다. 모두가 성령 충만을 간구하고 있었다. 그 많은 소리들이 있었음에도 전혀 혼란이 없었다. 모두가 일사불란하였고 완전한 조화를 이루었다. 말로는 설명할 수가 없었다."[6]

이러한 부흥회의 열기는 삼남지방 목포까지 전해져 회개와 부흥운동이 확산됐다. 1907년 9월 17일 평양 장대현교회에서 한국 최초로 장로교 목사 안수를 받은 길선주 · 서경조 · 한석진 · 송인서 · 양전백 · 방기창 · 이기풍 등 신학교 졸업생 7명은 전국으로 흩어져 대부흥운동의 불씨를 이어갔다.[7]

교회마다 대대적인 회개운동이 일어났고 전국에 새로운 교회가 세워졌으며 신자 수는 3배로 늘었다. 1907년에만 3만 명이 세례를 신청했는데, 이는 당시 조선에 있던 모든 개신교인의 수보다 많았다. 또한 이 운동은 한국 개신교 토착화의 결정적 계기가 됐다. 새벽기도회, 금요철야기도회 등 한국 개신교의 특징들도 이 당시에 태동했다.[8]

부산 · 경남지역은 예외

평양 장대현교회에서 시작된 한국 교회 부흥의 불길은 신의주 · 선천 · 개성 · 서울 · 대전 · 공주 · 대구 · 목포 등지까지 이어졌지만 부산 · 경남지역에서는 그 영향력이 미미했다. 이상규는 "부산 · 경남지역에서 평양대부흥운동의 영향력이 크지 못했던 가장 큰 이유는 1905~1907년 당시 부산의 기독교 교세가 얼마 되지 않았기 때문"이라고 지적했다.

1907년 부산에는 부산진교회 · 초량교회 · 제일영도교회 · 수안교회 · 항서교회 · 엄궁교회 · 하단교회 · 구포교회 등이 있었다. 경남지방에도 교회가 15곳에 달했다. 하지만 교인 수는 서울 · 평양 등에 비해 월등히 적었다. 1907년 9월에 개최된 미국 북장로교(PCUSA) 연례대회에서 보고된 교세표에 따르면 한국인 입교자는 평양 2만 414명, 선천 1만 5348명, 서울 7435명, 재령 7428명, 대구 6145명, 부산

2017명 등의 순이었다. 북장로교가 부산지부를 대구지부보다 먼저 설치했지만 부산 교세는 대구의 3분의 1에 지나지 않았다.

이상규는 두 번째 이유로 부산·경남지방에서는 영적 각성에 대한 기대나 영적 지도력이 부족했다고 평가했다. 목포의 경우 새뮤얼 R. 프레스톤 선교사가 강력한 리더십을 발휘한 반면 부산·경남에는 그 같은 지도력이 없었다는 것이다. 부산·경남지방은 1913년까지 미 북장로교 선교부와 호주장로교(PCV) 선교부의 공동 선교지역이었다. 부산·경남 호주선교부에는 1907년 5명의 여성선교사와 3명의 남성선교사만이 배속돼 있었다. 그중 의료선교사 후이 커를은 진주, 제임스 E. 애덤스는 마산, 겔슨 O. 엥겔은 부산에서 활동했다. 북장로교 선교부는 의사인 찰스 H. 어빈·리처드 H. 시더보탐·월터 스미스 등을 부산지부에 배속시켰다.

이상규는 마지막으로 지역적 특성을 들었다. 부산·경남은 유교적인 색채와 불교의 영향에 따라 보수적인 분위기가 형성됐으며 해안성 민속신앙과 미신 등까지 혼재되면서 기독교 입교를 방해하는 주요인이 됐다는 것이다. 그는 "이 같은 환경이 서울·평양과는 매우 판이한 환경을 조성해 부산·경남에서 기독교적인 영적 각성이나 갱신, 부흥을 견인하지 못하게 했다"고 지적했다.[9]

2007년 '평양대부흥 100주년'

평양대부흥 100주년인 2007년을 맞은 개신교계는 '어게인 1907년'을 기치로 내걸고 영적 대각성운동을 통한 '제2의 부흥'을 꿈꾸었다. 대한예수교장로회 통합교단의 전국 7000여 교회는 1월 1일부터 21일까지 새벽기도회에서 같은 본문과 설교를 나누는 '세이레(21일간) 특별 새벽기도회'를 열었으며, 한국기독교총연합회(한기총)와 한국세계선교협의회는 1월 7일부터 14일까지 서울 잠실 올림픽체조경기장에서 '트랜스포메이션-부흥을 넘어 변화로, 2007' 대회를 개최했다.[10]

2007년 1월 13~16일 2007평양국제대성회 조직위원회(조직위원장 김기수 목사) 대표단이 조선그리스도교연맹(위원장 강영섭 목사)의 초청으로 평양을 방문했다. 피종진·엄신형·민승 목사 등 26명으로 구성된 대표단은 칠골교회와 옛 장대현교회 터에서 평양대부흥 100주년 기념예배를 드리고 한때 동양의 예루살렘이라고 불렸던 평양을 중심으로 한반도 전역에 회개와 부흥의 불길이 다시 타오르기를 기도했다.

1월 14일 주일 칠골교회에서 열린 평양대부흥 100주년 기념예배에는 평양 성도들과 해외상사 주재원 등 250여 명이 참석했다. 칠골교회 황민우 담임목사의 사회로 진행된 이날 예배는 평양성회준비위원장 엄신형 목사가 '성령의 불길'이라는 제목으로 설교한 뒤 평양대성회의 성공적 개최 등을 위한 통성기도를 인도했다.

1월 15일 오후 2시 평양시 중구 효자동으로 지명이 바뀐 옛 장대현교회터에서 진행된 이날 예배에서는 김기택(국제사랑재단 감사) 장로의 기도 후 피종진 목사가 '다시 일어나는 성령의 불길'이라는 제목으로 설교했다. 피 목사는 "100년 전 평양에서 일어난 성령강림의 불길은 많은 기독교인들에게 영적 체험을 선사하고 거듭남의 통로가 되었다"며 "한국 교회가 영적 부흥을 되살리자는 취지로 준비하고 있는 평양국제대성회가 하나님의 은혜 가운데 성황리에 치러져 북한 땅에 복음의 불꽃을 피우자"고 강조했다.[11]

2007년 1월 17일 조용래는 "개개인의 고백과 각성으로 시작된

1907년 평양대부흥운동의 열매는 사회윤리 실천, 국가적 각성운동으로 나타났다"며 다음과 같이 주장했다.

"우선 1907년 2월부터 대구에서 시작된 국채보상운동도 그중 하나다. 금연, 금주가 선포되고 사람들은 각종 패물을 모아 대일 부채를 상환하자는 애국운동을 펼쳤다. 또 그해 4월 결성된 비밀결사 신민회도 빼놓을 수 없다. 신민회는 회원 대부분이 기독교인이었으며 1911년 105인 사건으로 일제의 탄압을 받아 해산됐다. 이 둘 다 기독교가 애국운동과 깊이 연계됐음을 보여주는 중요한 사례다. 1907년은 기독교인들이 회개와 각성을 꾀하고 폐망을 앞둔 조국에 새 바람을 불어넣은 해였다. 100년이 지난 지금 한국 기독교의 입지는 어떤가. 기독교인들은 다시 회개하고 각성해 회개의 열매를 사회 앞에 펼쳐보여야 할 때다."[12]

'2007 한국교회대부흥 기념대회'

2007년 5월 25일 서울 서초동 사랑의교회에서는 국내 신학자들과 교계 지도자 등 1000여 명이 모인 가운데 평양대부흥 100주년기념 성서학 학술 심포지엄이 열렸다. 개회 예배에서 문성모 서울장신대 총장은 설교를 통해 한국 교회 목회자들과 신학자들은 올해 부흥의 해에 부흥은커녕 쇠퇴 기미가 보이는 한국 교회를 그저 안타까운 눈으로 바라만 봐야 했다며 신학은 교회의 비판자가 아니라 협력자로 변신해야 하며, 교회는 신학을 진정한 우군으로 생각할 때 새로운 부흥이 찾아올 것이라고 말했다.[13]

2007년 5월 26일 한국신약학회와 구약학회 · 복음주의구약학회 ·

복음주의신약학회 등 국내 4대 신학단체 소속 신학자 200여 명은 서울 서초동 사랑의교회에서 평양대부흥운동 100주년을 맞아 한국 교회에 전하는 신학자 선언문을 발표했다.

이들 신학자는 이날 평양대부흥 100주년기념 성서학 학술 심포지엄 폐막예배 직전 발표한 선언문을 통해 "평양대부흥운동이 회개와 갱신, 화해와 일치가 일어난 성령의 역사임을 기억하면서 우리 안에 존재하는 불신과 분열을 회개하고 화해와 일치의 정신으로 그리스도의 몸된 교회의 갱신을 이뤄나갈 것, 평양대부흥운동이 한국인의 심성과 문화에 적합한 말씀을 전하려고 애쓴 것을 기억하며 서구 신학과 해석학 일변도에서 벗어나 한국적 신학과 해석학을 더욱 발전시켜 나갈 것, 평양대부흥운동이 한글 성경 번역과 반포를 배경으로 일어난 사건임을 기억하며 모든 계층의 사람이 쉽게 이해하고 읽을 수 있도록 성경을 새롭게 번역하고 나누는 일에 동참할 것" 등을 다짐했다.[14]

2007년 7월 8일, 1907년 평양대부흥 100주년을 맞아 개신교계가 보수와 진보, 교단의 벽을 넘어 공동으로 서울 상암월드컵경기장에서 '2007 한국교회대부흥 기념대회'를 열었다. '교회를 새롭게, 민족에 희망을'을 주제로 한 이날 기념대회에는 10만여 명이 경기장 안팎에 운집해 회개를 통한 부흥을 다짐했다. 기념대회는 '회개'로 출발했다. 강성일 목사(예장합신 총회장)와 정근모 장로(대한민국 국가조찬기도회장)는 기도를 통해 "하나님께만 영광 돌리지 못한 점, 교회의 분열, 일제하의 신사참배, 불의에 대한 침묵, 나눔과 섬김의 부족, 도덕적 주도권 상실" 등을 회개했다.

설교자로 나선 옥한흠 사랑의교회 원로목사는 "한국 교회는 겉으로 보기엔 자랑거리가 한두 가지가 아니다"면서 "그렇지만 목사의 신뢰도는 하위권이고, 무종교자에게 가장 인기 없는 것이 기독교이며, 기독교인은 '이중인격자'로 불린다"며 회개를 촉구했다. 그는 특히 "저 역시 신자들이 듣기 좋아하는 믿음만 이야기하며 '입만 살아 있는 교회'를 만들어왔다"며 "한국 교회의 부흥은 죄업을 놓고 가슴 치는 목회자의 회개로부터 시작해야 한다"고 말했다.

그는 설교를 마치고 기도하면서 울먹임으로 떨리는 목소리로 "주여, 이놈이 죄인입니다. 입만 살고 행위는 죽은 교회를 만든 장본인입니다. 주여, 저희를 불쌍히 여기고 성령을 부어주옵소서. 한국 교회를 깨끗하게 하여 주옵소서. 한국 교회를 살려주옵소서"라고 말했다.[15]

'목사안수 100주년기념 참회기도회'

2007년 9월 3일 개신교 주요 교단인 대한예수교장로회(통합) 원로목사들은 서울 종로구 연지동 연동교회에서 '목사안수 100주년기념 참회기도회'를 열었다. 이는 1907년 9월 17일 평양 장대현교회에서 길선주 목사 등 7명의 한국인이 장로교 목사 안수를 받은 걸 기념하는 행사였다. 참회기도회 준비위원장을 맡은 김형태 원로목사(연동교회)는 『한국일보』 인터뷰에서 "교회를 대표하는 목사는 국가를 향해 국가가 바르게 나가기를 바라는 예언자적 발언을 해야 합니다. 그러나 한국에서는 목사들이 그런 바른 말을 할 만한 힘도 없고 권위도 없습니다"라면서 다음과 같이 개탄했다.

"젊은 목회자들이 많이 분개하고 있습니다. 노회장, 총회장 선거에 금품수수가 공공연하고 여론을 환기시켜도 마이동풍입니다. 세속문화를 본떠 경쟁이 너무 심하고 물량적 성장에 빠져 있습니다. 심지어

이웃 교회 교인을 버스로 실어오는 '쉽 스틸(sheep steel, 양 도둑)' 이 큰 교회에서 일어나고 있습니다. 물량적으로 잘 사는 것, 권력과 돈을 많이 갖게 되면 하나님의 축복이라고 목사들이 가르치고 교인들이 몰리는 데, 성서적으로 안 맞기 때문에 뜻 있는 목회자와 신학자들이 안타까워하고 있습니다."[16]

평양대부흥운동의 정치학

안창호의 한탄

평양대부흥운동에 대한 평가는 신학적 시각과 정치적 시각으로 양분되는데, 정치적 시각은 부정적 평가가 많다. 평소 미국 선교사들의 내세지향적 경향에 대해 반감을 갖고 있던 안창호는 1907년 1월 미국에서 귀국해 자신의 고향 평양에서 촉발된 부흥운동의 열기를 보고 "교인들이 예배당에 모여 죄를 자복한다 하며 울부짖고 땅에 구는 것을 보고 저 어리석은 백성을 어떻게 깨우칠고 하고 한탄했다"고 한다.[17]

1907년 여름, 고종 퇴위와 구한국부대 강제 해산으로 전국이 의병운동으로 뜨거울 때 평양만큼은 '무풍지대'로 남았는데, 이를 두고 선교사들은 "부흥운동을 이끈 길선주 목사의 공로다"라고 칭송하였다. 만약 길선주가 무저항의 원칙, 그리고 "지배자는 하나님이 임명한다"는 교리를 가지고 교회와 더불어 영향력을 발휘하지 않았더라면

평양대부흥운동에 대한 정치적인 시각은 대체로 부정적이다. 사진은 평양대부흥운동 당시의 모습이다.

평안도 전체가 일본에 대하여 반란을 일으켰을 것이라는 논리였다.[18]

이에 대해 이덕주는 "과연 부흥운동과 민족운동은 서로 배치되는 '상극(相剋)'의 관계인가? 부흥운동에 참여하면 민족운동과 멀어질 수밖에 없는가? 부흥사는 정치나 사회운동과 관련 없는 '순복음'만 전해야 하는가?"라는 물음을 던지면서 다음과 같이 주장했다.

"꼭 그렇지만은 않다. 오히려 부흥운동에 열심이던 교인이 민족운동에도 적극 참여하여 민족운동사에 그 이름을 남긴 경우를 종종 찾아볼 수 있다. 1910년대 한국 교회의 대표적인 부흥사이자 설교자로 명성을 남긴 현순 목사와 손정도 목사가 그 예다."[19]

주진오 · 이만열의 평가

1988년 주진오는 "이를 통해 선교사들은 한국인들에게 죄의식과 용서와 사랑을 강조하였다. 그것은 일제의 침략도 한국인의 죄 때문에 초래된 것이고 선교사에 대한 반감도 죄이며, 일본에 대한 미움을 갖지 말고 사랑으로서 용서하고 화해하라는 것이었다. 그리고 '합법적으로 확립된 권위에의 존경'을 권장하였고 '새 지배자에게의 복종'을 강조하였다"며 다음과 같이 주장했다.

"이로 말미암아 교회에 계속 잔류한 사람들은 보다 강화된 선교사들의 영향력하에 놓이게 되었으며, 한국인 목사들 역시 선교사들과 마찬가지로 교인들에게 종교의 탈정치화를 설교하였다. 그에 따라 고종의 강제 퇴위로 전국이 의분으로 휩싸이고 반일활동이 고조되었을 때, 교회는 '선교사들의 지휘하에 휩쓸려 들어가지 않았으며', 강제 병합이 실현되었을 때에도 침묵을 지키고 있었다. 오히려 선교사들은 교회활동에 필요한 재정을 통감부로부터 받는 경우도 있었고, 교회 행사에 이토를 비롯한 일본인 고관들이 참석하여 축사를 하는 경우도 많을 정도로 일제와 밀착하였다."[20]

1991년 이만열은 "선교사들은 죄의식을 깨닫지 못하는 한국인들에게 '가증스런 죄의 본성'을 깨닫게 하기 위해 죄의 결과로서의 지옥의 형벌을 강조함으로써 죄에 대한 두려움을 깨닫게 하는 한편, 죄를 고백함으로써 얻는 죄의 사유와 영혼의 구원을 가르쳤다"며 다음과 같이 말했다.

"죄의 고백과 회개는 개인문제에 집착케 했다. 그렇게 함으로써 봉건사회의 구조악과 일제의 침략이라는 조직적인 폭력에 대한 인식을 철저히 차단시키고 있었다. 개인이 범한 죄악은 그 자신을 파멸시켰을 뿐만 아니라 국가적 위난을 안겨주었다고 믿게 하였다. 회개운동의 장점을 이루었던 당시의 부흥운동은, 그리하여 당시 우리가 겪고 있던 국가적 위난은 죄의 결과로 말미암은 것으로 자연스럽게 수용되었다. 이러한 부흥운동의 흥분된 분위기에서 일제의 침략은 세계사적 구도에서 도출된 제국주의의 구조악으로 인식될 수 없었다. 오히려 그것은 자신들의 죄악을 징벌하는 신의 채찍으로서 하나님의 영원한 섭리 아래에서 이루어지는 것으로 믿게 되었던 것이다."[21]

이어 이만열은 "기독교인의 통회자복(痛悔自服)은 개인의 정서적 정화(淨化)를 가져오게 하였으나 그런 만큼 현실의식·역사의식은 마비되고 있었다. 즉 개인이 역사와 사회 앞에 져야 할 책임은 점차 회피하였고 신의 섭리에 내맡겨버렸다는 뜻이다"며 다음과 같이 말했다.

"특히 제국주의적 침략세력으로서의 구조악에 대해 부흥운동에서 행해진 메시지는 법과 질서에 대한 복종을 종용하는 형태로 나타났다.

그리하여 전 민족적인 항일운동을 고조시켜야 할 시기에 한국 기독교계의 주류는 일제의 침략을 수용하는 쪽으로 기울어지게 되었다."[22]

김정기 · 이혜석의 평가

1992년 김정기는 선교사들은 조선 정부와는 잘 지냈지만 민중의 눈밖에 나고 있었다고 했다. 그는 " '백만장자 선교사들' 의 귀족 같은 생활이라든가, 청일전쟁 당시 일본의 승리를 희망한다든가(하나님이 일본을 편들어 청국의 완고함을 벌주시려는 것), 민의 원성의 적인 민비를 찬양한다든가, 선교사들이 주도한 춘생문 사건이라든가 하는 것들 때문이었다"며 다음과 같이 주장했다.

"결정적인 선교사들의 악수(惡手)는 1907년 이른바 대부흥회운동이었다. 나라가 망해가는 판에 벌어진 죄의식과 사랑의 한마당은 일제 침략을 호도하며 동시에 조선 인민의 민족의식이나 국가의식을 말살하려는 저의에서 자행되었다. 선교사들의 눈에는 의병전쟁이 사탄놀음으로 비쳤을 것이다."[23]

앞서 소개했듯이, 1993년 이혜석은 을사늑약 이후 선교사들이 "정치화될 가능성이 있는 교회에서 '불순분자' 들을 축출하고 정치에 무관한 교회로 만들기 위하여 1907년 대부흥운동을 계획, 전개하였다"며 다음과 같이 주장했다.

"이 부흥운동에서 선교사들은 죄의 고백과 회개의 기도를 중심으로 사랑과 용서를 강조하는 광적인 종교의식을 통해 강한 죄의식을 불어넣었다. 대부흥회 결과에 대해 선교사들은 한국 교회가 자신들의 의도대로 '보다 높은 정신의 수준으로 향상되었으며' 그 성격이 '혁명적으로 변경되었다'고 만족해하였다."[24]

김진호 · 백찬홍 · 최형묵의 평가

2007년 6월 제3시대그리스도교연구소 연구실장 김진호 목사는 평양 대부흥운동이 한국 기독교의 친미 · 보수적이고 성공지향적인 동질 성향의 뿌리를 이루고 있다고 주장했다. 그는 당시 이 지역이 러일전 쟁 배후지로서 군대 폭력이 집중됐고 미국 선교사의 영향권 아래에 있었으며 교회의 분열 · 혼란상이 극심했다고 지적했다. 이런 배경으 로 인해 이 운동은 "교회의 양적인 팽창, 미국 선교사들의 헤게모니 강화, 선교 욕망으로 치환된 성령 체험, 열정적인 기도회 등 신비한 종교적 체험" 등의 성격을 띠게 됐다는 것이다.

김진호는 2007년 기독교계에서 유포되고 있는 '어게인 1907'의 구호 속에는 100이라는 숫자보다 훨씬 의미심장한 요소가 개입되어 있다고 했다. 그는 한국 교회가 현재 체험하고 있는 '성장의 위기, 존 경의 위기, 권력자원에 대한 접근성의 위기'를 '신앙의 자본주의화와 정치화'를 통해 돌파하려 하고 있음을 지적한 뒤, 2007년을 계기로 한국 교회가 보수주의 형성의 가장 중요한 자장이 될 가능성이 매우 높다고 진단했다.[25]

2007년 7월 한국사회책임투자포럼 운영위원 백찬홍은 "평양대부 흥운동이 있던 1907년은 의병운동과 애국운동이 전국 각지에서 들불 처럼 일어난 해였다. 일제는 애국인사들의 활동 거점이었던 교회가 눈에 거슬렸다. 일본의 협조를 받지 않고는 종교활동이 어렵다는 것 을 깨달은 선교사들은 교인들의 눈을 돌릴 만한 곳을 찾았다. 바로 그

것이 평양대부흥운동이다. 양쪽의 이해관계가 잘 맞아떨어진 초대형 이벤트였던 것이다"고 주장했다.[26]

천안살림교회 목사 최형묵은 "평안도 사람들이 교회를 찾았던 것은 '양대인(洋大人) 의식'에서였다. 양대인은 선교사들의 별칭이었다. 양대인 의식은 사대주의의 변형이었고, 여기에서 한국 기독교의 특징인 '힘에 의존하는 신앙'이 싹텄다고 할 수 있다. 해방 후 일제를 패망시킨 미국이 한반도에 들어오자, 교회의 미국 의존도는 더욱 심화되고 체질화되었다"고 주장했다.[27]

03

대구에서 시작된
국채보상운동

일제의 화폐정리사업

일제가 1905년에 시작하여 1909년에 끝낸 '화폐정리사업'은 백동화
등 조선 화폐를 없애고 일본 화폐만 쓰게 함으로써 조선의 화폐 금융
체계를 일본 경제에 완전히 예속시켰다. 많은 조선인이 재산을 잃었
고 그만큼의 재산이 일제의 손아귀에 넘어갔다. 많은 한국 상인이 몰
락하여 자살하는 사람이 속출했다. 화폐정리사업에 따라 일본 제일은
행권이 본위화폐가 되었으며, 1909년 11월에 한국은행이 설립됨에
따라 제일은행 업무 일체가 은행권과 함께 한국은행에 인계되었
다.(한국은행은 1911년 8월 조선은행으로 개칭)[28]

이태진은 "전환국이 황제의 사금고였고, 백동화 남발이 화폐제도
문란의 주범"이라는 주장에 대해 "이런 인식은 사실 일본이 러일전쟁
중 일본인 재정고문을 강제 투입해 대한제국 재정을 송두리째 삼키면

서 국제 사회를 상대로 퍼뜨린 유언비어의 잔재다"며 다음과 같이 주장했다.

"일본은 러시아로부터 받지 못한 전쟁 배상금을 대한제국에서 벌충하기 위해 제일은행권을 강제 통용시키면서 대한제국의 재정과 화폐를 헐뜯는 음모적 국제 선전을 폈다. 우리 학계는 아직 이 마수에서 벗어나지 못해 자력 근대화의 역사를 제대로 읽어내지 못하는 실정이다."[29]

이에 대해 김재호는 "이태진 교수의 주장이 고종황제가 무능하기만 한 것은 아니었으며, 대한제국이 주어진 조건하에서 근대화를 위한 정책에 나름대로 노력했다는 정도였다면, 나는 굳이 그것을 비판하지 않았을 것이다"며 다음과 같이 주장했다.

"그러나 이 교수는 여기서 그치지 않고 고종황제가 외세 의존적인 개화파들에 맞서 근대화 정책을 자주적으로 그리고 성공적으로 수행했다고 주장함으로써 망국과 식민지화에 대한 고종의 책임을 면제시키는 한편, 갑신정변과 갑오개혁, 독립협회로 대표되는 개화기 선각자들의 고투를 단지 일본이라는 외세에 부화해 권력을 장악하고자 한 권력투쟁으로 폄하하고 있는 것이다."[30]

"나랏빚을 갚아 국권회복을 도모하자"

또한 일제는 대한제국을 빚에 옭아매 경제주권을 뺏는다는 철저한 계산 아래 대한제국 정부가 원치도 않는 빚을 억지로 사용토록 했다. 대한제국 1907년도 예산 1370만 원 가운데 1300만 원(원금 1150만 원, 이자 150만 원)이 일본의 차관으로 채워졌고, 일본은 1할의 고금리 수수료(이자)를 떼 갔다. 이를 보다 못한 민간 차원에서 일제의 예속적 차 관에 저항해 "나라 빚을 갚아서 주권을 사수하고 민족경제를 이어나 가자"는 움직임이 일기 시작했다.[31]

1907년 1월 29일, 대구지역의 갑부 서상돈(1851~1983)이 지역 유지 들 모임인 '문회'에서 "나랏빚을 갚아 국권회복을 도모하자"며 즉석 에서 800원을 내놨다. 이에 인쇄소인 광문사 김광제 사장도 석달치 담뱃값 60전과 의연금 10원(당시 80kg들이 쌀 한 가마 6원)을 선뜻 내놨 으며 모임에 참석했던 다른 회원들도 동참해 이날 하루 만에 2000원 이 모였다. 그해 2월 21일, 대구 시내 북후정(현 시민회관)에서 수천 명 이 모인 군민대회가 열렸다.[32]

서울에서 발행되는 『대한매일신보』 2월 21일자에 '국채보상취지 문'이 게재되었다. 국채보상취지문은 "2000만 동포가 석 달만 연초 를 끊고 한 달에 20전씩 모은다면 1300만 원이 될 터이니 국채 갚는 것이 어찌 걱정이랴"라는 셈법을 내놓았다. 당시 1300만 원은 대한제 국의 1년 예산 규모였는데, 현재 가치로는 3900억 원이다.[33]

대구에서 시작된 국채보상운동은 급속히 전국으로 확산됐다. 서울 에 국채보상 기성회(期成會)가 서고 전국 각지에 의연금 수전소(受錢所) 가 설치됐다. 모금에는 정부 관리나 양반뿐 아니라 상인·농민·학 생·부녀자·기생·승려도 참가했다. 담배를 끊고 그 돈을 모으자는 단연(斷煙)운동으로 시작된 것이, 이어 여성들이 장롱에 넣어뒀던 비 녀·가락지·은장도를 내놓는 호응을 이끌어냈고, 해외 유학생과 동 포들이 의연금을 보내는 데까지 퍼져나갔다.[34]

왜 하필 단연운동에서부터 시작했을까? 대중의 뇌리엔 1900년대 부터 일본의 경제침투의 상징이 담배로 각인되었기 때문이다. 이 당

서상돈이 지역 유지들 모임에서 "나랏빚을 갚아 국권회복을 도모하자"며 즉석에서 800원을 내놓은 것을 시작으로 국채보상운동이 일어났다.

시 팔도에 유행했던 노래 중의 하나가 바로 〈담바고 타령〉이었다는 것도 그걸 잘 말해준다.

"담바고야 담바고야 / 동래 울산 물에 올라 이 나라에 온 담바고야 / 너는 어이 사시사철 따슨 땅을 버리고 이 나라에 왔느냐 / 돈을 뿌리러 왔느냐 돈을 훑으러 왔느냐 / 어이구 어이구 이 담바고야."[35]

거절해도 밀려드는 의연금

『대한매일신보』는 2월 27일에는 신문사 사원들도 동맹 단연을 결의하여 일제히 담배를 끊어 의연금을 내기로 다짐했다. 그러나 이 신문은 이 운동의 취지와 국민들의 애국심에는 찬동하면서도 회의적인 태도를 보였다. 이와 같은 방식으로 의연금을 모아 국채를 보상한다는 것은 현실적으로 불가능하다고 보았기 때문이다. 3월 8일자는 각종 수치를 들어가며 불가능한 이유를 냉정하게 지적하였으며, 3월 5일자부터 24일까지 20여 일에 걸쳐 의연금을 신문사로 가지고 오지 말라는 사고(社告)를 매일 게재하였다.[36]

그러나 그런 사고를 내보내도 의연금은 계속 신문사로 밀려들었다. 그 논조가 가장 항일적이었기 때문이리라. 『대한매일신보』는 태도를 바꾸지 않을 수 없었다. 그래서 3월 25일부터 의연금을 접수하지 않는다는 사고를 중단하고, 그 대신 모금에 참여한 사람들의 이름과 의연금액을 날마다 보도하였으며, 4월 1일엔 '국채보상지원금총합소', 즉 의연금의 총수집처를 대한매일신보사에 두기로 결정하였다.[37] 1907년 5월엔 국채보상운동 기관지인 『대동보(大同報)』가 창간되어 1908년 1월 통권 6호까지 발간되었다.[38]

황현의 『매천야록』은 "그후 각 신문에서도 이 사실을 게재해 전 국민이 호응했다. 고위층은 1만 원 내지 1000원을 희사하였고 평민들은 10전에서 20전까지 희사하였다. 그 액수의 다소를 구애받지 않고 희사하였고 강제로 인원을 파견해 희사를 하도록 하지 않았다. 그러나 정부의 대관(大官)과 서울의 사대부 및 부상(富商)들은 한 사람도 출연하지 않았다. 그토록 미친 듯이 슬퍼하여 큰소리로 외치며 혹 그 목표량에 미치지 못할까 걱정하는 사람들은 노예와 걸인들이 훨씬 많았다"며 다음과 같이 말했다.

"고종은 이 소식을 듣고 탄식하기를 '백성들이 이렇게 나라를 걱정하고 있으니 짐이 무슨 낯으로 조용히 앉아 있을 수 있겠는가' 하며 양궁(兩宮)이 피우는 궐련도 중지하라는 명을 내렸다. 각 학교 생도로 부터 군인에 이르기까지 모두 상의는 하지 않았지만 한결같은 말로 '황상(皇上)도 그렇게 하시는데 하물며 우리들이야 말할 것이 있겠는 가?' 라면서 모두 금연하였다. 이때 일본인들이 금연을 하여 국채를 보상한다는 말을 듣고 이지용을 위협해 금연을 못하게 하자, 이지용 은 '우리 국민들이 나를 을사5적(을사조약을 주도한 다섯 한국인 관료들) 의 괴수로 지목하고 있어 내 몸도 어떻게 처신할 줄 모르니 다른 일은 금지할 수 있어도 이 일은 금할 수 없다' 고 하므로 장곡천(長谷川, 주한 일본군사령관 하세가와) 등도 '이것은 의로운 일이니 어찌 막을 수 있겠 는가?' 하고 탄식했다. 그리고 이때 출연하는 사람이 있으면, 각국 영 사들은 모두 자기 나라로 전화해 보고하였다."[39]

일제의 방해공작

『대한매일신보』는 운동기간 중 거의 매일 감동어린 의연금 희사 기사 를 게재했는데, 1907년 3~5월에 난 몇몇 기사를 보면 다음과 같다.

"송인회 씨의 부인 박 씨는 '無國이면 無民'이란 신문기사를 보고 1원을 부인회 사무소에 냈으며 그 집의 12세 되는 여아 또한 6전 5푼 중 은지환(은반지)을 냈다하니 국가 사상이야 남녀노소가 없으며 여자 의 애국 성심이 더욱 희한하다는 칭송이 자자하더라."

"재령군 우리방 성황촌에 사는 양성옥 씨는 빈한 농민으로 읍 장날 쌀을 팔아 일 년치 피울 연초 40봉지를 샀으나 마침 민국 형편과 국 채보상 연설을 듣고 눈물을 흘리면서 이 국채는 국민이 갚아야만 하 며 게다가 대황제께서도 연초를 끊었는데 어찌 감히 피우거나 딴 사

1907년 일제가 만든 국채보상운동 모집
금액 상황에 대한 비밀문서.

람에게 팔겠느냐며 다 불사른 뒤 2원을 출연했다 하니 벽촌농민이 이
같으니 우리 대한의 앞길이 영원무궁하리라."

"일본인 제광길 씨도 만국통의로 5원을 국채보상에 기부하면서 다
른 이에게도 의연을 권고하겠다니 국민의 의무는 한국과 일본이 매일
반이로다."

"남녘 사람 소문에 제주군 건입리의 신서봉 처 홍 씨는 과부로 살
림이 여유롭지 못함에도 국채보상 소식을 듣고 애국 성심이 솟아 돈
은 없고 하여 수의를 짓기 위해 고이 간직한 비단 명주를 팔아 12원을
의연하여 모두가 칭찬해 마지 않다더라."

"평북 강계군 여학도 여교사 조덕순 씨가 보내온 편지에 의하면 학
도들이 국민 된 의무로 애국성금을 표한바 여학도 천일신 씨는 가난

해 납채 받은 비단상의를 의연했고 리순덕 씨는 15세로 '내 나라를 사랑하는 데 어찌 단발을 두려워하랴' 면서 구름 같은 머리채를 잘라 의연했다더라."⁴⁰⁾

국채보상운동을 반일운동의 일환으로 예의 주시하고 있던 통감부는 1908년 7월 국채보상 지원금 총합소 재무담당인 양기탁을 의연금 횡령 혐의를 씌워 전격 구속했다. 이때까지 대한매일신보사에 기탁된 의연금은 6만 1000여 원이었다.⁴¹⁾

김정미는 "공금 횡령 혐의가 사실 무근임이 훨씬 뒤에 밝혀져 무죄가 입증되었지만, 일단 한국민의 열렬한 운동을 좌절시키려던 통감부의 계략은 성공하였다"며 "이 사건을 계기로 운동은 암초에 부딪치고 만 것이다"고 했다.⁴²⁾

04

세브란스병원 · 대한의원 설립

세브란스병원의 설립

제중원 부설 의학교는 1887년 이후에는 단지 영어를 가르치는 학교로 전락했으며, 1894년 이후엔 미 선교회 소속으로 바뀌었다. 1899년 무렵엔 1명의 졸업생도 내지 못한 채 수업이 중단되었다가, 1899년 9월 1일에야 정규 의과대학이라고 할 의학교(교장 지석영)를 설립하여 1902년부터 최초로 근대 서양식 의사들을 배출하기 시작했다.[43]

여기엔 『독립신문』의 지속적인 보건위생 계몽, 만민공동회에서의 의술학교 설립 건의(1898년 7월 15일), 지석영의 의학교 설립 청원(1898년 11월 7일) 등이 크게 기여하였다. 1902년 제1회 의학교 졸업생으로 19명을 배출한 데 이어 1903년 13명, 1905년 4명 등 모두 36명이 의학교 존속 기간(1899~1907) 동안 졸업을 해 의사가 되었다.[44]

의학교육 발전엔 헤런과 빈턴(C. C. Vinton)의 뒤를 이어 1893년 원

세브란스병원은 미국의 루이스 세브란스로부터 1만 달러를 희사 받아 1904년 현대식 시설을 갖춘 병원을 완공했다. 그의 이름을 따 세브란스병원 의학교라는 명칭을 사용했다.

장을 맡은 애비슨(Oliver R. Avison)의 공도 컸다. 애비슨은 1899년 안식년을 얻어 일시 귀국한 뒤 미국 오하이오 주 클리블랜드의 거부이자 스탠더드 석유회사의 재무담당 임원인 루이스 세브란스(L. H. Severance)로부터 1만 달러를 희사 받아 한국으로 향했다.

애비슨은 남대문 밖 복숭아골에 대지를 마련한 뒤 세브란스로부터 받은 희사금으로 현대식 시설을 갖춘 병원을 짓기 시작했다. 이 공사는 1902년에 시작돼 1904년에 완성되었는데, 1909년부터는 기부자의 명칭을 따 세브란스병원 의학교란 명칭을 사용하기 시작했다. 세브란

스병원 의학교는 1908년 6월 3일 제1회 졸업생 7명을 배출했다.[45]

'앨런 신화' 논쟁

1982년 한미수교 100주년을 맞아 연세대학교에서는 앨런의 광혜원
(제중원) 설립일인 4월 10일에 그의 흉상(높이 67cm, 폭 51cm) 제막식을
가졌다. 외래진료소 앞 넓은 뜰에서 열린 제막식에서 이사장 이천환
은 다음과 같이 말했다.

"그때의 어렵고 어렵던 이 나라의 정황(情況) 속에서 심혈을 다하여
하나님의 복음을 펴며 서양의학의 인술을 이 땅에 심은 그의 공적은
참으로 크다 아니할 수 없습니다. 한 세기의 터전을 닦은 앨런 박사의
위업을 함께 찬양하며 다시 한 번 그를 경모(敬慕)하는 뜻에서 이곳에
앨런 박사의 흉상을 제막코자 합니다."[46]

1987년엔 연세대학교 내에 광혜원이 복원되었으며 앨런관이 설립
되었다. 앨런관은 앨런의 개척정신에 따라 국제적 회의나 저명한 학자
들의 숙소로 이용되도록 꾸며진 기념관이다.[47] 연세대학교는 2005년
4월 10일 창립 120주년을 맞았는데 그 기원은 좀 복잡하다.

연세대의 기원은 두 갈래인데 하나는 1885년 설립된 제중원과 그
의학교, 또 다른 하나는 언더우드가 1915년에 세운 조선기독교대학이
다. 이 두 학교는 1957년에 통합되어 오늘날의 연세대가 된 것인데,
창립 120주년이라 함은 1885년을 기점으로 삼겠다는 뜻이다.[48]

2006년 신동원은 "앨런과 미국 기독교 선교사들이 조선에 서양의
학을 가져다주고 그것이 이후 한국 의학의 뿌리가 되었다"는 내용으
로 이루어진 '앨런 신화'는 "후대 한국의 교회사 연구자들이 앨런의

일기와 자서전을 바탕으로 해서 만들어낸 것이다"며 다음과 같이 주장했다.

"현재 일본과 관련된 신화 비판은 미 선교회가 관련된 신화에 대한 비판보다 한결 쉽다. 그것이 식민사관을 극복하려는 역사학계의 전반적인 흐름과 맥락을 같이하기 때문이다. 그러나 미국 선교의료의 제국주의적 성격을 지적하고 비판하는 것은 미미한 수준이다. 현대 한국 사회에서 일본의 식민지적 영향력은 크게 줄어든 데 비해, 기독교 선교의료의 경우에는 미국이나 그들의 후예가 아직도 매우 강한 힘을 가지고 있기 때문이다."[49]

반면 김종서는 "의료 선교사들의 활동을 제국주의적 기독교의 확대로만 해석하는 데는 어려운 점이 있다"고 주장했다.[50] 이 경우에도 앞서 '지석영 신화'의 경우처럼 똑같은 말을 할 수 있겠다. 미국 선교의료의 제국주의적 성격이 어떠했건, 한국의 의료 발전에 앨런을 비롯한 의료 선교사들의 공로가 컸던 건 분명하다고 말이다.

대한의원의 설립

1907년 조선 통감부 통감 이토 히로부미의 지시로 기존 국립 의학교를 폐지하는 대신 그것을 대체하는 대한의원(大韓醫院)이 설립되었다. 1907년 전국에 병원 혹은 진료소가 23개, 의사가 34명, 연간 진료환자 수는 약 6만 7000여 명이었다. 대한의원을 통해서는 1907년 13명, 1908년 5명 등 18명이 졸업하여 의사가 되었다.[51]

1907년 3월 13일 칙령 9호로 공포된 대한의원 관제(官制)에 의하면, 대한의원에는 치료부 · 교육부 · 위생부 셋이 있었고, 교육부는 의사

양성·약제사 양성·산파 및 간호부 양성, 그리고 교과서 편찬 등의
일을 하도록 돼 있었다. 지석영이 잠시 이 교육부, 그러니까 의학교
교장으로 일을 하기도 했다.[52]

제중원이 연세대병원의 전신이라면, 대한의원은 서울대병원의 전신
이다. 그런데 1984년 신용하의 주장에 이어 1990년대 중반에 나온 일
련의 논문들은 제중원이 서울대병원의 전신이라고 주장하고 나섰다.
이에 대해 1995년 주진오는 「서양의학의 수용과 제중원-세브란스」
라는 논문을 통해 제중원이 조선 정부의 동도서기론과 미국 선교사의
서양의학이 결합하여 설립된 병원이라며, 그런 주장을 반박했다.[53]

주진오는 2006년 가을 서울대병원사연구실의 병원사 포럼에 참가
하여 이 같은 주장을 계속해서 제기했으며, 그동안 100주년도, 120주
년도 기념하지 않았던 서울대병원이 제중원 122주년을 기념한다는
것은 상식에 어긋난다는 점을 지적했다. 결론적으로 현재 한국 최고
의 병원으로 자부하는 서울대병원이 한국 근대의학의 기원까지 차지
하려는 것은 사실에도 어긋날 뿐 아니라 무리한 발상이라는 것이다.
주진오는 비록 대한의원이 식민지 의료기관으로 설립되었지만 그를
통해 결과적으로 발전되었던 한국 의학을 기념한다는 것은 가능할 것
이라는 의견도 제시했다.[54]

'대한의원 100주년 · 제중원 122주년 기념사업' 논쟁

2007년 1월 대한의원을 계승한 서울대병원의 '100주년 기념사업'을
둘러싸고 친일 논란이 본격적으로 벌어졌다. 또 연세대 세브란스병원
이 이 사업을 문제삼으면서 두 병원 간 갈등도 빚어졌다. 서울대병원

은 지난 2005년 7월부터 13억여 원의 예산을 들여 '대한의원 100주년 · 제중원 122주년 기념사업'을 추진해왔다.

연세대 세브란스병원 교수 여인석(의사학)은 대한의원은 이토 히로부미가 매국노인 이완용, 이지용 등과 협의하여 만든 병원이라며 일제치하에서 시작된 대한의원을 국가적 예산을 들여가며 기념할 만한 사안은 아니다라고 주장했다. 서울대병원이 대한의원 설립 100주년을 기념하는 건 대한민국 정부가 통감부나 총독부 설립 100주년을 근대국가 100주년으로 기념하겠다는 것과 똑같다는 것이다. 민족문제연구소 국장 방학진도 대한의원은 식민지 침략에 대한 선도 기관이자 산물이라며 개인 기업이 아닌 공공기관이 역사적 고민 없이 출발 연원을 기계적으로 계산하는 것은 문제가 있다고 지적했다.

서울대병원 측은 이에 대해 학술적으로 논의하는 내부행사라며 서울대병원은 별도 법인, 자체 예산으로 진행되기 때문에 큰 문제가 없다는 입장을 보였다. 또 다른 쟁점은 제중원 명칭 사용 문제다. 광혜원은 1885년 미국인 선교사 앨런이 세운 한국 최초 서양의학 병원이며, 이후 광혜원이란 명칭은 제중원, 세브란스병원으로 바뀌었다. 세브란스병원장은 이와 관련, 서울대병원 100주년 행사에서 제중원 명칭을 제외해달라는 내용증명 문서를 발송했다. 제중원의 의료기술과 인력은 세브란스병원 측이 이어받았기 때문에 실질적 정통성은 자신들이 갖고 있다는 논리다.

반면 서울대병원 교수 전우용은 제중원은 조선왕실이 관리하기도 했고, 제중원과 대한의원은 연속성이 있다며 제중원도 서울대병원의 뿌리라고 반박했다. 서울대병원 측은 연세대 측에서 법적대응까지 나선다면 이에 맞서 물러설 수 없다는 입장을 보였다.[55]

2007년 3월 7일 연세대 의료원은 고종의 어의(御醫)를 지낸 미국 의료선교사 앨런과 최초의 서양식 병원인 광혜원부터 이어온 120여 년간의 사진기록집『한국 근대의학사 화보집』을 펴냈다. 화보집에는 1885년 서울 제동에 광혜원이 세워진 때부터 개원 13일 이후 제중원으로 개칭돼 이듬해부터 부설 의학교육부에서 한국 최초 현대의학 교육이 시작된 역사 등을 설명하는 사진이 실려 있다. 또 세브란스병원을 준공하는 과정 등 병원의 역사를 담은 사진도 수록됐다. 화보집 출간을 기념해 열린 '제중원 122년' 심포지엄에서 경희대 사학과 박윤재 박사는 「대한제국과 통감부의 의학체계 구상과 전개」란 논문에서 서울대병원의 전신인 대한의원 설립 과정에 일제 통감부가 개입해 황실 운영권을 박탈했다는 내용을 소개했다.[56]

이 심포지엄에 토론자로 참여한 주진오는 연세대에 대해서도 몇 가지 문제를 제기했다. 우선 제중원의 운영에 있어서 의도적으로 조선 정부의 역할을 축소시키고 선교사의 주도권을 지나치게 강조하려는 관점에 대해 문제를 제기했다. 제중원은 결코 앨런이 설립한 것이 아니라 조선 정부에 의해 설립된 병원시설에서 의료 기능을 담당했다는 것이다.[57]

"설립정신의 계승이 중요하다"

2007년 3월 15일 서울대병원은 대한의원 100주년-제중원 122주년 기념식을 거행했다. 이와 관련, 주진오는 "그동안 연세대병원과 민족문제연구소에서는 이에 대해서 오래 전부터 꾸준히 비판을 해왔고 이번에 감사원에 감사청구를 했으며 기념우표 가처분 신청까지 제기한 상태다. 서울대 일부 교수들은 식민지배를 미화하는 몰역사적 행태를 규탄하는 성명을 발표했다"며 "사실 두 문제는 별개로서 제중원 문제는 한국 서양의학의 뿌리논쟁이고 대한의원 문제는 식민지 기구를 어떻게 기억할 것인가의 문제이다"고 말했다.[58]

이어 주진오는 "필자가 두 병원에 전하려 했던 메시지는 누가 제중원의 계승자인가의 문제가 아니라 제중원의 설립정신을 제대로 계승하고 있는가가 중요하다는 점이었다. 사실 제중원은 조선 정부의 빈민구호와 선교사들의 의료선교의 의미를 동시에 가지고 있던 병원이었다"며 다음과 같이 말했다.

"그렇다면 과연 두 병원은 그러한 의미를 계승하기 위한 노력을 얼마나 기울이고 있는가. 그리고 현재 어느 병원이 더 우수한 의료기관인가가 더 중요한 경쟁의 바탕이 되어야 한다. 제중원이 누구의 뿌리라고 한들 오늘날 설립정신을 제대로 구현하지 못하면 무슨 의미가 있는가를 자문해볼 일이다. 앞으로도 이같이 일제에 의해 수립된 근대적 기관들의 100주년 기념사업을 둘러싼 논쟁은 계속해서 나타날 것이다. 이에 대한 논란을 이해 당사자들에게만 맡길 것이 아니라 역사학계가 나서서 공식적 입장을 정리해야 할 필요가 있다."[59]

2007년 4월 6일 서울대병원이 개최한 국제심포지엄 동아시아에서 서양 근대의학의 도입과 국가의 역할의 기조 강연자로 나선 이태진은 「인정(仁政)의 의술의 근대화 – 그 주체를 중심으로」라는 논문에서 대한의원이 일제 식민지정책의 일환으로 설립됐다는 주장에 맞서 고종이 주도적이었던 근대적 의료개혁의 성과물로 봐야한다고 주장했다. 그는 "대한제국의 의료 근대화 정책을 좌절시키고 통감부에 의해 식민지 의료기관으로 설립된 것"(주진오 상명대 교수)이라는 학계 일부의 주장을 반박하면서, "대한의원의 존재를 식민통치의 산물로 간주해 대한제국의 역사에서 제외하는 것은 이토 히로부미의 기만정책을 인정하는 결과가 된다는 사실을 직시할 필요가 있다"고 강하게 주장했다.[60]

최초의 여의사 박에스더

1900년대 의학 발전에서 빼놓을 수 없는 인물은 1900년 미국의 볼티모어 여자의과대학을 졸업하고 귀국해 첫 여의사가 된 박에스더(1877~1910)다. 바로 이화학당의 네 번째 학생인 김점동이다.

그녀는 이화학당을 졸업하고 여성을 위한 의료기관이었던 보구여관(普救女館)에서 셔우드 홀의 조수로 일을 돕다가, 1885년 홀의 도움을 받아 미국 유학길에 올라 1886년 볼티모어 여자의과대학에 입학했다. 그녀는 박 씨와 결혼하여 미국식으로 에스더 박이라는 이름을 쓰기 시작했는데, 남편은 그녀와 함께 미국으로 가서 막노동을 하며 외조(外助)를 하다가 아내의 졸업을 못 본 채 세상을 떠났다.

당시 여성들의 경우는 병이 들어도 남자에게 몸을 보일 수 없다는 이유로 치료를 포기하는 일이 많았기에, 홀이 운영하던 보구여관은 "여성을 위한 의료사업은 여성의 힘으로"라는 표어를 내걸었다. 이제 그 표어를 실천하게 된 박에스더는 개복수술을 성공적으로 해서 장안의 화제가 되기도 했다.

박에스더는 또 틈만 나면 당나귀를 타고 벽촌으로 다니면서 환자들을 무료 진료했다. 그녀는 귀국 후 처음 10달 동안 3000명의 환자를 볼 정도로 헌신적이고 정열적으로 일했으며, "귀신이 재주를 피운다"는 소문이 날 정도로 명성이 자자했다. 하지만 정작 자신의 몸을 돌보

지 않고 일한 그녀는 1910년 34살의 젊은 나이에 과로로 폐결핵이 도
져 생을 마감하였다.[61]

　앞서 소개한 역사적 명예의 획득을 둘러싼 사실상의 서울대 · 연세
대 갈등의 해법은 박에스더의 삶에 있는 것 같다. 주진오가 잘 지적
했듯이 중요한 것은 '제중원 설립정신의 계승'이리라. 오늘날 서울
대 · 연세대병원의 최우선 목표는 과연 백성을 구제한다는 '제중(濟
衆)'인가?

05

헤이그 밀사 파견 사건

이완용 '3품 내각'의 등장

1907년에 접어들면서 이토 히로부미는 고종을 퇴위시키기 위한 음모를 꾸미기 시작했다. 이 음모의 실천에 일진회가 앞장섰다. 우치다의 활약으로 일진회는 1907년 1월부터 통감으로부터 월 2000엔의 보조금을 받게 되었으며, 1907년 5월 15일에는 육군기밀비로 10만 엔의 거금을 지원받았다.[62]

1907년 5월 2일 일진회는 흑룡회의 공작에 따라 박제순 내각의 탄핵문을 제출했다.[63] 물론 사실상 이토의 각본대로 이루어진 것이었다. 참정대신 박제순이 5월 25일 사직함에 따라 이완용 내각이 들어섰다. 이완용 내각은 법부대신 조중응·농상공부 대신 송병준·내부대신 임선준·군부대신 이병무·학부대신 이재곤·탁지부대신 고영희 등으로 이루어졌다.[64]

이이화는 "이토는 이완용에게 새로운 내각을 조직하라라면서 통감부 촉탁 조중응을 법부대신으로, 일진회 고문 송병준을 농상공부대신으로 끼워 넣으라고 했습니다"라면서 다음과 같이 말했다.

"이 두 사람은 당시의 여러 가지 조건으로 봐서 절대로 대신에 오를 수 있는 사람이 아닙니다. 왜냐하면 조중응은 조선시대의 낮은 관료였고 촉탁의 지위에 있었던 사람이었으며, 송병준은 일진회 고문이나 평의회 회장을 했지만 당시에는 절대로 대신이 될 수 없는 신분이었는데 순전히 이토의 추천에 의해서 대신이 될 수 있었지요."[65]

서영희는 "이완용 내각은 종래 친일파 대신으로 지목되면서도 어느 정도 지위가 있었던 이지용·이하영·권중현·성기운·민영기 등이 일제히 물러나고, 송병준의 입각으로 상징되듯이 오로지 친일성 여부만이 입각의 기준이 되었다"며 "신내각에 대해 관료사회에서는 이례적으로 지위가 낮은 3품관들이 일약 대신의 지위에 올랐다면서 3품 내각이라고 지칭하였다"고 했다.[66]

이상설·이준·이위종 파견

고종은 1907년 6월에 열리는 헤이그 만국평화회의에 3인의 밀사를 파견했다. 전 의정부 참찬 이상설, 전 평리원(대법원) 예심판사 이준, 전 주러시아공사관 서기관 이위종 등이었다. 밀사 파견은 러시아의 초청과 후원에 따른 것이었다. 고종이 밀사들에게 준 신임장은 일본이 공법을 위배하며 우리를 협박해 조약(을사늑약)을 체결했는바 외교권을 찾도록 하겠다는 내용이었다. 밀사 파견을 건의한 헐버트도 헤이그로 갔다. 헐버트는 서울 출발 전 프랑스·러시아 영사와 만나 본

고종은 1907년 6월에 열리는 헤이그 만국평화회의에 이준·이상설·이위종(왼쪽부터)을 파견했다. 일본과 러시아의 방해로 회의에 참석조차 할 수 없었지만 현지 언론을 통해 그나마 한국의 처지를 알릴 수 있었다.

국 정부에 알선을 요청했으나, 프랑스 영사는 "어리석은 행동"이라며 알선을 거부하고 이토 히로부미에게 밀고했다.[67]

헐버트는 4월 초에 출발했으며, 이준은 4월 22일에 출발했다. 이준은 러시아 블라디보스토크에서 전 의정부 참찬 이상설, 상트페테르부르크에서 이위종과 각각 합류한 뒤 시베리아를 횡단해 독일 베를린, 벨기에 브뤼셀을 거쳐 네덜란드 헤이그에 이르는 장구한 여정을 감행했다.[68]

상트페테르부르크에는 전 한국공사 이범진(1853~1911)이 본국에서의 공사관 폐쇄 철수 명령을 무시하고 계속 체재하고 있었다. 이위종은 이범진의 아들이다. 밀사들은 이범진의 손을 거쳐 한국 황제의 친서를 러시아 황제 니콜라이 2세에 전하면서 원조를 요청했지만 거절당했다. 러시아 외무대신이자 전 주일공사 알렉산드르 이즈볼스키(Izvolsky)는 오히려 한국의 비상식을 질타했다고 한다.[69]

일본과 러시아의 방해공작

당시 만국평화회의는 6월 15일부터 10월 18일까지 열렸다. 6월 25일에서야 헤이그에 도착한 3명의 밀사는 일제의 방해로 회의 참석조차할 수 없었다. 드용호텔에 여장을 풀고 호텔 현관에 태극기를 내건 다음 날인 6월 26일, 밀사들은 만국평화회의 참석을 요청했지만 "초청장이 없으니 참석할 수 없다"는 싸늘한 대답만 돌아왔다.[70]

만국평화회의 사무국이 한국 대표단의 입장을 거부한 것은 '초청국'이 아니라는 이유 때문으로 알려졌지만, 헤이그의 열사기념관에 설립된 이준아카데미가 1993년 찾아낸 초청국 명단에는 한국이 12번째 국가로 기록돼 있다. 만국평화회의 의장도 1907년 6월 15일 개회사를 하면서 47개국 대표가 헤이그에 모였다고 말했던바 이는 한국을 정식 초청국으로 인정했다는 걸 의미하는 것이었다.[71]

일본과 러시아의 농간 때문이었다. 일본은 그렇다 치더라도 러시아가 이처럼 외교정책의 방향을 확 틀어버린 이유는 무엇이었을까? 러시아의 외교정책이 아시아 우선에서 유럽 우선으로 바뀌었기 때문이다.[72]

러시아는 일본과 비밀협상을 진행하고 있었다. 양국은 1907년 7월 30일 체결한 협약에서 대한제국과 만주, 몽골 등 3개 지역에 대한 이

해득실을 각각 정리했다. 두 나라는 "만주에서 양국간 분계선을 확정한다, 러시아는 일본과 대한제국 간에 진행되고 있는 정치적 결속에 대해 간섭과 방해를 하지 않는다, 일본은 외몽골에서 러시아의 특수권익을 승인한다, 쌍방은 협약체결을 비밀로 한다"는 내용에 합의했다.[73]

러일 비밀조약체결 한 달 전에 고종이 밀사를 파견하자 당황한 러시아 외무부는 평화회의 의장인 넬리도프(전 파리 주재 러시아 대사)에게 전문을 보내 입장을 거부토록 지시했으며, 넬리도프는 한국인들이 왔지만 접견을 거부했다는 보고문을 본국에 띄웠다. 뿐만 아니라 러시아 외무부와 주일 러시아대사 등은 대한제국의 헤이그 밀사 파견에 대한 정보를 일본 측에 밀고했다.[74] 이와 관련해 노주석은 다음과 같이 말했다.

"국제 정세에 어두워 러일 비밀협상이 진행 중인 사실을 까맣게 몰랐던 고종은 니콜라이 2세와 러시아의 변함없는 우정만 믿고 3인의 밀사를 파견했던 것이다. 결국 밀사들은 황제접견은커녕 외무장관도 만나보지 못했다. 러시아 외무부는 밀서를 서류철 속에 보관해놓았을 뿐이다. …… 지금까지 러시아가 적극 후원한 헤이그 밀사 파견이 일본의 집요한 방해공작에 의해 무산됐다는 학설과는 달리 헤이그 밀사 사건은 대한제국과 만주, 몽골을 맞바꿔친 러시아의 냉혹한 국제외교의 부산물이었음이 증명된 것이다."[75]

유석재는 "훗날 러시아군의 장교가 된 이위종이 1917년 러시아혁명이 일어나자 볼셰비키 혁명군의 편에 서서 황제를 옥좌에서 끌어내리는 데 가담한 것은, 이때 입은 배신의 상처와도 무관하지 않았을 것이다"고 했다.[76]

『만국평화회의보』의 이위종 인터뷰

회의에 참석할 수 없었던 밀사들이 한국의 처지를 그나마 알릴 수 있었던 것은 영국 언론인 윌리엄 스티드의 도움 덕분이었다. 『만국평화회의보』의 편집인이었던 스티드는 한국 대표단의 호소문을 상세히 소개해주었고, 또한 한국 대표들을 위해 기자클럽 연설회를 주선했다.[77]

밀사들은 6월 27일 다시 회의장을 찾아 '독립호소문'을 각국 대표에게 배포했다. 『만국평화회의보』는 6월 30일자에서 '왜 한국을 제외시키는가'라는 제목으로 호소문 내용을 전했으며, 현지 언론들도 반응을 보이기 시작했다.[78]

당시 20살이었던 이위종은 외교관인 아버지를 따라 7살 때부터 구미 각국에서 생활하면서 프랑스어 등 7개 국어에 능통했다. 그가 전면에 나섰다. 『만국평화회의보』 7월 5일자는 이위종과의 인터뷰를 실었다.

(문) 여기서 뭘 하나. 왜 딱한 모습으로 나타나 모임의 평온을 깨뜨리나.

(답) 법과 정의 그리고 평화의 신을 이곳에서 만날 수 있으리라 기대하며 먼 나라에서 왔다.

(문) 무슨 말을 하고 싶나.

(답) 우리는 이 조약(을사늑약)이 국제법상 유효한 것인지에 대한 판단을 요청하고자 한다. 일본은 우리를 식민 상태로 몰아넣고서 우리의 독립을 존중한다고 한다.

(문) 하지만 여기서 무엇을 할 수 있겠나.

(답) 그렇다면 이 세상에 정의란 없다는 얘기인가, 여기 헤이그에서조차도⋯⋯.[79]

이위종의 국제기자클럽 연설

밀사들은 7월 8일 국제기자클럽에 초청받았고, 이위종이 '한국의 호소'라는 주제로 연설을 하기로 했다. 그러나 처음에 도움을 주었던 스티드는 연설회 직전 일본대사 스즈키로부터 강한 압력을 받고 시종일관 일본 입장을 두둔했다. 스티드는 이위종에게 압력을 가했지만 이위종은 이에 흔들리지 않고 프랑스어로 1시간 정도 웅변조로 격렬하게 일본을 공격하는 연설을 했다.[80]

"러일전쟁에서 승리한 일본은 태도를 바꾸어 황무지개척권을 달라고 했고, 강제로 조약을 체결하라 했다. …… 한국 황제와 대신들은 이를 완강히 거절했다. 황제는 차라리 죽을지언정 그 조약에 동의할 수 없다고 했다. 한국민들은 경악하여 봉기했으나 일본인들이 총칼로 제압했다. …… 한국인들은 아직 조직되지 않았다. 그러나 일본의 무자비하고 비인도적인 침략이 종말을 고할 때까지 대항한다는 마음으로 하나가 되고 있다."[81]

이 연설에 각국 언론은 뜨거운 관심을 보였으며, 인도네시아의『로코모티브』지 기자는 서명을 해서 한국을 지지하자고 제안했다. '한국을 돕자'는 결의가 만장일치로 채택됐다.[82]

현지 일본 대표는 본국 외무성에 만장한 청중 앞에서 프랑스어로 1시간 동안 웅변조로, 격렬하게 일본을 공격하는 연설을 했다고 보고했다. 당시 밀사들과 대화를 나눴던 유일한 일본인인 다카이시 신고로(高石眞五郎) 기자(나중에『마이니치신문』회장을 지냄)는 일본 정부 입장을 옹호하면서도 "그들 3명은 진실로 애국의 지사(志士)라고 하지 않을 수 없다. 궁핍해보였으나 풍채와 언어 거동을 보면 나라의 쇠망을 우려해 자진해서 임무를 떠안은 것 같았다"는 내용의 기사를 남겼다.[83]

그런데 또 스티드가 이상한 행동을 하기 시작했다. 스티드가 돌연 "네덜란드가 한국의 회의 참석을 거부한 것은 올바른 일"이라 말하더니 결의안에서 일본을 비난하는 내용을 삭제해버렸다.(스티드는 1912년 4월 타이타닉호를 타고 대서양을 건너다 사망했다) 다음 날엔 그간 배후에서 밀사들의 활동을 돕던 헐버트가 신교도 회의 참석을 이유로 영국으로 떠나버렸다.[84]

헐버트가『만국평화회의보』에 보도된 것은 단 한 번이었는데, 그건 그가 런던으로 가기 직전 한국 특사들과 자신과의 관계를 부인하는 내용이었다. 유석재는 "이미 특사들의 신분이 노출된 상황에서 왜 그런 말을 했을까? 어쩌면 당시 퇴위 압력을 받던 고종황제를 보호하기 위해 최후의 순간 등을 돌린 것인지도 모른다"고 해석했다.[85]

이준의 사망

7월 14일, 이준이 숙소인 드용호텔에서 숨을 거둔 비극이 발생했다. 이위종은 언론 인터뷰에서 "몇 시간 동안 그는 의식을 잃은 듯 누워 있었습니다. 그러다 갑자기 소리쳤습니다. '내 조국을 구해주십시오. 일본이 대한제국을 유린하고 있습니다' 이게 그의 마지막 말입니다"라고 말했다.[86]

『만국평화회의보』와 현지 언론은 "얼굴에 생긴 종양 수술이 원인이 돼 사망했다"고 보도했다.[87] 이준의 유해 운구 소식을 보도한『만국평화회의보』7월 17일자는 "유해를 뒤따르던 친구(이상설)가 아는 유일한 영어단어는 So sad, so sad(매우 슬프고 슬프다)였다. 그가 많은 단어를 알았더라도 감정을 이보다 더 잘 표현할 순 없었을 것이다"고 논

평했다.[88]

이때에 이준이 헤이그 만국평화회의장에서 할복하여 각국 사신들 앞에서 피를 뿌렸다는 이야기가 국내에 퍼진 건 『대한매일신보』의 1907년 7월 18일자 호외에서 비롯된 오보(誤報) 때문이었다.

당시 호외는 "이준 씨가 …… 충분(忠憤)한 지기(志氣)를 불승(不勝)하여 …… 자결하여 만국사신지전(萬國使臣之前)에 열혈(熱血)을 일쇄(一灑)하여 만국을 경동(驚動)하였다더라"고 보도했고, 다음 날짜 『황성신문』도 "이준 씨는 분격을 이기지 못하여 자기의 복부를 할부자처(割剖自處, 찔러 자결함)하였다는 전보가 …… 도착하였다는 설이 있다더라"고 했다.[89]

해방 직후 정인보가 이준의 사인이 할복한 것이 아니라고 주장한 이후 논란이 계속되자, 1956년 7월 문교부장관이 국사편찬위원회에 진상조사를 요청하였다. 1962년 국사편찬위원회의 조사결과 "할복자살이 아닌 쪽"으로 결론이 났지만, 지금도 면암 최익현의 경우처럼 단식을 통한 자살 가능성을 제시하는 주장도 나오고 있다.

이양재는 "이준 열사는 7월 10일께부터 단식에 들어갔다. 금식하는 가운데 분노의 기운이 극도에 달하면 인체의 기가 머리로 올라가 사생결단만 생각하게 된다. 이때 복부에 칼이 약하게 들어가도 폭발적인 현상이 일어나 즉사하게 된다"며 자결설을 주장했다.[90]

'헤이그 특사 파견' 100주년

이준 열사의 시신 운구를 위해서는 당시 일본 영사의 허가가 필요했지만 일본 영사는 끝내 허가증에 사인해주지 않았다. 일행은 할 수 없이 9월 5일 장례식을 치르고 이준 열사를 이국땅에 묻었다.[91] 이준 열사의 유해는 1963년 10월 4일 헤이그 묘소에서 옮겨져 국민장을 치르고 서울 수유동에 있는 묘소에 안장됐다. 1964년 서울 장충단 공원에 이준 열사의 동상이 건립되었다.[92]

이준 열사는 북한에서도 애국지사로 높이 평가받고 있다. 1978년 납북된 고 신상옥 감독(2006년 사망)은 영화광인 김정일의 지시에 의해 1984년 북한에서 처음 제작한 영화 〈돌아오지 않는 밀사〉는 이준 열사의 삶과 조국애를 다루었다. 신상옥은 영화 끝 장면에 만국평화회의에서 미국 대표들의 반대로 이준 열사가 뜻을 이루지 못했다는 내용을 부각했고, 김정일은 여기에 큰 만족을 표시했다고 한다.[93]

『동아일보』 2007년 2월 17일자는 "올해는 1907년 고종황제의 밀명을 받은 이준 열사 등 3인이 을사늑약의 불법성을 알리려 네덜란드 헤이그의 만국평화회의에 파견됐던 '헤이그 특사 파견' 100주년이다. 뜻깊은 해를 맞아 『동아일보』는 돌아오지 못한 길을 떠난 이준 열사의 궤적을 좇는 답사 프로그램 열사의 길을 따라서를 비롯해 다양한 기념행사를 진행한다. 100년 전의 역사와 현재의 만남을 준비하며 본보는 헤이그 현지에서 열사들의 발자취를 좇아가 봤다"며 다음과 같이 보도했다.

"기차역(헤이그의 덴하흐 HS역) 정면으로 난 길을 따라 시내로 향했다. 100년 전 열사들도 이 길을 걸었다. 1킬로미터도 채 안 되는 지점에 이준열사기념관(이준평화박물관)이 보인다. 100년 전 드용이라는 호텔이었던 곳. 세 열사가 묵었던 숙소다. 3층짜리 작은 건물. 호텔이라고 하기엔 너무 초라했다. 지금은 2, 3층이 기념관이다. 교민 이기항 (70)·송창주(67) 씨 부부가 건물을 사들여 1995년 기념관으로 재단장했다. 이 기념관은 이 씨 부부가 모은 자료로 가득했다. 당시 열사들의 활동을 보도한 『만국평화회의보』, 열사들이 배포한 호소문, 스즈키 일본 특명전권대사가 본국으로 타전한 전보 등 귀중한 자료들이 눈길을 사로잡았다. 한쪽 구석에는 1999년 한 일본인 교수가 '용서를 구한다' 며 보내온 종이학 1000마리가 걸려 있었다. 만국평화회의가 열린 곳은 현재 상원 의사당으로 쓰인다. 멀리서도 첨탑 2개가 눈에 띄었다. 마치 작은 교회당 같다. 기자가 갔을 때 출입문은 굳게 닫혀 있었다. 100년 전 세 열사도 끝내 이 문을 열지 못했다. 회의장 앞 광장에서 통한의 눈물을 삼켰을 그들의 모습이 눈앞에 아른거렸다. …… 열사의 유해는 56년간 헤이그 시 외곽의 묘지에 묻혀 있다가 1963년에야 한국으로 옮겨졌다. 열사의 묘적지에는 이제 흉상과 비석이 자리를 지키고 있다. 추모의 발길은 지금도 이어졌다. 기자가 찾은 날도 묘지 입구와 제단 꽃병에는 누군가 방금 갖다놓은 듯 새하얀 국화가 놓여 있었다."[94]

이준 열사 순국 100주기 기념행사

2007년 6월 8일 서울국립고궁박물관에서 이준 열사 순국 100주년기념 사업추진위원회가 주최한 학술대회 '이준 열사와 제2차 만국평화회의' 에서 정승교는 기존에 알려진 이준의 행적 중 상당 부분이 사실과 다를 수 있다는 의견을 제시했다.

정승교에 따르면 1859년 함남 북청에서 태어난 이준은 1896년 한성재판소 검사시보로 임명됐다가 아관파천으로 인해 1개월 만에 물러나고 일본으로 망명했으며, 1904년 러일전쟁이 일어나자 의연금을 모금해 일본군 부상자를 돕자는 '동지권고문'을 발표했다는 혐의로 체포돼 태형을 받기까지 했다. 그러나 을사조약을 전후한 시기에 이준의 생각은 극적으로 바뀌었고, 이 무렵 상동교회를 중심으로 결성된 상동청년회의 을사조약 반대운동에 참여했다. 1906년 평리원 검사가 된 그는 을사5적을 암살하려 했던 기산도(奇山度)의 사면문제로 친일 대신들과 정면으로 충돌하고 투옥되기도 했다. 정숭교는 "점차 노골화되는 일제의 침략이 그를 반일 투사로 변신시켰다"며 "자신의 이해관계보다는 시대적 요구에 온몸을 던졌기에 가능했던 일"이라고 평가했다.[95]

2007년 이준 열사가 순국한 7월 14일을 전후로 100주기 기념행사가 풍성하게 열렸다. 7월 14일 헤이그에서는 이준열사기념관 주최로 기념식이 열렸으며 같은 날 오전 헤이그 인근 레이트센담에서는 기독교대한감리회가 이준 열사 기념교회를 봉헌했다.

동아일보사가 주최한 '열사의 길을 따라서' 현지답사는 6월 25일 서울을 출발해 부산-블라디보스토크-이르쿠츠크-모스크바-상트페테르부르크-베를린-브뤼셀을 거쳐 7월 13일 헤이그에 도착하는 대장정으로 구성되었다. 헤이그 현지에서 학술심포지엄, 한국무용공연, 미술전 등 행사도 개최했다.

국내에서도 7월 14일 이준열사기념사업회 주최로 서울 강북구 수유동 이준 열사 묘소에서 순국 100주년 기념식과 역사자료전 등이 개최되었다. 대검찰청은 이준 열사가 '우리나라 최초 검사'라며 그의 흉상을 청동으로 제작하고, 그의 검사 임명장을 복원해 대검찰청에 전시했다.[96]

헐버트 박사 58주기 추모식

헐버트는 1910년 일제에 의해 강제 추방됐으며, 이후 40여 년만인 1949년 7월 한국 정부의 초청으로 8·15 광복절행사에 참석하기 위해 내한했다가 일주일 만에 86세를 일기로 사망했다. 그는 서울 마포구 합정동 양화진 선교사묘원에 묻혔다. 정부는 그의 공로를 인정해 이듬해인 1950년 외국인으로서는 처음으로 건국훈장 독립장을 추서했다.

2007년 7월 31일 헐버트박사기념사업회(회장 김동진)가 마련한 헐버트 박사 58주기 추모식에 참석하기 위해 한국을 찾은 헐버트 박사의 외손녀 주디 애덤스(85)는 "할아버지는 미국에서도 한국의 독립을 위해 많은 일을 하신 것으로 알고 있어요. 하지만 저에게는 정치적인 이슈에 대해 전혀 이야기하지 않았습니다. 제가 어린 이유도 있었지만 헤이그에서 겪은 좌절이 할아버지에게 너무 큰 상처를 남겼기 때문이었어요"라고 말했다. 애덤스는 딱 한 번 헐버트 박사가 저녁식사 시간에 헤이그 회의에 대해 이야기한 적이 있다면서 "그때 할아버지는 회의에 참석했던 각국 정부를 강하게 비판했어요. 특히 미국 정부에 대해서는 흥분해서 '미국이 한국을 배신했어'라고 말했습니다"라고 회고했다.[97]

2007년 8월 3일 서울 마포구 합정동 양화진 선교사묘원 내 헐버트 박사 묘전에서 헐버트 박사 58주기 추모식이 열렸다. 이날 추모식에서 헐버트 박사의 외손녀 주디 애덤스 여사는 헐버트에게 보낸 고종황제의 친서, 헐버트가 이승만에게 보낸 서한, 사진 등 유품 30여 점을 헐버트박사기념사업회에 전달했다. 헐버트가 1948년 12월 이승만 당시 대통령에게 보낸 서한에는 '(저는 영국) 웨스턴민스터 사원보다

는 한국 땅에 묻히고 싶다' 는 내용이 포함돼 있다.[98]

　1949년 헐버트의 한국 방문을 주선한 김을한은 『인간 영친왕』에서 헤이그 밀사 사건 당시 고종황제가 막대한 내탕금을 독립운동 자금으로 헐버트에게 맡겼고 그는 이 자금을 상하이 노중(露中)은행에 예금했는데 대한제국 멸망 후 일제가 몰수했다는 헐버트의 증언을 실었다. 헐버트는 "당시 은행에 맡긴 모든 증서와 관계서류는 지금도 자신이 잘 보관하고 있다"고 했다. 이덕일은 "헐버트의 한국 방문 주요목적 중 하나가 바로 이 자금을 찾는 것이었으나 7일 만에 사망함으로서 뜻을 이루지 못했다. 이 역시 밝혀져야 할 우리 역사의 수수께끼가 아닐 수 없다"고 했다.[99]

06

고종 퇴위, 순종 즉위

이토 · 송병준의 퇴위 협박

1907년 7월 6일 이토는 이완용에게 "헤이그 사건의 책임은 황제 자신이 져야 할 것이며 그 행위는 일본에 대하여 공연히 적의를 표한 것으로서 협약을 위반한 것이므로 일본은 한국에 대하여 전쟁을 선포할 권리가 있다"고 말하고 이를 고종에게 전하도록 했다.[100]

바로 그날 어전회의에서 송병준은 권총을 차고 고종황제 앞으로 나아가 "헤이그 밀사 사건은 이제야 정치적으로 중대한 문제가 되었고 일본 정부나 이토 통감도 격분하고 있으며 이대로 둔다면 어떠한 중대사가 일어날지 모르니 폐하께서 사직의 안위를 염려한다면 차제에 자결함으로써 사직의 위기를 구할 수밖에 다른 도리가 없다"고 협박했다.

고종이 안색을 달리하며 다른 대신들의 의견을 물었으나 누구 한 사람 입을 열지 않자, 송병준은 "폐하, 만일 자결하지 못한다면 동경에 가서 일본 천황폐하에게 사죄하거나 그렇지 못한다면 일전하여 항복한 후 하세가와 대장에게 비는 수밖에 없다"고 주장했다. 송병준의 협박과 폭언에 질린 고종이 자리를 뜨자 내각은 왕위를 황태자에게 넘기도록 할 것을 결의하였다.[101]

당시 주일 영국공사 맥도널드는 본국에 보낸 보고서에서 "일각에서는 이토 통감이 한국 대표들의 헤이그 파견을 처음부터 완전히 알고 있었으며, 그가 (한국) 황제 스스로 자신을 옭아맬 만큼 충분한 밧줄을 던져준다는 방침에 입각해서 그들이 출발하도록 내버려두었다는 설이 제기되어왔다"고 썼다.[102]

한철호는 이런 자료 등에 근거해 고종황제의 명을 받은 특사의 존재를 이토가 일찌감치 알고 있었으며 고종을 궁지에 몰아넣기 위해 이를 제지하지 않았다고 주장했다. 한철호는 이토가 한국 특사의 움직임을 파악하고 있었으나 그해 7월 초까지는 배후가 고종황제인지에 대해서 확신을 갖지 못한 상태여서 단서와 증거를 찾아내려 했다고 추측했다.[103]

내시가 대신한 황위 양위식

7월 18일, 일본 외무대신 하야시가 서울에 도착했다. 조선의 황제를 갈아 치우기 위한 목적이었다.[104] 바로 그날, (비록 사망 원인에 대해선 오보였지만) 이준 열사가 헤이그 만국평화회의장에서 할복하여 각국 사신들 앞에서 피를 뿌렸다는 이야기가 『대한매일신보』(1907년 7월 18일자) 호외로 널리 알려졌다.[105]

그날부터 다음 날에 걸쳐 서울에선 2000여 명의 군중이 고종 양위 반대시위를 벌였지만, 하야시는 조선 통감 이토 히로부미와 함께 "황위를 내놓지 않으면 황실의 안녕조차 보전할 수 없을 것"이라며 밤을 새워 고종을 협박했다. 친일 대신들조차 고종에게 등을 돌렸는데, 일본 측의 협박 속에 열린 각부 대신의 어전회의에서 농상공부대신 송병준은 다음과 같이 주장했다.

"폐하께서 우방과의 우호를 깨뜨리는 데 들인 재물이 실로 1억 원에 이릅니다. 이 돈은 인민에게서 나온 것입니다. 일로(러일)전쟁 뒤 폐하께서 일본의 신의를 저버리기만 열네 번에 이릅니다. 인자하신 이토 통감께서 언젠가는 마음을 돌이키실 것으로 여겨 참고 계십니다만, 밀사 파견으로 사태는 돌이킬 수 없는 파국에 이르고 말았습니다."[106]

이어 이완용이 양위안을 고종에게 내밀었다. 고종은 '역적 같은 놈들'이라고 일갈한 뒤 상대를 하지 않았다고 알려져 있는데, 이후 고종은 어떤 외부 인사도 만날 수 없었다.[107]

1907년 7월 20일 덕수궁 중화전에서 고종황제가 신황제에게 황위를 물려주는 양위식이 열렸다. 그러나 황위를 물려줄 고종황제도, 황위를 이어받을 순종황제도 참석하지 않은 채 내시 두 사람이 신구 황제의 역할을 맡아 양위식을 대행한 참으로 기이한 양위식이었다.[108]

고종은 정비였던 명성황후를 포함한 8명의 부인에게서 9남 4녀를 뒀는데 어른으로 성장한 것은 순종(1874~1926), 의친왕 이강(1877~1955), 영친왕 이은(1897~1970)과 덕혜옹주(1912~1989) 넷뿐이었다. 명성황후가 왕비로 간택되어 입궐한 것이 1866년 나이 16세 때 일이었는데, 원자를 낳는데 무려 8년이나 걸렸고 그것이 마지막이었다. 그 아들이 바로 순종이다.[109]

박영효 체포·유형

1907년 7월 22일 양위를 반대한 궁내부대신 박영효 등이 체포되었다. 아니 일본에 있던 박영효가 언제 돌아와 궁내부대신이 되었는가? 여기서 잠시 박영효 이야기를 하고 넘어가야 했다.

박영효는 일본에 머무르면서 집요하게 귀국을 시도했다. 그는 1906년에도 이토 히로부미를 통해 고종에게 귀국을 요청했지만 거부당했다. 1907년 6월 8일 박영효는 비밀리에 부산에 잠입해 미국 선교사의 집에 은신했다. 일본 측 기밀문서는 "그는 하나의 정당을 조직해 일본의 이타가키 다이스케와 같은 자유당의 대통령이 되겠다는 결심을 갖고 있었다"고 분석했다.[110]

박영효는 고종의 명령을 받고 귀국했으며, 이토의 비위를 상하지 않기 위해 자신의 뜻에 따라 귀국한 것이라고 알렸다는 주장도 있다. 이토에게 박영효의 귀국은 이용가치보다는 위험성이 더 컸다는 것이다. 실제로 박영효에 대한 이토의 우려는 나중에 현실로 나타났다.[111]

당시 친일파 단체인 일진회의 총재 자리를 권유받고 있던 박영효는 일진회를 일본의 자유당과 같은 정당으로 만들려는 생각을 갖고 있었다. 반일 성격이 짙은 국채보상운동에 놀란 일본은 박제순 내각을 무너뜨리고 이완용 내각을 조직해 사태를 수습코자 하는 상황이었다. 박영효는 이런 혼란한 정국을 이용해 다시 정계에 복귀하려고 귀국을 서두른 것이었다.[112]

당시 퇴위압력을 받고 있던 고종은 이토의 그런 음모를 막을 인물이 누구인가를 골똘히 생각하다가 박영효의 이름을 떠올렸다.[113] 결국 박영효는 국왕의 특사 조직을 받게 되는데, 박영효의 귀국은 국민들로부터 대대적인 환영을 받았다. 『황성신문』 6월 29일자 환영 광고에는 환영 발기인 57명의 명단이 실렸는데, 이는 당시 한국 명사들을 총 망라하다시피 한 것이었다. 7월 1일에는 그를 환영하는 모임이 성대 히 거행되기도 했다.[114]

실패로 돌아가긴 했지만, 고종의 판단은 옳았다. 박영효는 7월 19일 이완용 내각의 궁내부대신에 임명되었는데, 일본 정책에 따라 고종의 양위를 주장한 이완용을 호되게 꾸짖는 등 일본 통감부에 반기를 들 었다. 분노한 박영효는 이완용 등 친일파들을 암살하고 일제의 음모 를 분쇄코자 하였지만 사전에 발각되는 바람에 체포돼 제주도로 2 년간 유형 조치를 당하고 말았다. 1년 만에 사면된 그는 상경(上京)이 금지돼 마산에 칩거하다가 한일병합을 맞게 되었다.[115]

순종 즉위, 단발 논란

1907년 8월 2일 순종이 양위를 받아 황제로 즉위하면서 연호를 융희 (隆熙)로 고쳤지만, "고종이 살아 있었고 즉위 과정에서 많은 문제가 나타나고 있어 순종을 고종의 뒤를 잇는 황제로 보기가 어렵다."[116] 고종의 칭호는 태황제로 올리고, 경운궁을 덕수궁으로 개명해 고종의 거처로 삼았다. 8월 3일부터 융희 연호 사용이 시작되었으며, 8월 27 일 순종의 즉위식이 거행되었다.

당시 소모프 총영사가 기록한 러시아 비밀문서에 따르면, "순종의 즉위식이 8월 27일 거행됐으나 고종과 세자는 참석하지 않았다. 순종 은 카키색의 군복을 입고 눈치를 살피면서 말을 꺼렸다. 황제의 인상 은 침울하고 창백하며 놀란 듯한 두 눈에 얼굴은 병으로 부어 환자처 럼 보였다."[117]

1907년 8월 2일 순종이 양위를 받아 황제로 즉위했다. 8월 27일 순종의 즉위식이 거행됐다. 사진은 남대문 부근의 즉위 축하 퍼레이드 광경.

순종은 독일식 군복을 입었을 뿐만 아니라 황태자 은과 함께 단발을 하고 즉위식을 치렀다.[118] 이때에 일본인 이발소 몇몇이 황제 단발을 기념하여 이발비를 반값만 받겠다고 떠들썩하게 나섰다. 학교에선 단체로 단발을 하였으며 거부한 학생들에게 뭇매를 주는 사건까지 벌어졌다. 단발이 확산되면서 이발소와 모자 상점이 재미를 보았다.[119]

1908년 경찰은 삭발을 먼저 관내의 인력거꾼에게 강요했다. 머리를 깎지 않은 자들에게는 영업허가를 내주지 않겠다고 했다. 서울의 인력거꾼 세 사람이 "영업을 하지 않고 차라리 죽을지언정 삭발은 하지 않겠다"며 거부하자, 경찰은 이들을 감옥에 가두어버렸다.[120]

그러나 러일전쟁 때 그랬던 것처럼 단발을 한 사람들은 이젠 의병들을 조심해야만 했다. 의병들이 보기에 단발을 한 사람들은 일본인 이거나 일진회 회원이었다. 이승원은 "그러나 의병들이 러시아 군인 들처럼 똥오줌 분간 못 하는 집단은 아니었다"며 다음과 같이 말했다.

"의병들은 단발한 사람을 붙잡게 되면 그 이유를 물었다. '단발한 이유가 뭐냐?' 머뭇거리면 안 된다. '학생이오' 혹은 '군인이었소' '그럼 너희들이 학교나 군대에서 배운 기예를 선보여 봐라' 얼치기 학생이면 정말 큰일 날 일이었다. 어설프게 군인이라고 해서도 안 될 일이다. 의병의 시험에 통과한 사람들은 목숨을 부지할 수 있었다."[121]

일본인들의 상권이었던 진고개를 중심으로 일본인들을 대상으로 한 이발소가 생겨났으며, 조선 사람을 상대로 한 이발소는 1910년대 종 로에 처음 생겨났다. 여성의 단발은 1920년대에 이른바 '신여성'의 출현과 함께 등장했으며, 이는 뜨거운 사회적 논란을 불러일으켰다.

그러나 끝내 단발을 하지 않고 버틴 사람들도 있었으니, 1919년 3월 27일 상하이에 망명해서야 단발을 한 심산 김창숙(1879~1962)이 그런 경우다. 그는 서울에 있을 때 동지들로부터 머리 깎기를 권유받고 이 렇게 답변하곤 했다.

"내가 상투를 보전한 것은 왜놈의 신하가 아님을 밝힌 뜻이다. 지 금 국가의 독립을 위해서 이 몸을 바쳤으니 이미 몸을 바치고 머리털 을 버리기 아까워할 것인가. 다만 해외로 나가기 전에 머리를 깎으면 혹 수상히 여겨 화를 부르는 단서로 될 염려가 없지 않다. 여러분은 조금 기다려주기 바란다."[122]

김창숙보다 더 독한 사람들도 있었다. 1933년 해주에선 두 노인이 단발에 저항하여 일제의 어용 농촌단체인 농사진흥회 앞마당에서 나 란히 앉아 동맹자살을 하였다. 그들이 남긴 유서에는 "단발을 거절하

여 옛 의로움을 구한다"고 씌어 있었다.[123]

고종의 러시아 망명설

고종이 헤이그 밀사 사건으로 퇴위하고 난 뒤인 1908년부터 병합 직전인 1910년 사이에 고종의 망명설이 집중적으로 꼬리를 물고 나오기 시작했다. 고종의 러시아 망명설은 1903년에 처음 등장했다.

1903년 12월 30일 러시아공사 파블로프가 외무부에 보낸 비밀전문에 따르면, "오늘 고종황제가 신임하는 환관을 통해 일본이 대한제국을 점령하리라는 것은 의심의 여지가 없으며 서울 주둔 일본군은 궁정을 포위하고 있고 그들에게 매수된 시위대가 자신을 살해할 것 같으니 어떻게 하면 좋은지에 대해 러시아 정부의 조언을 요청했다. 아마 고종황제는 자신이 위기에 처하면 공사관이 러시아로 망명을 할 수 있도록 은신처를 제공하겠다는 약속을 기대하고 있는지도 모른다."[124]

또 파블로프의 1904년 1월 21일 보고서에 따르면, "대한제국 황제가 일신상에 위험이 있을 경우 불가피하게 러시아공사관에 피신처를 구하거나 아니면 러시아로 탈출하는 문제에 대해 러시아 측의 협조 가능성을 은밀하게 타진해왔다. 고종은 대궐을 빠져나오기 쉽고 피신을 예상할 수 없도록 하기 위해 대비(1904년 1월 2일 서거)의 시신을 이장할 때 사당에서 공사관 담장의 샛문을 통해 오겠다는 것이다."[125]

고종의 러시아 망명설은 퇴위 이후엔 좀 더 구체적인 모습을 띠기 시작했다. 1908년 11월 20일 도쿄 주재 말레비치 대사가 외무부에 보낸 비밀전문에 따르면, "전 고종황제가 배 편으로나 육로로 러시아 망명을 준비하고 있다고 한다. 고종이 러시아 영토에 출현하면 다시 극동에 심각한 위협이 초래되어 대한제국 문제를 둘러싼 한러 관계는 긴장이 조성될 것이다. 그러므로 가장 바람직한 조치는 극동 정세를 복잡하게 만들 수 있는 고종황제의 망명계획을 거부하는 것이 좋다."[126]

1909년 1월 8일 소모프 총영사가 외무부에 보낸 비밀전문에도 "전 고종황제가 러시아나 청국으로 피신할 마음을 갖고 있다. 이는 황제 자신이나 백성을 위해 바람직하지 않다는 권고를 했다"고 쓰여 있었다.[127]

이와 관련, 노주석은 "당시 고종은 일본의 핍박과 잇따르는 시해 기도에 몸도 마음도 만신창이 상태였던 것 같다. 심지어 '차라리 해외에 나가 죽어도 좋다'는 말을 소모프 총영사에게 했을 정도였다. 의병의 도움을 받아 일본 감시요원을 따돌린 뒤 러시아나 청국 국경까지 탈출할 기회를 엿보겠다는 생각을 품고 있었던 것이다. 역사에 '만약'이란 가정법은 없다지만 한일병합 이전에 고종의 러시아 망명이 성공했더라면 역사는 또 어떻게, 어디로 흘러갔을지 자못 궁금한 장면이다"고 했다.[128]

"차라리 해외에 나가 죽어도 좋다"는 고종의 말이 가슴 아프게 다가온다.

제9장

정미7조약과 군대 해산

01

정미7조약 · 군대 해산

"매국노를 수입하려거든 대한으로 건너오시오"

고종 퇴위는 일본의 계략에 의한 것이었기에 민심을 크게 자극하였
다. 시위운동이 연이어 일어났고, 일진회의 기관지인 『국민신보』의
사옥이 파괴되고 일본인이 도처에서 습격당하였다. 일본은 고종 퇴위
에 따른 저항을 무력으로 진압한 뒤 1907년 7월 24일 '한일신협약(정
미7조약)'을 체결하여 통감이 한국의 내정을 일일이 간섭할 수 있는
권한을 정식으로 갖게 되었다.

정미7조약의 내용은 "조선 정부는 시정개선(施政改善)에 관하여 통
감의 지도를 받는다. 조선 정부의 법령제정, 중요한 행정상의 처분은
미리 통감의 승인을 받는다. 조선의 사법사무를 보통 행정사무와 구
별한다. 조선 고등 관리의 임면(任免)은 통감의 동의를 얻은 후 시행한
다. 조선 정부는 통감이 천거하는 일본인을 한국 관리로 임명한다. 조

선 정부는 통감의 동의 없이는 외국인을 관리로 초빙하지 않는다. 1904년 8월 22일의 한일협약 1항은 폐지한다" 등이었다.[1]

이토와 이완용은 이 문서를 체결하면서 점차적으로 취할 사항들을 열거한 비밀각서를 교환하였는데, 그 내용은 사법부 감옥의 일본 위탁, 군대해산, 각부 차관의 일본인 임용, 주요 경찰 관리의 일본인 임용 등이었다.[2]

정미7조약 이후 정부 각부의 차관과 주요 국장자리는 일본인들이 차지하여, 종래의 '고문 정치'에서 이른바 '차관 정치'로 바뀌었다는 말이 나오게 되었다. 통감 이토 히로부미가 일본인 차관과 모든 일을 결정함에 따라 한국인 대신은 형식적인 결재만 하는 허수아비로 전락한 것이다. 그럼에도 조정에는 조약 내용에 반대하거나 조약을 체결한 대신들을 처벌하라는 상소 한 장 올라오지 않자, 『대한매일신보』는 "세계 각국 사람들이여 매국노를 수입하려거든 대한으로 건너오시오. …… 황족 귀인과 정부 대관 가운데 매국노 아닌 자가 없다"고 통탄했다.[3]

광무신문지법 공포

일본은 언론의 비판을 봉쇄하기 위해 정미7조약을 조인한 7월 24일에 이완용 내각으로 하여금 '신문지법(광무신문지법)'을 만들어 공포하도록 했다. 신문지법은 신문을 발행하려면 허가를 받도록 규제했고 보증금을 예치시키도록 했으며 신문 2부를 사전 납부하도록 했다. 또 신문 및 기타 인쇄물의 내용이 외교나 군사상 비밀에 저촉되거나 안녕 질서를 방해하는 경우 그 발행의 정지와 원고의 검열을 할 수 있게 했다.

신문의 허가제는 이미 사실상 실시되고 있던 것을 법제화한 것에 지나지 않은 것이었지만 중요한 것은 벌칙에 있어서 발행정지권, 벌금형, 체형, 신문시설의 몰수 등을 규정한 것이었다. 광무신문지법은 언론탄압의 법적인 근거를 명문화했다는 것 이외에도 언론 통제에 대한 악용의 선례를 남기게 되었고 식민지 언론의 교두보가 되고 말았다는 점에서 그 해악이 크다고 할 수 있다.(광무신문지법은 해방 후에도 살아있다가 1952년 3월 19일에서야 국회에서 재적 118명 중 85명의 찬성으로 폐기됐다)[4]

한국군의 마지막 전투와 해산

일본은 신문지법을 발포한지 닷새 만에 집회 · 결사를 금지하는 보안법을 공포하더니, 7월 31일에는 8800명에 이르는 한국의 군대마저 해산시켜 거의 완전하게 한국의 국권을 탈취하였다. 군대 해산식은 일본군 보 · 기병의 삼엄한 경계 속에 8월 1일에 거행되었다.

서울은 새벽부터 비가 퍼부었다. 대한제국 시위대 장병들에게 오전 10시까지 동대문 밖 훈련원(현 국립의료원 자리)에 맨손으로 모이라는 명령이 떨어졌다. '군사 훈련'이라고 했지만 실은 '군대 해산식'이 목적이었다. 아무 영문도 모르고 도열해 있던 장병들의 견장이 뜯겨 나가자 병사들은 목 놓아 울었다.[5]

거의 같은 시각 시위대(侍衛隊) 병영(지금의 서소문 근처)에서 총성이 울렸다. 제1연대 1대대장 박승환이 군대 해산에 반발해 "군인으로서 나라를 지키지 못하고 신하로서 충성을 다하지 못하면 만 번 죽어도 아까울 것 없다"는 유서를 남기고 부대에서 권총으로 자살한 것이다.

이를 계기로 1대대 병사들과 제2연대 2대대 병사들이 일본군과 전투를 벌였지만 압도적으로 우월한 일본군의 병력과 화력을 감당하기엔 역부족이었다. 남대문을 중심으로 치열하게 벌어진 전투는 한국군 200여 명(사망 68명), 일본군 90여 명(사망 4명)의 사상자를 낸 가운데 두 시간 만에 막을 내리고 말았다.[6] 『대한매일신보』 8월 2일자는 일본군과 한국군 사이에 수십 명의 사상자를 낸 서소문과 정동 일대의 전투의 처참상을 다음과 같이 보도했다.

"한국 내에서 우리 한인의 살육당함은 일본 정책에 기인한 것으로 논책함이 옳도다. 서소문에 있는 병영에서 무장해제 칙령을 들은 박승환 대장이 곧 자살한지라 그날 상오 8시 반에 소요가 시작되어 거의 정오에 이르도록 계속되었다. …… 격심한 전투가 끝난 후에 병영 내가 시체로 즐비하였으며 은밀한 구석에도 시체와 무기가 흩어져 있었으니 추측컨대 무기가 다하도록 싸우다가 일본 기관포의 잔인한 발포에 혼비백산하여 숨을 곳을 찾다가 일인의 탄환과 총칼에 죽음을 당하니 땅위에 피 냇가를 이룬 것이라."[7]

'총포 화약류 단속법'과 호랑이 출몰

대한제국 군대 해산은 실질적으론 3개월 전에 이루어진 것이나 다름없었다. 이미 1905년 4월에 총 2만 명에 달하는 진위대 18개 대대가 8개 대대로 감축되었는데, 이때 감축된 군인 수는 군대 해산령으로 해산된 군인 수보다 훨씬 많았다.[8]

일제는 군대를 해산하면서 이른바 황제의 하사금이라는 걸 나누어

대한제국 시위대 장병들에게 오전 10시까지 동대문 밖 훈련원에 맨손으로 모이라는 명령이 떨어졌다. 1907년 8월 1일 일본군의 삼엄한 경비 속에 군대 해산식이 거행됐다. 사진은 해산 전 훈련원에서 훈련 중인 모습.

주었는데, 하사에게는 80원, 1년 이상 근무한 병졸에게는 50원, 병졸 1년 미만 근무자에게는 25원씩이 지불되었다. 이 금액은 당시 화폐가치로는 상당히 큰돈이었다고 한다.[9]

군대 해산으로도 여전히 불안한 일제는 1907년 9월 7일 '총포 화약류 단속법'을 제정해 무기가 될 수 있는 조선 민간인 소유의 사냥총과 탄약 등을 압수했다. 포수들이 총을 빼앗겨 사냥에 나서지 못하자 곳곳에서 맹수가 급격히 증가해, 어떤 마을에서는 며칠 동안 호랑이가 끊이지 않고 나타나 30명이 넘는 사상자를 내기도 했다. 곧 의병 활동으로 눈부신 활약을 펼치게 될 홍범도는 바로 이 단속법에 반발해 주변 포수들을 모아 의병부대를 조직하였다.[10]

2007년 8월 1일 김택근은 "100년 학교, 100년 건물, 100년 제품,

100년 나무는 기념하는데 100년 전의 '군대 해산'은 아무도 더듬지 않는다. 아무도 아파하지 않는 듯하다. 100년 전 오늘, 군대가 해산되었다"고 개탄했다.[11]

의병 총대장 이인영의 '어처구니없는 일'

한국 군대의 강제해산 이후 의병투쟁은 더욱 격화돼, 1907년에는 300여 차례 일본군과 무장 충돌했으며 1908년에는 1400여 회나 일본군과 맞붙어 싸웠다.[12] 1907년 12월부터는 전국적인 통일 행동이 이루어져 이인영(13도 의병총대장)·허위(군사장)·민긍호·이강년·박정빈·권의희·방인관·정봉준 등이 맹활약을 하였다. 일본 군경 측 조사에 의하면, 1908년 6월 전국의 의병장은 241명, 의병 수는 3만 1245명에 이르렀다.[13]

그러나 의병의 의식 무장이 투철했었는지는 의문이다. 조정래의 『아리랑』은 이인영이 임명한 각 지방별 의병장 7명이 한 사람도 빠짐없이 유생 일색이었다며 다음과 같이 말했다.

"그들이 과연 일본군을 상대로 하여 싸우려는 것인지 아니면 지체 높은 양반 유생들끼리 감투 잔치를 하고 있는 것인지 알 수가 없었다. 한성을 공격해 들어가 일본군과 싸우려는 군대라면 마땅히 대장도 전투경험이 풍부하고 부대를 지휘할 능력이 뛰어난 사람을 뽑아야 하는 것이었다. 그런 사람이 분명 있는데도 그들은 또 지체를 앞세워 능력을 묵살하고 있었던 것이다. 일본군이 접전하기를 두려워할 정도로 '나는 호랑이 같은 용맹스러운 장군'으로 이름을 떨치고 있는 신돌석이 부대를 이끌고 와 있었다. 그러나 그가 제외된 것은 평민이라는 신분 탓이었다. 그런 형편에서 홍범도의 부대가 무시된 것은 너무 당연한 것이었다."[14]

김정환은 평민 출신 의병대장이라는 이유로 신돌석과 홍범도가 제외된 것에 대해 "유학자·유생들의 항일의병운동은 평민을 통해 미래로 가는 길을 스스로 차단하고 조선 멸망 '속으로' 순국하는 쪽을 택했다"고 꼬집었다.[15]

양반이 평민의 지휘를 받는다는 건 나라를 잃는 것보다 더 상상하기 어려운 끔찍한 일이었을까? 그러나 평민의 입장에서 더 끔찍한 일은 그다음에 일어났다. 이인영은 총대장이라는 막중한 역할에도 불구하고 1908년 정월을 기하여 서울진공작전을 시도하려는 순간 부친상을 당하자 "불효(不孝)는 곧 불충(不忠)이라"며 각 진영에 의병활동을 중지하라는 통문을 돌리고 자신은 고향인 경상도 문경으로 귀가해버리고 말았다.[16]

이에 대해 이광린은 "적(敵)에 대한 공세를 앞두고 부하 의병들은 적의(敵意)에 찬 분위기 속에 휩쓸려 있는데 총대장이 전투 중지를 명하고 물러가고 말았으니 실로 어처구니없는 일이라 하지 않을 수 없었다"며 다음과 같이 말했다.

"이인영은 철두철미 유교사상을 견지하였기 때문에 의병이 되었으나 한편으로 유교사상을 견지하여 이와 같은 행동을 취하였던 것이다. 이러한 유학자의 효도와 충성심은 악랄한 일본의 침략을 막는 데 아무런 도움이 되지 못하였다. 그 뒤 이인영은 이름을 이시영으로 바꾸고 노모와 두 아들을 거느리고 상주군의 산속에 숨었다가 다시 충청북도 황간으로 옮겨 은거하였다. 그러나 융희 3년(1909) 6월에 일본군 헌병에 체포되어 동년 9월 21일 서울 감옥에서 희생되었다."[17]

신용하의 새로운 해석

그러나 신용하는 새로운 해석을 제시했다. 그는 "당시 십삼도 창의대
진소(倡義大陳所) 의병연합부대의 실태를 고찰해보면 동대문 밖 30리
지점에 도착할 때까지 일본군과 무려 38회의 전투를 치르는 과정에서
탄환이 거의 고갈되어 총공격을 감행할지라도 화력의 결핍으로 전투
를 제대로 전개하기 어려운 조건에 있었다"며 다음과 같이 주장했다.

"그 위에 전투개시 직전의 길흉(吉凶)을 매우 민감하게 따지던 당시
의 관습과 의식 속에서는 서울진공작전 개시 직전의 총대장 이인영의
상보는 불길한 것으로 받아들여져 장병들의 사기를 떨어뜨리는 데 작
용했을 것이라고 추정된다. 즉 당시의 시점에서 서울진공작전을 감행
하더라도 승산이 거의 없었으므로 총대장 이인영은 부친의 상보를 기
회로 잡아 제1차 서울탈환작전을 일단 중지시키고 군사장 허위에게
다음 기회를 기다리도록 위임한 것이라고 해석된다. 이러한 해석이
가능한 것은 이인영이 귀향할 때 허위와 각 진의 의병장들이 아무도
이를 반대하지 않았으며 그의 귀향을 말리지 않았던 사실에서도 알
수 있다."[18]

그러나 아무리 봐도 '의병의 명예'를 살리기 위한 민족주의적 욕심
이 앞선, 무리한 해석인 것 같다. 승산(勝算)은 애초 의병의 거사와는
거리가 먼 개념이다. 이인영이 없는 가운데 '제2차 서울탈환작전'이
1908년 4월에 시작된 건 어떻게 설명할 수 있겠는가? 또 이인영이 없
는 동안 의병투쟁을 주도했던 허위가 1908년 6월 11일 체포돼 10월
21일 사형을 당해 순국한 건 어떻게 판단해야 하겠는가?

신용하는 "허위 의병부대와 전국 십삼도 창의대진소 의병연합부대
의 제1차 그리고 특히 제2차 서울탈환작전은 한국 근대사와 한국 민

족 독립운동사에서 찬란히 빛나는 위대한 민족운동이었다"는 평가를 내렸는데,[19] 부끄럽거나 어두운 면을 있던 사실 그대로 밝힌다고 해서 그런 평가가 훼손되는 건 아니라고 봐야 하지 않을까? 이인영이 취조 시 밝힌 다음과 같은 최후진술로 미루어 볼 때 기존의 해석이 훨씬 더 설득력이 있는 것 같다.

"나는 나라를 위해 창의하고 성심성의 충군애국하려고 애썼다. 그러나 세가 불리하여 그 보람을 보지 못했다. 게다가 아버지의 임종을 지키지 못했다. 충효 두 가지에 죄인이 되어 천지 간에 용신(容身)할 여지가 없다. 죽을 수밖에 없다. 그런데 한 가지 소원이 있다. 그것은 당신들의 천황을 만나 내 의견을 직접 말해보고 싶다."[20]

이인영에 국한시켜 말하더라도 신용하의 새로운 해석이 조금이나마 설득력을 가지려면 이인영이 귀향 후 어떤 행동을 취했느냐가 중요한데, 이인영은 일제에 체포되기까지 1년 6개월간 내내 은거했을 뿐이다. 또 충청도 황간으로 이사해 땅을 산 걸 보면 의병활동을 사실상 포기한 게 아닌가 하는 생각도 든다. 재판기록엔 이인영이 3년이 경과한 후 다시 거사하려 계획했다고 나와 있는데,[21] 이 또한 이인영이 효자일 수는 있어도 의병대장을 맡아선 안 될 인물이었다는 걸 말해주는 게 아닐까? 이인영이 귀향할 때 허위와 각 진의 의병장들이 반대하지 않았다는 게 사실이라면, 그건 양반 의병장들의 동질적 한계를 말해주는 것이지 이인영을 옹호할 수 있는 논거는 아닐 것이다.

의병의 통신시설 파괴

통신시설은 의병투쟁의 주요 파괴 목표였다. 앞서도 지적한 바와 같이, 당시 통신시설은 한국의 국권을 위협하는 외세 침탈의 상징이자 실질적인 도구로 간주되었기 때문이다. 채백은 "의병들이 통신시설을 파괴했던 것은 통신매체가 침략세력과 밀접한 연관을 맺고 도입되었던 때문이기도 했지만 보다 중요했던 것은 을사보호조약과 함께 일제가 우리의 통신권을 강제로 침탈하여 그들이 이 근대적 통신망을 바로 의병운동 등의 항일운동을 억압하고 와해시키는 효율적인 수단으로 이용했기 때문이다"고 했다.[22]

의병들의 통신망 교란 및 파괴 투쟁은 1907년에 정점에 이르러 그해 살해된 통신관서 직원은 일본인 15명, 한국인 5명이었으며, 부상자는 일본인 13명, 한국인 12명이었고, 일본인 가족 중의 사망자가 5명 부상자가 2명이었다. 물적 피해도 만만치 않아 청사가 불탄 곳이 8개소, 파손된 곳은 25개소였으며, 전주(電柱) 파괴도 1296개소에 이르렀다.[23]

전화선은 땅 밑으로 파고 들어갔다. 1907년 경성 시내에 각국 공관과 관청 및 군부대가 집중되어 있어 통화시의 비밀이 보장되지 못하는 점이 크게 우려되어 경성 시내 전화교환시설을 공전식(共電式) 교환시설로 개장하였는데, 이때 우리나라에서는 처음으로 지하선(地下線)이 포설(布設)되었다.[24]

일진회와 자위단의 행패

흑룡회는 낭인과 일진회원을 중심으로 '자위단(自衛團)'을 조직해 일본군과 경찰의 지휘 아래 의병운동을 진압하는 데 나섰으며, 흑룡회는 이를 계기로 "조선문제의 근본적 해결은 즉시 병합"뿐이라며 병합

일진회와 자위단의 행패가 극에 달해 지역 주민들은 이들을 일본군보다 더 무서워했다. 자위단을 처단하는 의병항쟁이 고조됐다. 사진은 1908년 12월 이용구의 집에서 찍은 일진회 회원들 모습이다.

운동을 전개했다.[25]

　1907년 11월부터 그 이듬해 2월까지 조직된 자위단은 1990개에 이르러 전국의 면 단위에 1개씩 조직한 것과 거의 맞먹는 숫자였다. 자위단 조직엔 일제 통감부도 개입하였기 때문에 자위단을 일진회만의 것이라고 보기엔 어려운 점이 있었다. 일제는 일진회가 자위단을 거점으로 하여 세력이 커지는 걸 경계하였기 때문에 견제를 해가면서 일진회를 이용하였던 것으로 보인다. 이런 사정 때문에 자위단이 원성(怨聲)의 대상이 되자 일진회는 스스로 자위단과 별개의 조직이라고 주장하기도 했다.[26]

　일진회와 의병운동의 충돌로 인해 1907년 7월부터 그 이듬해 5월까지 일진회원 9260명이 죽임을 당하였다.(일진회 측 간행 자료엔 966명이 살해당했다고 되어 있어 9260명이 자위단원 수를 말하는 건지는 확실치 않다)[27] 불에 탄 일진회 회원의 집은 360채에 이르렀다.[28] 일제는 의병을 보고도 관에 고발하지 않는 자를 불고지죄라 하여 처형하는 악법을 제정하였지만, 자위단 조직은 주민들의 비협조로 자신들을 자위하는 데 급급하였다.[29]

지역에 따라선 일진회와 자위단 가입이 강제로 이루어지기도 했다. 일진회와 자위단 가입을 피하기 위해 교회로 달려간 사람들도 있었다. 1905년 군산에서 활동하던 해리슨의 보고에 의하면 그가 맡고 있는 선교지역의 어느 동네에서는 당국의 일진회 가입이 강요되자 30여 명이 집단으로 교회에 다니기 시작했다. 또 1908년 초 행주에서는 300가구에 이르는 주민들이 자위단 가입을 거부하고 교회로 대거 들어왔다. 교회가 가장 안전한 피난처였던 셈이다.[30]

일부 지역에서 자위단을 빙자한 일진회원의 행패는 극에 달해 지역 주민들은 일본군보다 일진회원들을 더 무서워했으며, 자위단이 의병을 막아낸 것이 아니라 오히려 자위단을 처단하는 의병항쟁이 더욱 고조되었다.[31]

우리가 지금 흔히 사용하듯 '매국(賣國)'의 의미로 '친일(親日)'이 사용되기 시작한 것은 1905년 이후, 특히 1907년 이후였다.[32] 친일이 결코 잘못된 일이 아니겠건만, 한반도에서 친일의 역사는 민중에게 너무도 많은 고통을 안겨준 탓에 애꿎은 언어에 더러운 때가 잔뜩 끼고 만 셈이다.

일본 망명 12년 만에 귀국한 유길준

유길준 쿠데타 음모의 전말

1907년 8월 16일 유길준 등 을미사변 관련자 일행 8명이 귀국했다. 유길준은 아관파천 후 1896년 2월 11일 일본에 망명하여 귀국할 때까지 12년간 일본에 체류했다. 그는 일본 체류 중인 1902년 쿠데타 음모를 꾸몄지만 사전 발각돼 실패로 돌아갔다. 그 전말은 이렇다.

1898년 7월 9일 고종 폐위음모 사건으로 일본에 망명한 안경수는 주한 일본공사 하야시 곤스케의 막후교섭에 따라 살려준다는 약속을 받고 자수하기 위해 1900년 2월에 귀국하였다. 그러나 대한제국 조정은 안경수를 심하게 고문한 끝에 3월에 교수형에 처했을 뿐 아니라 일본 정부에 유길준을 비롯한 망명객들의 인도마저 강력히 요구하고 나섰다. 이에 격분하고 불안을 느낀 망명객들은 유길준의 지도하에 쿠데타 계획을 세우게 되었다.[33]

때마침 도쿄에는 정부의 방침에 따라 유학해 일본육군사관학교를 졸업했으면서도 배일(排日)로 입장이 바뀐, 본국 정부로부터 친일파로 간주돼 귀국지령을 받지 못하고 버림받아 울분의 나날을 보내고 있던 21명의 청년 장교들이 있었다. 유길준은 이들이 자신을 지도자로 추대하자 '혁명일심회'라는 비밀조직을 만들어 쿠데타를 준비했다.[34]

유길준은 처음엔 의친왕 옹립 계획을 세웠다가 나중에 고종황제를 그대로 받드는 쿠데타로 바꾸었다. 유길준은 인천의 거부 서상집에게 거액의 쿠데타 자금 마련을 부탁했는데, 서상집은 고종과 내통하고 있었다. 결국 모든 게 발각 나 귀국해 활동하던 일본유학사관 9명이 체포되고 그중 3명이 사형을 당했다. 한국 정부가 유길준의 체포 인도를 요구하자 일본 정부는 일종의 절충책으로 유길준을 1904년 말까지 외딴 섬에 유배 조치했다.[35]

흥사단·한성부민회 창설

유길준은 귀국 후 1개월 만인 1907년 9월 9일 순종황제의 사면을 받았으나, 이후 관직을 거절하고 고종이 하사한 재산으로 교육사업을 하는 등 국민개화운동에 전념하였다. 그는 1907년 11월 29일 흥사단(興士團)을 설립해 초등교과서 편찬사업을 하였다. 단장은 김윤식, 부단장은 유길준이 맡았다.

이 흥사단은 1911년에 해산되지만, 안창호에 의해 흥사단 정신은 다시 살아나게 된다. 안창호는 1910년 블라디보스토크에서 이강과 토론하는 중에 민족성개량운동 단체로 유길준의 흥사단 명칭을 따라 쓸 것을 제안하였던바, 그는 1913년 5월 13일 미국에서 동일한 이름으로 홍사단을 조직하였다. 안창호는 유길준을 개인적인 스승이자 '민족의 스승'으로 모셔 부단장으로 앉혔다.[36]

원래 유길준은 사농공상(士農工商)의 균등 발전을 위해 홍사단을 비롯하여 홍농당·홍공단·홍상단 등 4개 단체를 개별적으로 설립하려고 하였으나 실현되진 못했다.[37] 1908년 8월 28일 유길준은 홍사단에 이어 한성부민회를 창설했다. 창립총회는 유길준이 회장으로 취임하고 발기인 267명이 참석한 가운데 '대한제국 애국가'와 군악 등을 연주하고 만세삼창을 부른 후 폐회했다. 유길준은 한성부민회를 통해 자치권을 확보, 장차 국권회복의 기틀을 다지고자 했다.[38]

한성부민회의 자치는 일본의 보호국화를 현실로 받아들이고 보호국 상태를 유지하는 걸 전제로 한 것이었다. 한성부민회의 창설 배경과 활동에 대해선 여러 설이 있다. 한성부민회는 원래 1907년 10월 일본 황태자의 조선 방문을 환영하기 위해 만들어진 봉영회를 유길준이 자치기관으로 발전시킨 것이라는 설도 있다.[39]

왜 유길준은 이토를 지지했나?

유길준은 일본 망명 시절 보부상으로 결성된 황국협회를 지지하였으며, 1908년 7월 야학회에서 공부하는 사람들을 위해 한글로 저술해 경성일보사에서 간행한 『노동야학독본』에서는 "나라의 위태한 때에 의병이라 가칭하고 도(盜)의 일을 행함은 충의도 아니며 용맹도 아니니라"며 의병을 비난하는 글을 쓰기도 했다.[40]

또 유길준은 이토 히로부미가 통감에서 물러났을 때 선물을 보내고 송별회를 개최하였다. 1909년 10월 안중근이 이토를 제거하자 유길준은 이토 추도회를 개최하였으며 중국 다롄(大連)을 방문하여 "한성 부민들의 조의(弔意)를 전달"했다. 이토는 병합론자였지만 병합 시기와 방법에 있어서 점진적이고 온건한 수순으로 진행되어야 한다고 주장한 걸 평가했기 때문이었을 것이다. 유길준은 소네 통감이 한국병합에 소극적이라고 판단하여 그를 유임시키고자 하는 운동을 전개하기도 했다.[41]

유길준은 1907년 10월에 쓴 글에선 헤이그 밀사 사건을 '경거망동'으로, 의병운동을 '시국을 오해한 오합지졸'로 비판하였다. 정용화는 유길준이 이 글을 썼을 때엔 "이토 히로부미의 대한정책으로서 '자치육성정책'이 시작된 직후의 시기인데, 헤이그 밀사 사건과 의병 운동으로 일본의 (조선) 즉시병합론자가 득세해서 일본이 (조선을) 보호하려는 의지가 파멸되"는 걸 염려했던바 "유길준의 이러한 판단은 당시의 정황으로 보아 '현실주의적'인 것으로 평가할 수도 있다"고 보았다.[42]

정용화는 조선의 보호국화 이후 일본에서는 이토파와 야마가타파 간의 대립이 있었다는 피터 두스(Peter Duus)의 연구 결과를 거론하면서 유길준의 생각을 다음과 같이 해석하였다.

"이토파는 조선의 병합에 따른 비용이 상당하기 때문에 조선을 식민지화하는 것보다 오히려 개혁을 통해 조선을 강력한─서구의 제국주의에 맞설 수 있는─독립국으로 유지시키면서 조선과 연합하여 일본의 이익을 실현하는 것이 더 유리하다는 입장이었고, 야마가타파는 조선을 즉시 병합해야 한다는 입장이었다. 두스의 해석에 따르면, 이토를 비롯한 일본 정부의 일각에서는 끊임없이 조선의 개혁을 추진했다. 그리고 그 의도는 통감 정치의 막바지에 이르러 이토가 조선에서 일본의 목적에 부합하는 적극적인 협력자를 구할 수 없고 민중의 강력한 저항 때문에 도저히 실현될 수 없다고 인식하기 전까지는 여전히 유효했다는 것이다. 그러므로 일본에 대한 무력투쟁은 '국가의 환'을 초래하는 것이며, '의병'은 현실을 모르고 경거망동하는 '폭도'에 불과한 것으로 보였다."[43]

유길준은 일진회의 '한일합방 건의'는 비난하였으며, 한일병합이 발표되는 날 사전에 봉쇄당하긴 했지만 젊은 학생들을 이끌고 대대적인 항쟁 시위운동을 일으키려 했다. 그리고 이후 한규설과 같이 일본이 주는 남작 작위를 거절했다. 유길준은 1911년 단군교에서 대교정 (교주)으로 추대되었으며, 1914년 9월 30일 숙환인 신장염으로 59세에 사망했다. 그의 장례는 10월 7일 사회장으로 치러졌다.

유길준의 재발견

한국에서 유길준을 '재발견'한 학자는 이광린이다. 1967년 2월 미국 하버드대의 객원교수로 가 있던 그는 보스턴 교외 세일럼(Salem) 시의 피바디 에섹스(Peabody Essex) 박물관을 처음으로 찾았다. 하버드대 와이드너 도서관에서 우연히 찾아 읽게 된 1892년간 세일럼 여행 안내 책자의 다음과 같은 한 구절이 단서가 되었다고 한다.

"첫 진열관이 한국에서 온 유물이다. 수집품의 대부분은 독일 정부 일로 1883년 한국 수도 서울에 있던 묄렌도르프 백작이 수집한 것이다. 나머지 것은 퍼시빌 로웰과 한때 세일럼에서 공부한 한국인 유길준이 기증한 것이다. 수집품에는 옷·장식품·무기·가구·도자기 등이 있다. 이 나라의 유기는 독특하니 주의 깊게 조사해볼 만하다.

한국 수집품은 미국의 어느 박물관보다 많다."

이것이 계기가 되어 이광린은 평생의 과제로 삼고 있는 한국 개화사 연구의 일환으로 유길준 연구에 몰두, 그의 생애와 업적, 최초의 미국 유학생으로서의 행적 등을 밝혀냈다.[44] 이광린 등의 연구가 자극이 돼 1994년 11월 국립중앙박물관에서 '유길준과 개화의 꿈'이 열려 수많은 관람객을 사로잡았다. '유길준전'은 서울국립중앙박물관에서 두 달 동안 14만 4814명이 관람하는 기록을 세웠으며, 개항 도시 인천에서는 35만 명이 몰렸다.[45]

이와 관련해 최종고는 "국제화, 세계화를 부르짖는 오늘날과 100년 전 미·일·중·러의 열강에 우롱당하던 구한말 상황과의 유사성을 지적하면서, 우루과이라운드를 비롯한 국제적 도전 앞에 제2의 개국을 두려워하고 있는 현 상황에서 유길준은 무슨 메시지를 던져주고 있는가? 국내 정치적으로도 개혁을 부르짖는 마당에, 개화가 잘못되어 개혁이 필요했다면 개혁의 구호만으로 참된 개화가 이루어질까? 이에 대한 대답은 『서유견문』 100주년과 광복 50년을 맞는 내년 한 해 본격적으로 검토되어야 할 민족적 과제이다"고 주장했다.[46]

2003년 유길준 관련 행사

2003년 4월 19일 미국 매사추세츠 주 바이필드 시에 있는 '가버너 더머 아카데미'에서는 유길준의 고교 졸업장 수여식이 118년 만에 열렸다. 유길준은 한국 최초의 국비 유학생으로, 1884년 9월 이곳 학교 3학년 과정에 입학했으나, 갑신정변(甲申政變)이 터지자 다음 해인 1885년 6월 한국으로 귀국했다. 존 마틴 도거트(Doggett) 교장은 이날 한국 및 미국인을 합쳐 200명 가까이 참석한 가운데 유길준의 후손인 유석재(증손자)와 그 일행(증손녀 유항희와 그 아들인 김기현 등)에게 유길준의 명예졸업장을 수여하고, 한인 이민 100주년 기념사업회 측이 준비한 유길준 기념비 제막식을 가졌다. 기념비엔 '한국 최초의 국비 유학생으로 사회개혁가, 교육자, 작가인 유길준을 기리며' 라고 적혀 있었다. [47]

2003년 9월 9일 미국 매사추세츠 주 세일럼 시 피바디 에섹스 박물관에 '유길준 전시실' 이 신설되었다. 유길준은 이날 피바디 에섹스 박물관과 인연을 맺은 지 120년 만에 그의 이름을 딴 전시실(Yu Kil Chun gallery of Korean art · culture)로 다시 태어났다. 1799년 설립된 피바디 에섹스 박물관은 중국 · 일본 · 인도 등 아시아 유물을 소장하고 있는 유서 깊은 곳이다. 동아시아에 관심을 갖고 있던 모스는 유길준에게 많은 영향을 끼쳤으며, 그 인연으로 유길준의 신발 · 옷 · 갓 등이 이 박물관에 기증됐다. [48]

2003년 12월 유길준은 '12월의 문화인물' 로 선정되었으며, 고려대 박물관은 유길준의 증손자인 유석재 천록건물개발(주) 사장으로부터 유길준의 유품 5000여 점을 기증받아 12월 1일 언론에 공개했다. 기증된 문서에는 1910년 일제의 작위 수여를 알리는 공문, 유길준의 작위 거부를 만류하며 조속히 작위를 받을 것을 명하는 문서, 그리고 계속되는 유길준의 거부에 일제가 남작 반환을 허가하는 문서가 포함돼 있다. 고려대박물관은 기증식을 갖고 특별전을 열어 자료를 일반에 공개했다. [49]

일제 소비문화의 침투

일본 미쓰코시 백화점의 서울출장소 개설

세계 최초의 백화점은 1852년 프랑스 파리에 부시코가 세운 봉마르셰(Bone Marche)였다. 각국에서 무엇을 백화점의 시초로 보느냐에 따라 이견이 있긴 하지만, 명실상부한 백화점은 각기 6년여의 시차를 두고 미국·영국·독일로 전파되었다. 1858년 미국 뉴욕 번화가에 메이시가 들어섰고, 이어 1863년 영국 런던, 1870년 독일에도 백화점이 등장했다.

백화점의 마케팅 기법이 꽃을 피운 나라는 미국이었다. 미국에서 백화점의 대중화가 이루어진 시점은 1880년대였으며, 적어도 이때부터 백화점문화는 미국에서 유럽으로 전파되기 시작했다. 백화점이 미국과 프랑스에서 발달되고 영국과 독일에선 비교적 늦게 발달됐다는 것은 결코 우연이 아니다. 백화점은 미국적인 동시에 프랑스적이었다. 백화점은 소비 자본주의의 풍요 또는 방탕을 과시하는 동시에 소비주의를 삶의 맛과 멋에 결부시키는 문화공학적 요소가 흘러넘치는 곳이었다.

일본 최초의 백화점은 1904년 도쿄에 생긴 미쓰코시(三越) 오복점이었다. 오복점이란 주로 의류를 판매하는 점포였는데, 뒤이어 마스자카야·마쓰야·다카시마야·소고우·다이마루 등 오랜 역사를 자랑하는 오복점들이 백화점으로 전환하였다. 미쓰코시는 1905년 "미국에 가서 본 디파트먼트 스토어의 일부를 실현"하겠다는 이른바 '백화점 선언'을 하였다. 당시 미쓰코시가 구미에 인재를 파견해 작성한 조사보고서는 서구 백화점의 고객들 대부분이 부인으로 가족동반으로 찾는 경우는 거의 없다고 지적했다. 이를 염두에 두었음인지, 미쓰코시는 고객이 가족단위로 찾는 걸 고려한 백화점을 추진하였으며, 이는 일본의 백화점 모델이 되었다.[50]

1905년 이후 일본에서는 관민 모두에게 조선 진출 붐이 일었다. "조선엔 성공의 기회가 무한하다"는 말이 널리 퍼져나가면서 상업 종사자들도 대거 조선으로 진출하기 시작했다. 바로 이런 붐을 타고 1906년 10월 일본 미쓰코시 백화점이 서울(지금의 명동 사보이호텔 자리)에 임시출장소를 냈다. 이토의 강력한 권유에 따른 진출이었다. 1908년엔 다카시마야가 서울 출장소를 개설했으며, 이즈음 일본 정부는 전국의 상인에게 "일본인이 조선에 진출해 상권 확대를 꾀해 줄 것"을 호소했다.[51]

미쓰코시 출장소가 백화점 구색을 갖춘 건 1916년이었다.(이걸 한국에 들어온 최초의 백화점으로 보기도 한다) 1920년대엔 히라타·조지야 등의 일본 백화점들이 서울 충무로 일대에 진출하며, 훗날 한국의 '백화점 왕'으로 불리게 되는 박흥식(1903~1994)의 화신백화점은 1932년에서야 생겨난다.

박람회는 '국가적 제전의 가장 중요한 형식'

1907년 9월 1일부터 11월 15일까지 경성박람회가 한성 구리개(지금의 을지로 1가와 2가 사이에 있었던 나지막한 고개)의 대동구락부에서 열렸다. 이게 한국에 첫 선을 보인 박람회다. 박람회는 지극히 정치적인 의미를 가진 이벤트였다. 그 연원을 좀 살펴보자.

1798년 파리에서 사상 최초의 산업박람회, 1851년 런던에서 사상 최초의 만국박람회가 개최된 이래로 박람회는 19 · 20세기에 걸쳐 '국가적 제전의 가장 중요한 형식'으로서 전성기를 구가하였다.[52]

일본의 제1회 내국박람회는 1877년에 열렸다. 이와 관련해 박성진은 "주목해야 할 부분은 박람회가 본질적으로 극히 정치적이며 이데올로기적인 문화전략의 장이라는 점이다. 예를 들면, 1851년의 런던 세계박람회 개최 배경에는 영국 정부의 노동자를 어떻게 혁명군중에서 소비군중으로 변화시킬 것인가 하는 관점과 깊이 관련되어 있다는 점을 간과해서는 안 된다"며 다음과 같이 주장했다.

"1877년은 바로 남서전쟁(南西戰爭)의 해로서, 막말(幕末) · 유신기 (維新期) 민중들의 해방 에너지를 천황제 국가의 수탈 메커니즘으로 환원시키는 전환점이었다. 이 시기에 널리 유포된 식산흥업(殖産興業) 의 슬로건은 우선 전국의 생산품을 수집하고 분류하여, 국민에게 널리 전시하고자 하는 데서 시작되었다. …… 일본은 일찍부터 세계박람회에 출품이나 관람을 통하여 박람회 개최의 전략을 수용하였으며,

국내 박람회를 통하여 자본주의적 질서를 정착시켜나갔다. 식민지 조선을 지배하던 시기에는 이전의 경험에 기초하여 박람회를 식민지배 전략에 적극적으로 활용하였던 것이다."[53]

한국은 역사상 최초로 1893년 시카고 만국박람회에 참가했다. 47개국이 참가한 이 박람회는 콜럼버스의 미대륙 발견 400년을 축하하는 기념행사였다. 이를 주선한 미국공사 앨런은 조선관에 태극기를 게양하는 동시에 이곳에서 "조선은 중국의 속국이 아니라 독립국"이라고 선언했다. 그는 또한 국악인 10명을 대동해 개최기간 동안 조선 고유의 궁중아악을 연주하게 함으로써 조선이 독자적인 문화국임을 국제적으로 알렸다.[54]

그러나 박람회를 방문했던 윤치호의 1893년 9월 28일자 일기엔 "모든 건물 위에 참가국들의 깃발이 휘날리고 있는데 한국 국기만이 없었다"고 개탄하고 있고, 『뉴욕헤럴드』지는 "고종이 헐값인 한국의 폐품수집물들을 모아서 배 편으로 성급하게 시카고로 보내서 출품"하게 하였다는 악의적 기사가 실리기도 했다.[55]

한국은 1900년 4월에 개최된 파리 만국박람회에도 참가했다. 프랑스 화보 신문인 『르 프티 주르날』 1900년 12월 30일자 보도에 의하면, "당시 한국관을 보고 난 외국인들은 전시된 공예품을 보고 감탄을 금치 못했다. 다양한 형태의 신발과 모자, 중국이나 일본이 감히 흉내 내지 못하는 붉은색의 비단을 본 프랑스 상인들은 이것을 응용해 상품을 개발하겠다고 말했다."[56]

일본은 1890년 아시아대박람회 개최를 구상했다가 재정적인 이유 등으로 실현하지 못했고, 러일전쟁의 승리 이후 만국박람회 개최의 분위기가 고조되었지만 이 또한 재정상의 이유로 뜻을 이루지 못했다.[57] 만국박람회에 대한 일본의 집착은 자신을 서양과 동일시하려는 이른바 탈아입구(脫亞入歐) 욕망에서 비롯되었으며, 이런 심리는 1907년 3월 일본 도쿄 우에노 공원에서 열린 도쿄권업박람회에서도 나타났다.

도쿄권업박람회의 한국인 전시

도쿄권업박람회는 '인종 전시'로 한국 유학생들을 분노하게 만들었다. '인종 전시'는 1855년 파리 만국박람회 때 처음 등장해 1899년 파리 만국박람회 때 본격화되었는데, 프랑스는 아프리카 원주민을 비롯한 제3세계의 원주민들을 울타리 안에 가둬놓고 '인종 전시'를 실시했다. 일본이 그 못된 짓을 흉내내 1903년 오사카박람회 때 선을 보이더니, 우에노 공원에서 똑같은 짓을 반복한 것이다.[58]

우에노 공원에 들어선 유학생들은 한국관에 한국인 남녀 1명씩이 '인종 전시' 돼 있는 걸 보고 분노했다. 『대한매일신보』 1907년 6월 6일자엔 한국 유학생들의 관람회 참관기가 실렸다.

"각자 돈 15전씩을 내어 관람표를 구입하여 곧장 제1본관을 향하여 나아갔다. 그때 4, 5인이 나오면서 농지거리하기를 '제1본관에 조선 동물 2개가 있는데 대단히 우습더라' 하면서 의기양양하게 걸어가는 것이었다. …… 쳐진 줄을 따라서 발걸음을 옮기기를 여러 걸음, 한곳에 도달하니 그곳에는 태양광선이 희미하게 들어오고 포장을 내리쳤는데, 한켠에 우리나라 남자 1명이 상투를 틀고 탕건에 갓을 쓰고 옷을 입고 의자에 앉아 있었다. …… 다른 한켠에는 여인 1명이 머리에는 장옷을 쓰고 눈동자만 내어놓고, 우리 부인복을 입고 의자에 앉았

느데, 그 정면에는 간간을 둘러 다른 사람의 출입을 차단하였다. 한 벗이 이 광경을 보고 안색이 돌변하면서 크게 한숨을 쉬면서 탄식하기를 '아까 도로를 지나가던 일본인이 조선 동물 2개 운운한 것이 바로 저 두 사람을 가리킨 것이다' 라 하였다. 오오, 통재라!"[59]

두 남녀는 도쿄박람회에 가면 돈을 많이 벌게 해준다는 일본상인의 꼬임에 빠져 자신들이 무슨 일을 하고 있는지조차 모른 채 일본인들이 시키는 대로 전시 울타리 안에서 지낸 것이다. 유학생들은 적극적인 반대투쟁을 벌인 끝에 한국 여성을 귀국시켰다.[60]

1907년 9월의 경성박람회는 한일 합동으로 열렸지만 회장은 통감부 총무장관이었다. 이는 조선인의 관심을 다른 곳으로 돌리고 일본의 우월성을 과시하는 동시에 일제 침략을 정당화하기 위한 선전용 목적으로 기획되었다. 농상공부는 13도 관찰사에게 공문을 띄워 각 관찰사는 일제히 서울로 올라와 참관하라고 명령했으며, 박람회장에 많은 사람을 모이게 하기 위해 연회장을 설치하고 기생 10명을 불러다 잡가도 부르게 하고 검무도 추게 했다. 전체 관람자의 73퍼센트가 한국인이었지만 성공을 거두진 못했다. 전시물 가운데 한국인이 출품한 것은 약 5퍼센트에 불과했다.[61]

초상사진 열기

백화점과 박람회는 급속히 변화하는 시대상을 반영한 것이기도 했다. 그런 변화의 와중에서 사진은 이제 더 이상 과거처럼 의심과 저항의 대상이 아니었다. 일본인 사진관은 1890년대부터 신문에 수시로 광고를 내 고객 확보에 열을 올렸다. 서울의 경우 1895년경 4곳이었던

1900년을 전후로 사진의 대중화가 이뤄지기 시작했다. 1908년 설 명절 기간에만 천연당사진관 한 곳을 이용한 고객이 1000여 명이 넘을 정도였다.

사진관이 1905년에는 13곳으로 늘어났으며 사진업 종사자도 45명이나 되었다.[62]

1900년을 전후해 전문 사진관을 중심으로 사진의 대중화가 이뤄지기 시작했다. 1904년엔 영업사진사와 취미오락가의 구별을 두지 않고 재한 일본인 사진애호가 20여 명이 한국사진회를 결성해 사진활동을 하기도 했다.[63]

한국인에 의한 최초의 영업사진관은 1903년 김규진이 서울 소공동에 차린 천연당사진관이었다. 1907년 10월에는 여성 전용 촬영장을 별도 운영한다는 광고가 세인들 사이에서 화제가 되었다. 경성사진관은 『만세보』에 광고를 내 "여자가 사진을 찍을 때는 남자의 출입을 금하니 계속 내림하시기를 원한다"고 밝히면서 "영구 불변색하는 방법으로 사진을 찍는다"고 자랑하였다.[64]

천연당사진관도 1907년 『대한매일신보』에 '특별 염가 불변색' 이란 제목으로 광고를 했으며, 부인은 부인 사진사가 촬영한다는 점을 강조했다. 1908년 설 명절 기간에 천연당사진관 한곳을 이용한 고객이 1000여 명이 넘을 정도로 초상사진 열기는 각 사진관마다 가득하였다.[65] 때는 바야흐로 움직이는 사진까지 등장한 시절이었으니, 사진 보고 놀랄 일은 없어진 셈이다. 활동사진과 영화에 대해선 제5권에서 한꺼번에 이야기하기로 하자.

04

:
:

자동차의 등장,
열악한 도로 사정

1903년 최초의 자동차 등장

인류의 발명품 가운데 수송수단은 의외로 진화가 느렸다. 바퀴 달린
차량이 실질적으로 사용되기 시작한 것은 1470년 무렵이었으며, 사
륜마차는 16세기 후반에서야 도로를 달렸다.[66] 인류 최초의 자동차는
1482년 레오나르도 다빈치가 만든 태엽 자동차라곤 하지만, 그건 장
난감 수준이었고 근대적 의미의 자동차가 탄생되기까지는 300년이
더 걸려야 했다. 1769년 프랑스의 니콜라 조세프 퀴뇨는 세 바퀴 증
기 자동차를 만들었으며, 1886년 독일의 고트리프 다임러와 칼 벤츠
는 각각 휘발유 자동차를 발명했다. 1895년 프랑스의 앙드레 미쉐린
은 자동차용 공기타이어를 발명해 자동차의 속도를 높이는 데 결정적
인 기여를 하였다.[67]

한국에 들어온 최초의 자동차는 1903년 고종 재위 40주년을 맞아

미국에서 들여온 포드자동차의 T형 4인승 무개차였지만, 이 차는 비원 안에서만 운행해 일반인들은 구경조차 할 수 없었다. 1907년 무렵 고종은 경운궁 즉 지금 덕수궁에 있었기 때문에 창덕궁에서 경운궁 간의 길목에서만 시민들이 이따금 자동차를 볼 수 있었다. 서울 대로 상에 자동차가 나타난 시기는 1908년 이후였다.[68]

영국 화보지 『그래픽』 1909년 2월 20일자엔 '조용한 아침의 나라에 나타난 자동차'라는 제목의 그림과 기사가 실렸다. 『대한매일신보』에서 일했던 앨프리드 맨험이 촬영한 사진을 바탕으로 익살스럽게 그린 건데, 맨험은 다음과 같이 말했다.

"내 사진은 서울 도심에 처음 등장한 자동차를 찍은 것이다. 이 그림은 서구문명이 만들어낸 최신의 성과라 할 수 있는 자동차가 서구인들에게 별로 알려져 있지 않을 뿐 아니라 멀리 떨어진 세계의 한 구석에 위치한 조선에 어떤 식으로 침투했는지를 흥미진진하게 보여 줄 것이다. 이 차는 30마력의 증기차이다. 대로변을 지나다가 이 차를 처음 본 한국인들은 혼비백산해서 사방으로 흩어졌고, 심지어 들고 있던 짐도 내팽개친 채 숨어버렸다. 어떤 사람들은 이 새로운 괴물로부터 자신을 지켜달라고 간절히 기도하기도 했다. 짐을 싣고 가던 소와 말도 주인들만큼이나 깜짝 놀라 주위의 상점이나 가정집으로 뛰어들었다."[69]

그런데 영국 주간지 『런던 뉴스 화보』 1898년 3월 19일자엔 한옥으로 둘러싸인 영국영사관 앞에서 양손에 깃발을 들고 절도 있게 흔들면서 교통신호를 보내는 영국 해병을 그린 '깃발 신호로 교통정리하는 영국 해병'이란 제목의 화보가 실려 있다. 이와 관련해 백성현·이한우는 다음과 같이 주장했다.

"깃발 교통신호는 영국에서 최초로 시행된 것으로 이 삽화는 1898년에 이미 서울에 자동차가 출현했을 것이라는 새로운 사실을 증거한다는 점에서 주목을 끈다. 깃발 신호로 교통정리를 하는 것은 꼭 차가 많아서라기보다는 위세(威勢)의 성격이 강했음직하다. 아마도 자기네 대사관 차가 들어올 때를 대비한 제스처로 보인다."[70]

최악의 도로 사정

그러나 자동차 이전에 도로가 문제였다. 조선은 자동차는커녕 자동차가 달릴 도로와도 거리가 한참 먼 나라였다. 개화기에 조선을 방문한 서양인들은 조선의 도로 사정이 최악이라는 증언들을 많이 남겼다. 도로를 만들면 외적의 침입을 용이하게 만든다고 주장하는 사람들까지 있을 정도였으니 더 말해 무엇하랴.

아니 그건 왕의 생각이기도 했다. 1673년(현종 14년) 함경감사 남구만이 후주진을 설치하면서 도로의 개설을 상소하자, 왕은 "길을 닦는 것은 병가(兵家)의 대기(大忌)"라며 허락하지 않았다. 길이 없으면 외적도 침입할 수 없다는 뜻이었다.[71]

1904년 일제 침략과 개화풍조가 고개를 들자 음독 자결한 보수파 학자 이병준은 유서를 통해 "만약 조선의 길이 넓고 다리가 단단했던들, 우리 역사는 외침에 더욱 혹심하게 유린당했을 것이다"고 주장했다. 그런 이유로 한강엔 다리를 놓지 않았고, 임금의 능 참배행사가 있을 때엔 임시로 배를 연결시켜 만든 주교(舟橋)를 썼다. 주교에 필요한 800여 척의 배를 징발하는 데 한 달 남짓 걸렸으며, 그동안 한강 수운(水運)이 중단돼 원성(怨聲)이 자자했다. 이를 〈한강아리랑〉은 이렇게 노래했다.

"강원도 뗏목 장수 / 뗏목 빼앗기고 울고 가고 / 전라도 알곡 장수 / 통배 빼앗기고 울고 가면 / 삼개 객주 발 뻗고 울고 / 노나루 색주가(色酒家)들은 머리 잘라 판다."[72]

그 지경이었으니 조선의 도로는 정책적 결단에 의해 세계 최악이 되기를 자청한 셈이었다. 1883년 12월 조선에 온 미국 천문학자 퍼시벌 로웰은 조선의 길이 도로라는 이름조차 과분할 정도로 빈약하며, 그저 오가는 사람들의 발자국에 따라 만들어진 작은 길에 불과하다고 혹평했다.[73]

1894년 1월에서 1897년 3월까지 조선을 네 번이나 방문하였던 영국의 여행가 이사벨라 비숍은 "말을 타거나 터덜터덜 걷거나 간에 어느 경우에나 한 시간에 4.8킬로미터 이상은 갈 수 없는 한국의 도로는 거의가 이름이 없다"며 다음과 같이 말했다.

"가장 사정이 나은 제물포에서 서울 사이의 길도 겨울에는 진창이 30센티미터에서 1.2미터까지 이르는 구간들이 있었다. 내가 광범하게 체험한바 이 잘 알려지지 않은 교통의 불편은 한국의 발전에 커다란 장애임에 틀림없다."[74]

조선에 대해 늘 좋게 말하는 헐버트조차 "전국을 통해서 길이라고는 거칠기 짝이 없어서 인력거도 제대로 다닐 수가 없으며 우마차나 손수레는 말할 나위도 없다"며 다음과 같이 말했다.

"심지어는 주요 도시 사이의 길이 종종 논둑 위를 따라서 겨우 걸어다닐 수 있는 정도이기 때문에 이들을 연결하는 도로로는 그 정도의 형편없는 통로가 고작이라는 생각을 갖게 된다. 조선에는 도로시설이 그처럼 형편없기 때문에 여름의 장마철이 되면 임시로 만들어놓은 다리들은 물속에 잠기고 조그마한 냇물도 격류로 변하며, 배를 이용하는 경우가 아니고서는 모든 여행이나 교통이 두절된다는 것은 놀라운 일이 아니다. 이때가 되면 조선인들은 먼 길을 떠나지 않는다."[75]

강만길은 조선의 도로가 발달하지 못한 원인을 "당시의 지배층들은 농경에 종사해야 할 백성들이 여행을 자주 하게 되면 작업시간을 빼앗기게 되므로 이를 억제해야 하고, 인구의 이동이 잦으면 백성을 통치하는 데 어려움이 따르며, 상행위는 백성들의 사행심을 키워주기 때문에 억제해야 한다"는 점 등의 고루한 생각 때문이라고 했다.[76]

1908년 최초의 신작로 개통

그렇다고 조선 정부가 완전히 손 놓고 구경만 한 건 아니었다. 1890년대 중반 서울에서나마 도시정비사업이 이루어졌다. 1896년 8월 서울 중심도로인 종로와 남대문로의 임시점포를 정리하는 것으로부터 시작하여 도로를 새로 내거나 기존 도로를 단장하고, 나아가서는 공원을 조성하는 데까지 확대되었다. 이 사업의 전후에 각각 서울을 방문했던 영국인 비숍도 달라진 서울의 모습이 놀랍다고 썼다.[77]

그러나 서울만 그렇게 달라졌을 뿐 전국의 도로 사정은 여전히 외국인들의 비웃음을 사곤 했다. 1899년 러시아 재무부가 펴낸 보고서는 "도로에 관한 한 이 지구상에서 제일 형편없는 나라가 코리아다. …… 한국의 도로는 수세기 동안 단 한 번도 개량된 바가 없다. …… 가장 좋다는 도로의 폭이 장정 네 사람이 옆으로 나란히 선 어깨 폭의 합계인 약 3미터"라고 했다.[78]

앞서 소개한 바 있는 러일전쟁 종군기자 잭 런던은 1904년 3월 5일자 일기에서 한국의 열악한 도로 사정을 다음과 같이 묘사했다.

"역사를 참조하면 서울에서 북경까지의 길은 왕도(王道)이다. 북으로 압록강까지 반도를 따라 올라가다가 서쪽으로 돌아서 황해를 끼고 가면 북경에 도달하게 된다. 바로 이 길이 아시아 국가들의 관행에 따라 중국 황제의 수많은 사신들이 금과 은 장식이 달린 옷으로 휘황찬란하게 차려입고 지나다니던 길이었다. 비록 서양인이 볼 때는 도로라고 하기에도 우스꽝스러울 정도로 웅덩이의 연속에 불과하지만, 그러나 그것은 정말 왕도라고 한다. 비가 조금만 와도 이 길은 진흙으로 가득 찬 강으로 변한다. 다리를 건널 때는 매우 조심해야 되는데, 믿겨지지 않겠지만 발목을 한두 개 부러뜨리는 게 다반사기 때문이다."[79]

아직 자동차는 달리지 못할망정 우마차용을 위해서라도 일본은 이른바 신작로(新作路)를 건설하기 시작했는데, 그 최초가 1908년 10월에 완성된 전주-군산 간 도로(46km)였다. 이 전군가도는 일제 통감부가 치도국을 세운 다음 조선 안에 최초로 닦은 도로인 동시에 최초로 만든 시멘트 콘크리트 도로였다. 전군가도의 건설엔 수많은 사연이 있어 조정래의 『아리랑』에서도 적잖은 지면이 할애되었다.

측량사들은 헌병의 호위를 받아야만 했다. 농민들의 반발이 워낙 거셌기 때문이다. 그들은 어느 마을에서는 똥바가지를 뒤집어쓰는가 하면, 어떤 동네에서는 몰매를 맞기도 했다. 도로 건설에는 붙잡힌 의병들이 동원되었다. 길 양쪽에 나무들이 심어졌는데, 『아리랑』은 그 장면을 다음과 같이 묘사했다.

"그 나무는 흔히 보는 소나무도 참나무도 아니었다. 일본말로 '사쿠라'라고 했고, 그 꽃은 일본 사람들이 받드는 나라꽃이라는 것이었다. 헌병들이 그 나무를 받드는 정성은 실로 대단했다. 처음에 나무심기를 나선 사람들은 그 나무가 어떤 나무인지 알 리가 없었다. 그들이 보기에 두 자 남짓한 길이의 묘목은 별로 보잘 것도 없고 대수로울 것도 없는 어린 나무일 뿐이었다. 그래서 예사로 나뭇단을 내던지거나 넘어다녔다. 그런데 그때마다 헌병들의 욕설과 함께 개머리판이 날아들었다. 살기등등한 헌병들에게 아무 영문도 모르고 얻어맞고 걷어차인 다음에야 그들은 통변(通辯)을 통해 그 나무에 얽힌 사연을 듣게 되었다. 의병 출신인 그들은 비감하고 참담한 심정으로 '사쿠라'를 심어나가지 않을 수가 없었다."[80]

추수철만 되면 전군가도는 쌀을 가득 실은 우마차로 장사진을 쳤다. 1909년 조선의 전체 쌀 수출량의 32.4퍼센트가 군산항을 통해 일본으로 빠져나갔던바 최대 곡창지대였던 호남평야와 논산평야의 쌀이 지금은 벚꽃길로 유명한 '전군가도'를 통해 군산항에 쌓였다가 일본으로 수송되었던 것이다.[81]

일제는 전군가도 외에 진남포–평양, 목포–광주, 대구–경주 노선 건설을 추진하였던바 1911년까지 건설한 신작로는 총연장 741킬로미터에 이르렀다. 이 와중에 죽어나는 건 논밭을 빼앗긴 농민들이었으니, "치마 끈 졸라매고 논 사노니 신작로 복판에 다 들어가네"(남원 길쌈노래) 등과 같은 민요들이 많이 불려졌다.[82]

1905년 교통경찰의 등장

1905년 통감부가 들어서면서 일본식 경찰제도가 도입될 때에 교통경찰이 처음 등장했다. 최초의 도로교통법은 광무 9년(1905년) 12월 20일 제정된 '경무청령 제2호 가로관리규칙'이었다. 모두 18개 조항으로 융희 2년(1908년)까지 두 차례 개정된 가로관리규칙을 어기면 '일 십(一十) 이하의 태벌(笞罰)이나 3일 이내의 구류' 에 처했다.

제6조는 '가로에서 우마차(牛馬車)가 만날 때에는 호상(互相, 서로) 우편(右便)으로 피하여 양보할 것' 이라고 규정했다. 이는 오늘날의 도로교통법 12조 자동차의 우측통행원칙의 효시다. 제9조는 밤에 불을 켜지 않고 자전거를 탈 수 없도록 했으며, 10조는 5세 미만 어린이가 혼자 거리를 걷는 것을 금지했다. 이는 현행 도로교통법 32조 '차의 등화' 와 11조 맹인 및 어린이 보호와 유사하다. 군대나 장례행렬, 우편용구나 소방용구의 차마에 봉착하면 양보할 것이라고 규정한 제5조는 '긴급자동차 우선통행원칙' 과 같다.

1906년 4월 10일 제정된 경무청령 제4호 우차 및 하마차 관리규칙은 자동차관리법의 효시다. 제1조는 우차 및 하마차의 소유자는 주소 성명을 차체의 견이(見易)한(보기 쉬운) 곳에 명기할 것으로 규정, 현행 자동차등록증 및 등록번호판 규정을 연상케 한다. 우마차의 폭과 구조도 제한했으며, 위반 시에는 10일 이하 구류 또는 20대 이하 태벌이 가해졌다. 1908년 2월에는 우마차의 증가로 경성뿐 아니라 인천 지역까지 관련 규정을 확대 적용했다.

경찰사무가 일본에 위임되고 한일병합을 목전에 두었던 1908년 8월 15일 제정된 경시청령 제3호 인력거영업단속규칙은 여객자동차운수사업법과 비슷하다. 인력거꾼은 18세 이상 60세 미만의 신체 강장(强壯)한 남자에 한했다. 인력거 소유자는 경찰관서에서 차체 검사증을 받고 청결을 유지해야 했다. 주차장이 아닌 곳에서는 승객을 태울 수 없었고, 정당한 이유 없이 승차를 거절하거나 하차를 요청할 수 없었으며 합승도 금지됐다. 정액 외에 요금을 청구하거나 억지로 승차시키는 행위도 단속대상이었다. 앞차를 월진(越進, 추월)할 때에는 크게 소리를 질러야 했다. 규칙을 어기면 10일 이하 구류나 10환 이하 벌금에 처했다.[83]

1905년 '경무청령 제2호 가로관리규칙'은 보행자도 우측보행으로 정했으나, 이는 1921년 일제 조선총독부에 의해 좌측통행으로 변경되어 오늘에 이르고 있다. 대부분의 국가는 우측 보행이 관례이며, 일본도 차량은 좌측통행을 하되 사람은 오른쪽으로 걷도록 했다. 국내에서도 좌측 보행은 오른손잡이가 많은 현실에서 신체특성이나 교통안전 등에 맞지 않다는 의견이 꾸준히 제기되었다. 이에 건설교통부는 2007년 9월 좌측 보행을 우측 보행으로 변경하는 게 타당한지에 대한 연구용역을 한국교통연구원에 의뢰했으며,[84] 그 결과를 바탕으로 2009년부터 우측 보행으로 변경했다.

상수도 등장

한국 최초의 상수도시설은 서울이 아닌 부산에서 먼저 등장했다. 1884년 1월 부산에서 일본 거류민단의 경영으로 자연 여과장치와 대청동 배수지를 설치한 것이 최초다. 이어 1905년 일본 거류민 지역을 중심으로 인천·목포·평양 등에 상수도가 선을 보였다. 서울의 상수도는 전차·전기 등을 도입한 미국인 콜브란(H. Collbran)과 보스트위크(H. B. Bostwick)가 1903년 상수도시설과 경영에 관한 허가를 받음으로써 시작돼 1906년에 등장했다.[85]

서울에 실질적인 상수도가 선을 보인 건 1908년이라는 설도 있다. 이때에 한국수도회사는 한강의 물을 뚝섬 수원지에서 침전 여과하여

도관으로 송수하는 방식으로 용산 등 서울 일대에 물을 공급했다는 것이다.[86] 그러나 이때의 상수도는 주로 일본인 거류민을 위한 것이었다. 조정래의 『아리랑』은 이때의 상황을 다음과 같이 묘사했다.

"논을 사들이는 왜놈들은 날로 늘어만 가고, 왜 물건들도 점점 더 범람해 가는 판인데 결국 이등박문이란 놈이 통감이 되어 자리를 잡았습니다. 그놈이 부임해서 첫 번째로 한 짓이 참 가관입니다. 그놈은 정부한테 일본 흥업은행에서 천만 원을 차관하도록 강요했습니다. 그 막대한 빚을 얻게 해가지고는 통감부가 그 돈을 가로채서 무슨 일을 한 줄 아십니까? 경성이나 인천, 부산 등지에 제 놈들 거류민을 위해 수도시설을 하는 데 써먹었습니다."[87]

1910년 말까지 펌프식 상수도시설에 의한 수돗물 공급은 경성·부산·인천·평양 등 4개 지역에서만 1만 6327가구에 혜택이 돌아갔다. 경성의 수도보급률 18퍼센트, 인천 7.4퍼센트, 부산 16.2퍼센트, 평양 1.1퍼센트였다.[88]

일제강점 이후 한국수도회사의 소유권은 총독부로 이전되었으며, 일본인이 많이 거주하던 용산 구역에 위치한 노량진에 새로 수원지가 신설되었다. 상수도 차별이라고나 할까. 1925년 당시 한국인 급수 호수는 29퍼센트에 지나지 않았던 반면, 일본인은 89.9퍼센트에 이르렀다.[89]

조선은 상수도가 늦게 발전해 잦은 전염병 창궐로 몸살을 앓았지만, 먼 훗날 세계에서 가장 물 값이 싼 상수도 대국으로 변하게 된다. 2004년 기준으로 1톤당 생활용수를 미국 달러로 환산해 비교했을 때 한국은 0.49달러에 불과하지만 독일 3.88달러, 영국 2.67달러, 프랑스 2.65달러, 일본 2.1달러, 호주 1.49달러 등이다.[90]

05

『대한매일신보』의
반일 민족주의

광무신문지법의 효과

『대한매일신보』의 국한문혼용판은 여러 장점에도 불구하고 일반 대
중을 계몽하는 데 명백한 한계가 있었다. 국민의 지지에 고무된『대한
매일신보』는 1907년 5월 23일 한글판『대한매일신보』의 견본을 선보
였고 이후 영문판·국한문혼용판·한글판 등 세 판을 간행하게 되었
다. 한글판이 나오기 전에는 영문판과 국한문혼용판을 합쳐 발행부수
가 4000부 정도였으나 한글판이 나온 이후 세 판의 총 발행부수는 1
만여 부에 이르렀다.[91]

앞서 지적한 바와 같이 1907년 7월 24일에 만들어진 광무신문지법
은 언론의 자유를 억압했다. 일본은 당시 영국과 동맹관계에 있었기
때문에 베델이 경영하는『대한매일신보』는 검열을 피할 수 있었고 반
일 논조도 펼 수 있었다. 박은식의 검속 사건 이후 신문사 정문에는

'일인불가입(日人不可入)'까지 방까지 내걸었다. 일본에 대한 이와 같은 태도는『대한매일신보』만이 누릴 수 있는 특권이었다.

『황성신문』『제국신문』등은 이른바 '벽돌신문'이라는 말이 나올 만큼 사전검열에 속수무책으로 당해야만 했다. 앞서도 지적했듯이, 당시는 아직 활판인쇄로 지형(紙型)이 없었던 때라 활자를 거꾸로 넣어서 찍을 수밖엔 도리가 없어 그 지면을 시꺼멓게 만들었는데, 이것을 가리켜 '벽돌신문'이라 하였고 '복판신문(覆板新聞)' 혹은 '흑판신문(黑板新聞)'이라 부르기도 했다.[92]

광무신문지법의 효과는 당장『제국신문』의 경우에 나타났다.『제국신문』은 1907년 9월 5, 6, 7일 3일간에 걸쳐「붓을 들고 통곡함」이라는 논설 등을 통해 독자들에게 경영난을 호소했다. 독자들로부터 의연금이 들어오긴 했지만 경영난을 해결하기엔 턱없이 모자랐다.『제국신문』은 9월 20일자에「붓을 던져 신문 사랑하는 여러 동포에게 작별을 고함」이라는 제목으로 신문을 더 이상 발간할 수 없게 되었다고 선언했다. 당장 광무신문지법이 규정한 발행보증금 300원이 없다는 이유였다.[93]

다시 독자들의 성금이 답지해『제국신문』은 10월 3일자로 속간할 수 있었지만, 언제까지 성금에만 의존할 수는 없는 일이었다. 박노자는『제국신문』은 1907년 10월 이토 히로부미와의 관계가 돈독한 친일 개화파 정운복에게 인수되어 급속히 친일화됐다고 말했다.[94]

일제의『대한매일신보』탄압

통감 정치가 강화되면서『대한매일신보』에 대한 일제의 탄압도 거세졌다. 일제는 1907년 10월 12일 서울 주재 영국총영사 헨리 콕번 (Henry Cockburn)에게 베델의 처벌을 요구하는 소장을 제출해 외교적 탄압을 본격화했다. 베델이 기소된 주요 이유는 일본군의 활약을 소상하게 공표했다는 것이었다.[95]

베델은 10월 14일 서울 주재 영국총영사관에 설치된 영사 재판정에 출두해 6개월간 위배행위(違背行爲)를 하지 않는다는 약속으로 3000원을 보증금으로 지불하라는 유죄판결을 받았다. 그러나 베델은 이 판결에 불복(不服)하고 공소(控訴)하면서 무죄를 주장하였다.[96](공소는 '항소'를 뜻하는 법률 용어다)

베델에 대한 이와 같은 탄압의 이면엔 1907년 2월부터 사회적으로 크게 전개된 국채보상운동에 『대한매일신보』가 앞장선 것도 작용하였다. 일본은 『대한매일신보』에 대해선 다른 종류의 탄압책을 썼다. 신문의 우송과 배달을 방해하는 건 물론이고 사원들을 위협하거나 체포하기도 했으며 베델의 집을 감시하고 생활에 불편을 주기 위해 수단과 방법을 가리지 않았다.[97]

이는 일본이 그만큼 『대한매일신보』를 위협적인 존재로 보았다는 걸 의미한다. 통감 이토 히로부미는 이미 『대한매일신보』 한글판이 나오기 몇 개월 전인 1907년 초 일본에서 연설하는 가운데 "나의 백마디 말보다 신문의 한마디가 한국인을 감동케 하는 힘이 크다"고 말하였다.[98] 물론 이건 칭찬이 아니었다. 『대한매일신보』가 선동을 일삼는 신문이라는 게 연설의 요지였는데, 이토는 이미 이때에 신문지법 제정과 같은 언론탄압책의 필요성을 염두에 두었을 것이다.

『대한매일신보』의 의병관과 기독교구국론

『대한매일신보』는 제국주의에 저항하여 국권을 지키기 위해서는 오로지 민족주의로 무장하는 것 이외에 다른 대안이 있을 수 없다고 주장함으로써 '식민지 민족주의'를 제시하였다.[99]

물론 시종일관 그랬던 건 아니고, 시간의 흐름에 따라 일본의 침략성에 대해 논조 변화를 보였다. 예컨대, 『대한매일신보』 1904년 9월 11일자는 일본의 침략성을 비판하면서도 9월 14일자에서는 일본이 자국의 이익만 챙기지 않는다면 그들의 내정개혁 추진으로 한국의 개명·진보하게 되며 한국에 막대한 이익을 주리라는 기대를 완전히 저버리진 않았다.[100]

의병(義兵)을 보는 시각은 어떠했던가? 먼저 『황성신문』을 보자. 『황성신문』 1906년 5월 20일자 논설은 "의요(의병들의 소요)는 마땅히 빨리 진압되어야 한다"고 했다. 1906년 12월 14일자는 의병을 "국가에게 해를 입히는 요괴스러운 천한 자식" "백성에게 문둥병처럼 해독을 끼치는 자들"이라는 욕설까지 퍼부었다.[101]

『대한매일신보』가 의병을 보는 시각은 『황성신문』을 포함한 다른 신문들과는 달랐지만 처음부터 그랬던 건 아니다. 『대한매일신보』도 초기에는 의병에 대해 보수적이며 비판적이었다. 1905년 9월 『대한매일신보』는 의병은 명칭만 의병이지 그 목적은 마을에 돌입하여 곡식과 돈을 강탈하며 총검을 수탈하는 도적(匪徒)과 같다고 했다. 『대한매일신보』의 의병관은 을사늑약 이후 달라졌다는 주장이 많으나, 1906년 5월 30일자만 해도 의병의 경거망동은 나라의 화란(禍亂)만 초래한다며 여전히 부정적인 견해를 보였다. 『대한매일신보』의 의병관이 긍정적인 것으로 돌아선 것은 고종 퇴위 이후였다.

1907년 8월 일본에 의해 강제로 군대 해산이 단행되자 이에 반대하는 구식 군인들이 의병으로 각처에서 봉기했을 때에도, 『황성신문』은 1907년 9월 25일자 논설 「경고 의병제군」을 비롯하여 여러 차례의 논설에서 의병들을 향하여 나라가 위태로운데 괜히 소란을 피우지 말고 병기를 던지고 고향에 돌아가 생업에 종사할 걸 권유하였다.

이처럼 『황성신문』을 비롯한 다른 신문들은 시종일관 의병을 '폭도(暴徒)·비도(匪徒)'라고 다루었지만, 『대한매일신보』는 '의병'이라고 불렀으며 의병을 소극적으로나마 지지하는 입장에 섰다.[102] 또, 1909년 10월 26일 안중근이 이토 히로부미를 암살했을 때도 『대한매일신보』는 연일 기사를 냈고, 이듬해 3월 안중근이 사형당했을 때는 호외까지 발행하여 사회 여론을 환기시켰다.

『대한매일신보』는 이전의 신문들에 비해 기독교의 수용에 있어서도 훨씬 적극적이었다. 예컨대, 『대한매일신보』 1905년 9월 29일자에 실린 「한국은 장차 기독교를 통해 자립하리라」라는 글은 유교와 불교를 '타락한 과거의 종교'로 규정하고 기독교 교회가 한국의 미래를 대변한다고 주장했다.[103] 또 『대한매일신보』 1907년 7월 31일자 논설은 기독교는 감화하는 힘이 다른 종교보다 월등할 뿐만 아니라 그 주의는 널리 사랑함이요 그 제도는 평등이요 그 방법은 매년 수백만 환의 돈을 허비하여 새 지식 새 문명을 겸하여 수입하기 때문에 한국의 국가 민족에 무엇보다 이익이 된다면서 '대한 이천만 인종의 한 가지 살 길'은 기독교를 믿는 데 있다는 기독교구국론을 주장했다.[104]

장도빈 · 양기탁의 반일 민족주의 논설

당시 『대한매일신보』가 추구한 반일 민족주의를 잘 보여주는 두 편의 논설을 음미해보자.

장도빈은 1908년 1월 10일자 논설 「일인하지(日人何知)」에서 "일인의 신문잡지가 가끔 우리 신문을 평해 배일(排日)론자라 하여 미친 듯이 매도하는데 그중 망언을 하는 자는 심지어 정부의 비밀금을 받아 민심선동의 기관을 만들었다고 무고하는 자도 있도다"라면서 다음과 같이 말했다.

"기자 왈 네가 어찌 본보를 알리오, 네가 어찌 본보를 알리오. 배일한다고 본보에 허물을 씌우더라도 수긍치 아니할지며, 배일하지 않는다고 칭송하여도 수긍치 아니할지며, 그 중간이라고 평해도 수긍치 아니할지니 오호라, 본기자의 붓끝이 너희 일본을 어찌 알리오 마음과 눈에 단지 한국만 있도다. …… 5조 7협(을사조약과 정미7조약이 협박으로 이루어졌다는 뜻)에 괴이한 조항이 빈번하며 일진회에 마귀 무리가 설치고, 우리 땅과 정부 의자에 외국인이 날마다 늘어나니 슬픔이 극에 달하는구나."[105]

양기탁은 1908년 5월 16일자 논설 「학계의 화(花)」에서 함흥군 풍호리 보창학교 학생 50여 명이 모여 연설하다가 그중 17인이 '내가 반드시 우리 대한을 복구하리라' '내가 삼천리 산하를 되찾으리라' 하며 칼로 손가락을 찔러 붉은 피로 그 맹세를 썼다는 소식을 전하면서 다음과 같이 말했다.

"장하도다 열일곱 학생의 손가락 피여, 열렬하구나 열일곱 학생의 손가락 피여. 내가 그 피에 춤을 추노니 무릇 한국의 뜻 있는 남녀야, 각자 그 피에 춤출지어다. 내가 그 피에 노래하며 그 피에 곡하노니 무릇 한국의 눈물 있는 남녀야 각자 그 피에 노래하고 곡할지어다. 열일곱 학생의 손가락 피는 어떤 피인고. 애국의 피며 시대를 걱정하는 피며 비분강개하는 피며 열광하는 피니, 장하구나 열일곱 학생의 손가락 피여 열렬하구나 열일곱 학생의 손가락 피여."[106]

학생들의 '단지(斷指) 피바람'

1908년 5월에 절정을 이룬 '단지(斷指) 피바람'은 정미7조약 이후 전국으로 확산된 사건이었다. 길주군 수도학교의 교사 권병희가 황제탄신일 축하연설 도중에 자기 손가락을 끊어 그 피로 '대한정신력'이라는 다섯 글자를 쓴 이후로 '단지 혈서'는 전국의 학교로 퍼져나갔다.[107]

이승원은 "'피'를 통해야만 자신의 목소리를 전달할 수 있는 시대였다. 피의 많고 적음이 중요한 것이 아니라, 피를 흘리느냐 마느냐가 중요했고, 그 흘린 피를 머금고 세상은 격변하기 시작한 것이다"라며 다음과 같이 말했다.

"한국은 피바람의 회오리 속에서 빠져나오지 못한다. 선생들이 학생들 앞에서 솔선하여 단지를 하고, 그 피로 혈서를 썼다. 학생들은 선생의 뒤를 따라 단지의 대열에 합류했다. 일본 헌병들은 학교를 예의 주시하며 감시했고, 단지를 한 학생을 의병 관련과 내란선동죄로 잡아들였다. 그러나 한 번 흩뿌려진 피는 그칠 줄 몰랐다. 학생들은 계속해서 단지동맹을 결성했고, 그들이 흘린 피가 전국을 붉게 물들였다."[108]

이제 한국인에게 뜨거운 피 말고 무엇이 있었으랴. 피를 뿌린 뒤 한국인이 기대할 수 있는 건 오직 교육뿐이었다. 이미 여러 차례 강조되었던 교육구국론이 다시 한반도를 휩쓸게 되는데, 이는 한국인의 체념의 지혜와 더불어 먼 훗날에 대비하겠다는 결의를 갖게 된 결과였는지도 모른다. 일단 총칼 앞에 무너진 한국의 보통 사람들에겐 오직 교육만이 살 길이었다. 먼 훗날 세계에서 가장 살벌한 경쟁체제를 갖게 되는 한국의 대학입시 전쟁은 바로 그런 교육구국론을 외쳐야 했던 세월이 너무도 길었던 탓에 한(恨)으로 유전된 결과인지도 모르겠다.

| 주석 |

제1장

1) 정진석, 「군복입은 군인이 일인에게 매 맞고 독일영사는 외부대신 구타: 신문에 나타난 망국의 조짐들」, 『월간조선』, 2006년 8월, 348쪽.

2) 정진석, 「군복입은 군인이 일인에게 매 맞고 독일영사는 외부대신 구타: 신문에 나타난 망국의 조짐들」, 『월간조선』, 2006년 8월, 344쪽.

3) 이철성, 「만상, 의주의 퇴장과 신의주」, 국사편찬위원회 편, 『거상, 전국 상권을 장악하다』, 두산동아, 2005, 236쪽.

4) 노주석, 「러 외교문서로 밝혀진 구한말 비사 (6) 러와 청, 일 3국 국경분쟁」, 『대한매일』, 2002년 5월 27일, 8면.

5) 한국사사전편찬회 편, 『한국근현대사사전 1860 1990』, 가람기획, 1990, 88쪽.

6) 노주석, 「러 외교문서로 밝혀진 구한말 비사 (6) 러와 청·일 3국 국경분쟁」, 『대한매일』, 2002년 5월 27일, 8면; 하일식, 『연표와 사진으로 보는 한국사』, 일빛, 1998, 236~237쪽.

7) 이덕주, 『조선은 왜 일본의 식민지가 되었는가』, 에디터, 2004, 299~300쪽.

8) 현광호, 「유길준과 안중근의 동아시아 인식 비교: 중국과 일본에 대한 상이한 시선」, 『역사비평』, 통권76호(2006년 가을), 39쪽.

9) 앙드레 슈미드, 정여울 옮김, 『제국 그 사이의 한국 1895~1919』, 휴머니스트, 2007, 234쪽.

10) 박성준, 「큰돈 주고 샀는데 알고보니 '고물 배': 한국 최초 근대식 군함 '양무호' 사기사건 전말/일제 속임수에 놀아나」, 『시사저널』, 2005년 1월 11일, 72면.

11) 송우혜, 「[운명의 20년] 국제사회, 대한제국을 전리품 처리하듯 日에 넘겨: 13. 러일전쟁(4)-포츠머스 강화조약」, 『조선일보』, 2004년 10월 13일자.

12) 박성준, 「큰돈 주고 샀는데 알고보니 '고물 배': 한국 최초 근대식 군함 '양무호' 사기사건 전말/일제 속임수에 놀아나」, 『시사저널』, 2005년 1월 11일, 72면; 송우혜, 「[운명의 20년] 국제사회, 대한제국을 전리품 처리하듯 日에 넘겨: 13. 러일전쟁(4)-포츠머스 강화조약」,

『조선일보』, 2004년 10월 13일자.

13) 박노자, 『우리가 몰랐던 동아시아』, 한겨레출판, 2007, 204~205쪽.

14) 박성수, 『조선의 부정부패 그 멸망에 이른 역사』, 규장각, 1999, 68쪽에서 재인용.

15) 박성수, 「고종즉위 40년(秘錄 南柯夢:10)」, 『서울신문』, 1998년 5월 6일, 12면.

16) 박성수, 「월미도 매각사건(秘錄 南柯夢:11)」, 『서울신문』, 1998년 5월 13일, 11면.

17) 노주석, 「러 외교문서로 밝혀진 구한말 비사 (1) 초대 대리공사 베베르의 수기」, 『대한매일』, 2002년 5월 9일, 6면.

18) 노주석, 「러 외교문서로 밝혀진 구한말 비사 (1) 초대 대리공사 베베르의 수기」, 『대한매일』, 2002년 5월 9일, 6면.

19) 앙드레 슈미드, 정여울 옮김, 『제국 그 사이의 한국 1895~1919』, 휴머니스트, 2007, 470~471쪽.

20) 앙드레 슈미드, 정여울 옮김, 『제국 그 사이의 한국 1895~1919』, 휴머니스트, 2007, 471쪽.

21) 김범수, 「목소리 커지는 '간도 영유권' 주장」, 『한국일보』, 2004년 9월 8일, 26면.

22) 노주석, 「러 외교문서로 밝혀진 구한말 비사 (6) 러와 청·일 3국 국경분쟁」, 『대한매일』, 2002년 5월 27일, 8면.

23) 특별취재팀, 「조선유민이 1870년경 벼농사 시작: 간도는 어떻게 만들어졌나」, 『동아일보』, 2004년 5월 14일, A21면.

24) 특별취재팀, 「조선유민이 1870년경 벼농사 시작: 간도는 어떻게 만들어졌나」, 『동아일보』, 2004년 5월 14일, A21면.

25) 노주석, 「러 외교문서로 밝혀진 구한말 비사 (6) 러와 청·일 3국 국경분쟁」, 『대한매일』, 2002년 5월 27일, 8면.

26) 이상태, 「땅과 고지도 발달」, 김형국 편, 『땅과 한국인의 삶』, 나남출판, 1999, 144~145쪽.

27) 김범수, 「목소리 커지는 '간도 영유권' 주장」, 『한국일보』, 2004년 9월 8일, 26면.

28) 특별취재팀, 「조선말까지 간도 영토의식 확실했다: 잊혀져가는 간도」, 『동아일보』, 2004년 5월 28일, A19면.

29) 특별취재팀, 「조선유민이 1870년경 벼농사 시작: 간도는 어떻게 만들어졌나」, 『동아일보』, 2004년 5월 14일, A21면; 김범수, 「목소리 커지는 '간도 영유권' 주장」, 『한국일보』, 2004년 9월 8일, 26면.

30) 특별취재팀, 「조선유민이 1870년경 벼농사 시작: 간도는 어떻게 만들어졌나」, 『동아일보』, 2004년 5월 14일, A21면.

31) 특별취재팀, 「조선유민이 1870년경 벼농사 시작: 간도는 어떻게 만들어졌나」, 『동아일보』, 2004년 5월 14일, A21면.

32) 특별취재팀, 「조선말까지 간도 영토의식 확실했다: 잊혀져가는 간도」, 『동아일보』, 2004년 5월 28일, A19면.

33) 노주석, 「러 외교문서로 밝혀진 구한말 비사 (6) 러와 청·일 3국 국경분쟁」, 『대한매일』, 2002년 5월 27일, 8면.

34) 유병탁, 「비운의 간도관리사 이범윤」, 『뉴스메이커』, 2004년 3월 25일, 56~57면.

35) 유병탁, 「비운의 간도관리사 이범윤」, 『뉴스메이커』, 2004년 3월 25일, 56~57면.

36) 앙드레 슈미드, 정여울 옮김, 『제국 그 사이의 한국 1895~1919』, 휴머니스트, 2007, 486, 489쪽.

37) 이덕주, 『한국교회 처음 이야기』, 홍성사, 2006, 158~159쪽.

38) 한국기독교역사연구소, 『한국 기독교의 역사 I』, 기독교문사, 1989, 269쪽.

39) 이덕주, 『한국교회 처음 이야기』, 홍성사, 2006, 159~160쪽.

40) 박용규, 『평양 대부흥운동: 100주년기념 개정판』, 생명의말씀사, 2007, 33쪽.

41) 류대영, 『초기 미국선교사 연구』, 한국기독교역사연구소, 2001, 108~112쪽.

42) 김영재, 『한국교회사』, 개혁주의신행협회, 1992, 81쪽; 김정동, 『남아있는 역사, 사라지는 건축물』, 대원사, 2000, 150쪽; 서정민, 『언더우드가 이야기: 한국과 가장 깊은 인연을 맺은 서양인 가문』, 살림, 2005, 99쪽.

43) 전택부, 『한국 기독교청년회 운동사』, 범우사, 1994, 21~26쪽.

44) 류대영, 『개화기 조선과 미국 선교사: 제국주의 침략, 개화자강, 그리고 미국 선교사』, 한국기독교역사연구소, 2004, 416~417쪽.

45) 전택부, 『한국 기독교청년회 운동사』, 범우사, 1994, 62~63쪽.

46) 전택부, 『월남 이상재의 생애와 사상』, 연세대학교 출판부, 2001, 65쪽.

47) 전택부, 『양화진 선교사 열전』, 홍성사, 2005, 105~106쪽.

48) 전택부, 『월남 이상재의 생애와 사상』, 연세대학교 출판부, 2001, 77쪽; 이학준, 「구한말 스포츠항일 YMCA 야구단 영화로 만든다」, 『국민일보』, 2001년 4월 18일, 31면.

49) 전택부, 『월남 이상재의 생애와 사상』, 연세대학교 출판부, 2001, 84~85쪽; 장규식, 『서울, 공간으로 본 역사』, 혜안, 2004, 44쪽.

50) 서정민, 『한국교회의 역사』, 살림, 2003, 15쪽; 서정민, 『언더우드가 이야기: 한국과 가장 깊은 인연을 맺은 서양인 가문』, 살림, 2005, 103쪽; 이만열, 『한국기독교와 민족의식: 한국기독교사연구논고』, 지식산업사, 1991, 384쪽.

51) 윤성렬, 『도포입고 ABC 갓쓰고 맨손체조: 신문화의 발상지 배재학당 이야기』, 학민사, 2004, 50~51쪽.

52) 서정민, 『언더우드가 이야기: 한국과 가장 깊은 인연을 맺은 서양인 가문』, 살림, 2005, 131~133쪽.

53) 서정민, 『언더우드가 이야기: 한국과 가장 깊은 인연을 맺은 서양인 가문』, 살림, 2005, 134~135쪽.

54) 서정민, 『언더우드가 이야기: 한국과 가장 깊은 인연을 맺은 서양인 가문』, 살림, 2005, 137쪽.

제2장

1) 한기홍, 「'조선 중립국화' 이루어졌다면…」, 『동아일보』, 2004년 1월 8일, A8면.

2) 박지향, 『일그러진 근대: 100년전 영국이 평가한 한국과 일본의 근대성』, 푸른역사, 2003, 238~239쪽.

3) 현광호, 『대한제국의 대외정책』, 신서원, 2002, 57~58쪽.

4) 김기정, 『미국의 동아시아 개입의 역사적 원형과 20세기 초 한미관계 연구』, 문학과지성사, 2003, 150쪽.

5) 현광호, 『대한제국의 대외정책』, 신서원, 2002, 62~63쪽.

6) 박성수, 「격동의 대한제국 이면사 비록 남가몽 (22): 간신 가득한 궁궐」, 『서울신문』, 1998년 8월 26일, 14면; 한승동, 「'한반도 분할' 일본 아이디어: 러일전쟁 전 러에 제안/미일전쟁비용 지원」, 『한겨레』, 2001년 4월 14일, 7면; 돈 오버도퍼, 이종길 옮김, 『두 개의 한국』, 길산, 2002, 26쪽.

7) 노주석, 「러 외교문서로 밝혀진 구한말 비사 (2) 오락가락하는 대 한반도 정책」, 『대한매일』, 2002년 5월 13일, 17면.

8) 한기홍, 「'조선 중립국화' 이루어졌다면…」, 『동아일보』, 2004년 1월 8일, A8면.

9) 한기홍, 「'조선 중립국화' 이루어졌다면…」, 『동아일보』, 2004년 1월 8일, A8면.

10) 한기홍, 「'조선 중립국화' 이루어졌다면…」, 『동아일보』, 2004년 1월 8일, A8면.

11) 노주석, 「러 외교문서로 밝혀진 구한말 비사 (2) 오락가락하는 대 한반도 정책」, 『대한매일』, 2002년 5월 13일, 17면.

12) 송우혜, 「[운명의 20년] 10. 러일전쟁(1)-旅順전투: 日, 어둠 틈타 러함대 기습공격… "20세기 최초의 대전투"」, 『조선일보』, 2004년 9월 15일자; 송우혜, 「[운명의 20년] 11. 러일전쟁 ②-무기력한 대한제국: 조선땅서 러일전쟁 중인데도 지도층은 우왕좌왕만/무력하고 무능한 지도자와 제 집마저 버리고 도망치는 백성…」, 『조선일보』, 2004년 9월 22일자.

13) 강성학, 『시베리아 횡단열차와 사무라이: 러일전쟁의 외교와 군사전략』, 고려대학교 출판부, 1999, 290~291, 374쪽.

14) 강성학, 『시베리아 횡단열차와 사무라이: 러일전쟁의 외교와 군사전략』, 고려대학교 출판부, 1999, 291~296쪽.

15) 강성학, 『시베리아 횡단열차와 사무라이: 러일전쟁의 외교와 군사전략』, 고려대학교 출판부, 1999, 297, 350~351쪽.

16) 임종업, 「인천 앞바다 러일 해전 '한국은 없다'」, 『한겨레』, 2006년 4월 3일, 17면.

17) 이영호, 「역사의식 없는 역사기념물: 러시아의 인천해전 추모비 건립을 중심으로」, 『황해문화』, 제43호(2004년 여름), 269~270쪽.

18) 이영호, 「해설/제물포해전의 복원과 영웅의 탄생」, 가스통 르루, 이주영 옮김, 『러일전쟁, 제물포의 영웅들』, 작가들, 2006, 199쪽.

19) 송우혜, 「[운명의 20년] 11. 러일전쟁②-무기력한 대한제국: 조선땅서 러일전쟁 중인데도 지도층은 우왕좌왕만/무력하고 무능한 지도자와 제 집마저 버리고 도망치는 백성…」, 『조선일보』, 2004년 9월 22일자.

20) 박성수, 「격동의 대한제국 이면사 비록 남가몽 (22): 간신 가득한 궁궐」, 『서울신문』, 1998년

8월 26일, 14면.

21) 송우혜, 「[운명의 20년] 11. 러일전쟁②—무기력한 대한제국: 조선땅서 러일전쟁 중인데도 지도층은 우왕좌왕만/무력하고 무능한 지도자와 제 집마저 버리고 도망치는 백성…」, 『조선일보』, 2004년 9월 22일자.

22) 이영호, 「해설/제물포해전의 복원과 영웅의 탄생」, 가스통 르루, 이주영 옮김, 『러일전쟁, 제물포의 영웅들』, 작가들, 2006, 204~205쪽.

23) 임종업, 「인천 앞바다 러일 해전 '한국은 없다'」, 『한겨레』, 2006년 4월 3일, 17면.

24) 가스통 르루, 이주영 옮김, 『러일전쟁, 제물포의 영웅들』, 작가들, 2006, 42~43쪽.

25) 이영호, 「해설/제물포해전의 복원과 영웅의 탄생」, 가스통 르루, 이주영 옮김, 『러일전쟁, 제물포의 영웅들』, 작가들, 2006, 203~204쪽.

26) 김영수, 「러시아: 러일전쟁 패배는 보는 두 시각」, 『역사비평』, 통권69호(2004년 가을), 309~310쪽.

27) 송우혜, 「[운명의 20년] 11. 러일전쟁②—무기력한 대한제국: 조선땅서 러일전쟁 중인데도 지도층은 우왕좌왕만/무력하고 무능한 지도자와 제 집마저 버리고 도망치는 백성…」, 『조선일보』, 2004년 9월 22일자.

28) 이영호, 「역사의식 없는 역사기념물: 러시아의 인천해전 추모비 건립을 중심으로」, 『황해문화』, 제43호(2004년 여름), 273쪽.

29) 이영호, 「역사의식 없는 역사기념물: 러시아의 인천해전 추모비 건립을 중심으로」, 『황해문화』, 제43호(2004년 여름), 273쪽.

30) 최문형, 『국제관계로 본 러일전쟁과 일본의 한국병합』, 지식산업사, 2004, 291쪽.

31) 김용구, 『세계외교사』, 서울대학교 출판부, 2006, 548쪽.

32) 한철호, 「한국: 우리에게 러일전쟁은 무엇인가」, 『역사비평』, 통권69호(2004년 가을), 299쪽; 정긍식, 「서구법 수용의 왜곡」, 『역사비평』, 통권46호(1999년 봄), 288쪽.

33) 오동석, 「한국 근현대사에 나타난 언론통제법의 본질과 실상」, 『역사비평』, 계간3호(1988년 겨울), 300쪽.

34) 김삼웅, 『친일정치 100년사』, 동풍, 1995, 46쪽.

35) 한철호, 「한국: 우리에게 러일전쟁은 무엇인가」, 『역사비평』, 통권69호(2004년 가을), 300쪽.

36) 한철호, 「한국: 우리에게 러일전쟁은 무엇인가」, 『역사비평』, 통권69호(2004년 가을), 303~304쪽.

37) 한철호, 「한국: 우리에게 러일전쟁은 무엇인가」, 『역사비평』, 통권69호(2004년 가을), 303~304쪽.

38) 최형묵 · 백찬홍 · 김진호, 『무례한 자들의 크리스마스: 미국 복음주의를 모방한 한국 기독교 보수주의, 그 역사와 정치적 욕망』, 평사리, 2007, 284쪽.

39) 하원호, 『한국근대경제사연구』, 신서원, 1997, 203쪽.

40) 하원호, 『한국근대경제사연구』, 신서원, 1997, 208~209쪽.

41) 강동진, 반민족연구소 엮음, 『한국을 장악하라: 통감부의 조선침략사』, 아세아문화사, 1995,

66~69쪽.

42) 앙드레 슈미드, 정여울 옮김, 『제국 그 사이의 한국 1895~1919』, 휴머니스트, 2007, 242~243쪽.

43) 한철호, 「한국: 우리에게 러일전쟁은 무엇인가」, 『역사비평』, 통권69호(2004년 가을), 301쪽.

44) 김윤식, 『이광수와 그의 시대 1』, 솔, 1999, 225~226쪽.

45) 백성현·이한우, 『파란 눈에 비친 하얀 조선』, 새날, 1999, 307~309쪽.

46) 정진석, 「황무지 개간권과 항일논조(대한매일 秘史:9)」, 『서울신문』, 1998년 12월 14일, 13면.

47) 정진석, 「황무지 개간권과 항일논조(대한매일 秘史:9)」, 『서울신문』, 1998년 12월 14일, 13면.

48) 정진석, 「황무지 개간권과 항일논조(대한매일 秘史:9)」, 『서울신문』, 1998년 12월 14일, 13면; 이광린, 『한국사강좌 5:근대편』, 일조각, 1997, 185쪽.

49) 오동석, 「한국 근현대사에 나타난 언론통제법의 본질과 실상」, 『역사비평』, 계간3호(1988년 겨울), 293쪽; 강동진, 반민족연구소 엮음, 『한국을 장악하라: 통감부의 조선침략사』, 아세아문화사, 1995, 87쪽.

50) 손세일, 「[연재] 손세일의 비교 전기/한국 민족주의의 두 유형: 이승만과 김구」, 『월간조선』, 2002년 10월호; 이광린, 『개화기의 인물』, 연세대학교 출판부, 1993, 266~267쪽.

51) 김용구, 『세계외교사』, 서울대학교 출판부, 2006, 548쪽.

52) 손세일, 「[연재] 손세일의 비교 전기/한국 민족주의의 두 유형: 이승만과 김구」, 『월간조선』, 2002년 10월호.

53) 이상찬, 「을사조약이 아니라 한일 외교권 위탁 조약안이다」, 『역사비평』, 통권73호(2005년 겨울), 34쪽.

54) 손세일, 「[연재] 손세일의 비교 전기/한국 민족주의의 두 유형: 이승만과 김구」, 『월간조선』, 2002년 10월호; 김태웅, 『뿌리깊은 한국사 샘이깊은 이야기 6: 근대』, 솔, 2003, 268쪽.

55) 강만길 엮음, 『한국 자본주의의 역사: 빼앗긴 들에 서다』, 역사비평사, 2000, 87쪽.

56) 조정래, 『아리랑 1: 조정래 대하소설』, 해냄, 2001, 86쪽.

57) 최기영, 「한말 국민교육회의 설립에 관한 검토」, 한국근현대사연구회 편, 『한국근현대사연구』, 제1집, 한울, 1995, 29~62쪽.

58) 한상일, 『아시아 연대와 일본제국주의: 대륙낭인과 대륙팽창』, 오름, 2002, 181~182쪽.

59) 신봉승, 『역사 그리고 도전』, 답게, 1998, 68~69쪽.

60) 최기영, 「한말 국민교육회의 설립에 관한 검토」, 한국근현대사연구회 편, 『한국근현대사연구』, 제1집, 한울, 1995, 29~62쪽.

61) 최기영, 『한국근대계몽사상연구』, 일조각, 2003, 266쪽.

62) 조재곤, 『한국 근대사회와 보부상』, 혜안, 2001, 244, 248~252, 256쪽.

63) 이계형, 『고종황제의 마지막 특사: 이준의 구국운동』, 역사공간, 2007, 136쪽.

64) 조재곤, 『한국 근대사회와 보부상』, 혜안, 2001, 284~285쪽.

65) 박용규, 「중국과 일본의 근대신문 형성과정에 관한 비교연구」, 『한국사회와 언론 1: '포스트' 시대의 비판언론학』, 한울, 1992, 247~283쪽.

66) 정진석, 『언론유사』, 커뮤니케이션북스, 1999, 315쪽.

67) 이용원, 「배설과 양기탁의 삶」, 『서울신문』, 1998년 10월 19일, 3면.

68) 손제민, 「외신기자 눈에 비친 근현대사: 60여명 취재기 '한국의 목격자들' 출간」, 『경향신문』, 2006년 6월 5일, 21면.

69) 이광린, 「『대한매일신보』 간행에 대한 일고찰」, 이광린 외, 『대한매일신보연구: 인문연구논총 제16집』, 서강대학교 인문과학연구소, 1986, 5쪽.

70) F. A. 매켄지, 신복룡 역주, 『대한제국의 비극: 한말 외국인 기록 2』, 집문당, 1999, 200쪽.

71) 이광린, 「『대한매일신보』 간행에 대한 일고찰」, 이광린 외, 『대한매일신보연구: 인문연구논총 제16집』, 서강대학교 인문과학연구소, 1986, 11~12쪽.

72) 이광린, 「『대한매일신보』 간행에 대한 일고찰」, 이광린 외, 『대한매일신보연구: 인문연구논총 제16집』, 서강대학교 인문과학연구소, 1986, 14~15쪽.

73) 김삼웅, 『단재 신채호평전』, 시대의창, 2005, 115~121쪽.

74) 조동걸, 『현대 한국사학사』, 나남출판, 1998, 143쪽; 한영우, 『다시 찾는 우리역사 (3) 근대 · 현대』, 경세원, 2004, 117쪽; 한영우, 『한국민족주의역사학』, 일조각, 1994, 40~41쪽.

75) 오영섭, 「최남선: 한국의 역사가」, 『한국사 시민강좌』, 제37집, 일조각, 2005, 207쪽; 신용하, 『일제 식민지정책과 식민지근대화론 비판』, 문학과지성사, 2006, 91쪽.

76) 신인섭 · 서범석, 『한국광고사』, 나남, 1998, 31,46쪽.

77) 정진석, 『한국언론사』, 나남, 1990, 199~200쪽; 최준, 『한국신문사논고』, 일조각, 1995, 300~301쪽.

78) 황현, 김준 옮김, 『완역 매천야록』, 교문사, 1994, 731쪽.

79) 정진석, 『한국언론사』, 나남, 1990, 199~200쪽; 최준, 『한국신문사논고』, 일조각, 1995, 300~301쪽.

80) 김윤식, 『이광수와 그의 시대 1』, 솔, 1999, 137, 232쪽.

81) 정진석, 『한국언론사』, 나남, 1990, 198쪽.

82) 황현, 김준 옮김, 『완역 매천야록』, 교문사, 1994, 423쪽.

83) 앙드레 슈미드, 정여울 옮김, 『제국 그 사이의 한국 1895~1919』, 휴머니스트, 2007, 147쪽.

84) 정진석, 『역사와 언론인』, 커뮤니케이션북스, 2001, 131쪽에서 재인용.

85) 이광린의 분석; 채백, 「개화기의 언론수용자운동」, 『한국언론정보학회보』, 통권 18호(2002년 봄), 323쪽에서 재인용.

86) 정진석, 『역사와 언론인』, 커뮤니케이션북스, 2001, 132쪽.

87) 정진석, 『인물 한국언론사: 한국언론을 움직인 사람들』, 나남, 1995, 84~85쪽.

88) 정진석, 『역사와 언론인』, 커뮤니케이션북스, 2001, 133쪽.

89) 박노자, 「개화기 신문도 '촌지'를 먹었다: 『독립신문』 『제국신문』 등은 과연 민족지였나…고종의 하사금에 길들여져 정권 미화에 급급」, 『한겨레21』, 2005년 4월 19일, 84~85면.

90) 정진석, 『한국언론사연구』, 일조각, 1995, 395~396쪽.

제3장

1) 송민섭, 「친일에 가린 갑진개화운동 "민중 의식개혁 혁명이었다": 발발 100주년⋯동학학회서 재조명」, 『세계일보』, 2004년 9월 6일, 33면.

2) 이영호, 「[역사비평 기획시리즈]동학과 농민운동의 관계」, 『교수신문』, 2007년 6월 11일자; 최기영, 『한국근대계몽사상연구』, 일조각, 2003, 227쪽; 김윤식, 『이광수와 그의 시대 1』, 솔, 1999, 141쪽.

3) 박명규, 『한국 근대국가 형성과 농민』, 문학과지성사, 1997, 193쪽.

4) 박찬승, 『한국근대 정치사상사연구: 민족주의 우파의 실력양성운동론』, 역사비평사, 1992, 50쪽.

5) 박찬승, 『한국근대 정치사상사연구: 민족주의 우파의 실력양성운동론』, 역사비평사, 1992, 50~51쪽; 이이화, 「영원히 씻을 수 없는 매국노의 오명: 이완용과 송병준」, 역사문제연구소 편, 『인물로 보는 친일파 역사』, 역사비평사, 1993, 83~84쪽.

6) 박명규, 『한국 근대국가 형성과 농민』, 문학과지성사, 1997, 196쪽; 최기영, 『한국근대계몽사상연구』, 일조각, 2003, 238쪽.

7) 강창일, 『근대 일본의 조선침략과 대아시아주의: 우익 낭인의 행동과 사상을 중심으로』, 역사비평사, 2002, 210~211쪽.

8) 김도훈, 「의관에서 패션으로」, 한국역사연구회, 『우리는 지난 100년 동안 어떻게 살았을까 1』, 역사비평사, 1998, 158~159쪽.

9) 권보드래, 『한국 근대소설의 기원』, 소명출판, 2000, 290쪽.

10) 김윤식, 『이광수와 그의 시대 1』, 솔, 1999, 111쪽.

11) 임종국, 민족문제연구소 엮음, 『한국인의 생활과 풍속(상)』, 아세아문화사, 1995, 256쪽.

12) 김도훈, 「의관에서 패션으로」, 한국역사연구회, 『우리는 지난 100년 동안 어떻게 살았을까 1』, 역사비평사, 1998, 158~159쪽.

13) 김태수, 『꽃가치 피어 매혹케 하라: 신문광고로 본 근대의 풍경』, 황소자리, 2005, 330쪽.

14) 이승원, 『학교의 탄생: 100년전 학교의 풍경으로 본 근대의 일상』, 휴머니스트, 2005, 125~126쪽.

15) 고명수, 『나의 꽃밭에 님의 꽃이 피었습니다: 민족의 청년 한용운』, 한길사, 2000, 49~52쪽.

16) 송민섭, 「친일에 가린 갑진개화운동 "민중 의식개혁 혁명이었다": 발발 100주년⋯동학학회서 재조명」, 『세계일보』, 2004년 9월 6일, 33면.

17) 김삼웅 편저, 『친일파 100인 100문: 친일의 궤변, 매국의 논리』, 돌베개, 1995, 18~19쪽; 송민섭, 「친일에 가린 갑진개화운동 "민중 의식개혁 혁명이었다": 발발 100주년⋯동학학회서 재조명」, 『세계일보』, 2004년 9월 6일, 33면; 최기영, 『한국근대계몽사상연구』, 일조각, 2003, 240~244쪽.

18) 이영호, 「[역사비평 기획시리즈]동학과 농민운동의 관계」, 『교수신문』, 2007년 6월 11일자.

19) 송민섭, 「친일에 가린 갑진개화운동 "민중 의식개혁 혁명이었다": 발발 100주년⋯동학학회서 재조명」, 『세계일보』, 2004년 9월 6일, 33면.

20) 조현범, 『문명과 야만: 타자의 시선으로 본 19세기 조선』, 책세상, 2002, 124쪽; 김상수,
「[책갈피 속의 오늘] 1904년 국내 첫 공중화장실 등장」, 『동아일보』, 2007년 6월 21일자.

21) 박지향, 『일그러진 근대: 100년전 영국이 평가한 한국과 일본의 근대성』, 푸른역사, 2003,
102쪽.

22) 신복룡, 『이방인이 본 조선 다시읽기』, 풀빛, 2002, 164~165쪽.

23) 임종국, 민족문제연구소 엮음, 『한국인의 생활과 풍속(상)』, 아세아문화사, 1995, 191~192쪽.

24) 이연복 · 이경복, 『한국인의 미용풍속』, 월간에세이, 2000, 164~165쪽.

25) 고유경, 「한독관계 초기 독일인의 한국 인식에 나타난 근대의 시선」, 이화여대 한국문화연
구원, 『근대계몽기 지식의 발견과 사유 지평의 확대』, 소명출판, 2006, 349쪽.

26) 고유경, 「한독관계 초기 독일인의 한국 인식에 나타난 근대의 시선」, 이화여대 한국문화연
구원, 『근대계몽기 지식의 발견과 사유 지평의 확대』, 소명출판, 2006, 349~350쪽.

27) 신동원, 「20세기 전후 한국 사회의 위생, 의학과 근대성」, 장석만 외, 『한국 근대성 연구의
길을 묻다』, 돌베개, 2006, 104~105쪽.

28) 신동원, 「20세기 전후 한국 사회의 위생, 의학과 근대성」, 장석만 외, 『한국 근대성 연구의
길을 묻다』, 돌베개, 2006, 102쪽.

29) 신동원, 「세균설과 식민지 근대성 비판」, 『역사비평』, 통권58호(2002년 봄), 348쪽.

30) 고미숙, 「『독립신문』에 나타난 '위생' 담론의 배치」, 이화여대 한국문화연구원, 『근대계몽기
지식 개념의 수용과 그 변용』, 소명출판, 2004, 310쪽.

31) 김상수, 「[책갈피 속의 오늘] 1904년 국내 첫 공중화장실 등장」, 『동아일보』, 2007년 6월 21
일자.

32) 김상수, 「[책갈피 속의 오늘] 1904년 국내 첫 공중화장실 등장」, 『동아일보』, 2007년 6월 21
일자.

33) 권보드래, 『한국 근대소설의 기원』, 소명출판, 2000, 274쪽.

34) 권보드래, 『한국 근대소설의 기원』, 소명출판, 2000, 275~276쪽.

35) 이승원, 『학교의 탄생: 100년전 학교의 풍경으로 본 근대의 일상』, 휴머니스트, 2005, 138쪽.

36) 권보드래, 『한국 근대소설의 기원』, 소명출판, 2000, 275~276쪽.

37) 권보드래, 『한국 근대소설의 기원』, 소명출판, 2000, 275쪽; 고미숙, 「『대한매일신보』와 '병
리학'의 담론적 배치」, 이화여대 한국문화연구원, 『근대계몽기 지식의 굴절과 현실적 심화』,
소명출판, 2007, 205쪽.

38) 임종국, 민족문제연구소 엮음, 『한국인의 생활과 풍속(상)』, 아세아문화사, 1995, 93쪽.

39) 「한국인의 도박병」, 『경향신문』, 1999년 7월 14일, 2면.

40) 유승훈, 『다산과 연암, 노름에 빠지다』, 살림, 2006, 15쪽.

41) 유승훈, 『다산과 연암, 노름에 빠지다』, 살림, 2006, 169쪽.

42) 황상철, 「일제는 이땅에 화투를 남겼다」, 『한겨레』, 1997년 8월 18일, 25면.

43) 안선희, 「화투는 고유놀음? 허망한 주장」, 『한겨레』, 1997년 8월 18일, 25면; 박창섭, 「정
작 일본에선 "건달이나 하는 천한 놀이"」, 『한겨레』, 1997년 8월 18일, 25면.

44) 유승훈, 『다산과 연암, 노름에 빠지다』, 살림, 2006, 163~165쪽.

45) 유승훈, 『다산과 연암, 노름에 빠지다』, 살림, 2006, 22쪽에서 재인용.

46) 정진석, 『인물 한국언론사: 한국언론을 움직인 사람들』, 나남, 1995, 84~85쪽.

47) 유승훈, 『다산과 연암, 노름에 빠지다』, 살림, 2006, 162쪽.

48) 유승훈, 『다산과 연암, 노름에 빠지다』, 살림, 2006, 167쪽.

49) 손세일, 「[연재] 손세일의 비교 전기/한국 민족주의의 두 유형: 이승만과 김구」, 『월간조선』, 2002년 7월호.

50) 박성수, 「민권단체 등장과 반작용(秘錄 南柯夢:6)」, 『서울신문』, 1998년 4월 1일, 11면.

51) 주진오, 「청년기 이승만의 언론 · 정치활동 해외활동」, 『역사비평』, 계간33호(1996년 여름), 186쪽.

52) 손세일, 「[연재] 손세일의 비교 전기/한국 민족주의의 두 유형: 이승만과 김구」, 『월간조선』, 2002년 10월호; 이한우, 『거대한 생애 이승만 90년 (상)』, 조선일보사, 1995, 63~64쪽.

53) 손세일, 「[연재] 손세일의 비교 전기/한국 민족주의의 두 유형: 이승만과 김구」, 『월간조선』, 2002년 10월호; 이정식, 권기붕 옮김, 『초대 대통령 이승만의 청년시절』, 동아일보사, 2002, 197~220쪽; 김수진, 「[新한국교회사] (13) 의료선교사들의 활동」, 『국민일보』, 2001년 4월 18일, 18면.

54) 이정식, 권기붕 옮김, 『초대 대통령 이승만의 청년시절』, 동아일보사, 2002, 213~214쪽.

55) 유석재, 「100년 전 '헤이그 밀사'를 기억하는가」, 『조선일보』, 2007년 6월 9일자.

56) 이정식, 권기붕 옮김, 『초대 대통령 이승만의 청년시절』, 동아일보사, 2002, 218쪽.

57) 유석재, 「헤이그 밀사 100주년 (1) 제대로 된 '신임장'도 없이 떠난 길: 급조한 '황제의 밀서' 내밀지도 못하고…」, 『조선일보』, 2007년 6월 23일자.

58) 손세일, 「[연재] 손세일의 비교 전기/한국 민족주의의 두 유형: 이승만과 김구」, 『월간조선』, 2002년 10월호.

59) 손세일, 「[연재] 손세일의 비교 전기/한국 민족주의의 두 유형: 이승만과 김구」, 『월간조선』, 2002년 10월호; 정병준, 『우남 이승만연구: 한국 근대국가의 형성과 우파의 길』, 역사비평사, 2005, 87쪽.

60) 손세일, 「[연재] 손세일의 비교 전기/한국 민족주의의 두 유형: 이승만과 김구」, 『월간조선』, 2002년 10월호.

61) 서정주, 『우남 이승만전』, 화산문화기획, 1995, 99~104쪽; 손세일, 「[연재] 손세일의 비교 전기/한국 민족주의의 두 유형: 이승만과 김구」, 『월간조선』, 2002년 10월호; 이한우, 『거대한 생애 이승만 90년 (상)』, 조선일보사, 1995, 69쪽.

62) 잭 런던, 윤미기 옮김, 『잭 런던의 조선사람 엿보기: 1904년 러일전쟁 종군기』, 한울, 1995, 40쪽.

63) 잭 런던, 윤미기 옮김, 『잭 런던의 조선사람 엿보기: 1904년 러일전쟁 종군기』, 한울, 1995, 107쪽.

64) 조현범, 『문명과 야만: 타자의 시선으로 본 19세기 조선』, 책세상, 2002, 72쪽.

65) 박은숙, 『갑신정변연구: 조선의 근대적 개혁구상과 민중의 인식』, 역사비평사, 2005, 477쪽.

66) 류대영, 『초기 미국선교사 연구』, 한국기독교역사연구소, 2001, 72쪽.

67) G. W. 길모어, 신복룡 역주, 『서울풍물지: 한말 외국인 기록 17』, 집문당, 1999, 128쪽.

68) G. W. 길모어, 신복룡 역주, 『서울풍물지: 한말 외국인 기록 17』, 집문당, 1999, 69쪽.

69) 지그프리트 겐테, 권영경 옮김, 『독일인 겐테가 본 신선한 나라 조선, 1901』, 책과함께, 2007, 323쪽.

70) 경향신문 특별취재팀, 『우리도 몰랐던 한국의 힘』, 한스미디어, 2006, 27쪽.

71) 리처드 니스벳, 최인철 옮김, 『생각의 지도』, 김영사, 2004, 29쪽.

72) 허엽, 「한류에서 신바람을 찾자」, 『동아일보』, 2005년 1월 3일, A30면.

73) 아손 그렙스트, 김상열 옮김, 『스웨덴 기자 아손, 100년전 한국을 걷다: 을사조약 전야 대한 제국 여행기』, 책과함께, 2005, 106~107쪽.

제4장

1) 이헌재, 「[책갈피 속의 오늘]1901년 경부선 철도 기공」, 『동아일보』, 2007년 8월 21일자.

2) 아손 그렙스트, 김상열 옮김, 『스웨덴 기자 아손, 100년전 한국을 걷다: 을사조약 전야 대한제 국 여행기』, 책과함께, 2005, 43~45쪽; 백성현 · 이한우, 『파란 눈에 비친 하얀 조선』, 새날, 1999, 171~172쪽.

3) 이헌재, 「[책갈피 속의 오늘]1901년 경부선 철도 기공」, 『동아일보』, 2007년 8월 21일자.

4) 「개화백경 (54) 열등의식에 밀착된 서민의 전통적 철학」, 『조선일보』, 1968년 12월 3일, 4면.

5) 임종국, 민족문제연구소 엮음, 『한국인의 생활과 풍속(상)』, 아세아문화사, 1995, 306쪽.

6) 「개화백경 (54) 열등의식에 밀착된 서민의 전통적 철학」, 『조선일보』, 1968년 12월 3일, 4면.

7) 임종국, 민족문제연구소 엮음, 『한국인의 생활과 풍속(하)』, 아세아문화사, 1995, 142쪽.

8) 김정형, 「역사속의오늘: 경부선 운행 시작」, 『조선일보』, 2003년 1월 1일, A26면.

9) 김정형, 「역사속의오늘: 경부선 운행 시작」, 『조선일보』, 2003년 1월 1일, A26면.

10) 권보드래, 『한국 근대소설의 기원』, 소명출판, 2000, 294쪽.

11) 노형석, 『모던의 유혹 모던의 눈물: 근대 한국을 거닐다』, 생각의나무, 2004, 22쪽.

12) 정재정, 「우리에게 남긴 교훈: 러일전쟁 100주년」, 『한겨레』, 2004년 2월 17일, 6면; 정재정, 『일제침략과 한국철도(1892~1945)』, 서울대학교 출판부, 1999, 337쪽.

13) 노형석, 『한국 근대사의 풍경』, 생각의나무, 2006, 21~23쪽.

14) 정재정, 『일제침략과 한국철도(1892~1945)』, 서울대학교 출판부, 1999, 346~347쪽.

15) 리하르트 분쉬, 김종대 옮김, 『고종의 독일인 의사 분쉬』, 학고재, 1999, 136쪽.

16) 박천홍, 『매혹의 질주, 근대의 횡단: 철도로 돌아본 근대의 풍경』, 산처럼, 2003, 90~91쪽.

17) 권보드래, 『한국 근대소설의 기원』, 소명출판, 2000, 294쪽.

18) 권보드래, 『한국 근대소설의 기원』, 소명출판, 2000, 294쪽; 박진희, 「철도로 보는 근대의 풍경」, 국사편찬위원회 편, 『근현대과학기술과 삶의 변화』, 두산동아, 2005, 40쪽.

19) 박천홍, 『매혹의 질주, 근대의 횡단: 철도로 돌아본 근대의 풍경』, 산처럼, 2003, 353쪽.

20) H. B. 헐버트, 신복룡 역주, 『대한제국멸망사』, 집문당, 1999, 254쪽.

21) 강창일, 『근대 일본의 조선침략과 대아시아주의: 우익 낭인의 행동과 사상을 중심으로』, 역사비평사, 2002, 225쪽; 정재정, 「우리에게 남긴 교훈: 러일전쟁 100주년」, 『한겨레』, 2004년 2월 17일, 6면; 정재정, 『일제침략과 한국철도(1892~1945)』, 서울대학교 출판부, 1999, 322~323쪽.

22) 이이화, 「영원히 씻을 수 없는 매국노의 오명: 이완용과 송병준」, 역사문제연구소 편, 『인물로 보는 친일파 역사』, 역사비평사, 1993, 74~75쪽.

23) 박진희, 「철도로 보는 근대의 풍경」, 국사편찬위원회 편, 『근현대과학기술과 삶의 변화』, 두산동아, 2005, 44쪽; 김태호, 「조선 지식인의 과학 기술 읽기」, 국사편찬위원회 편, 『근현대과학기술과 삶의 변화』, 두산동아, 2005, 76~77쪽; 박천홍, 『매혹의 질주, 근대의 횡단: 철도로 돌아본 근대의 풍경』, 산처럼, 2003, 208~213쪽.

24) 이철성, 「만상, 의주의 퇴장과 신의주」, 국사편찬위원회 편, 『거상, 전국 상권을 장악하다』, 두산동아, 2005, 237쪽.

25) 김태호, 「조선 지식인의 과학 기술 읽기」, 국사편찬위원회 편, 『근현대과학기술과 삶의 변화』, 두산동아, 2005, 77쪽; 박천홍, 『매혹의 질주, 근대의 횡단: 철도로 돌아본 근대의 풍경』, 산처럼, 2003, 214~215쪽.

26) 조정래, 『아리랑 2: 조정래 대하소설』, 해냄, 2001, 175~176쪽.

27) 양문규, 「최남선 계몽주의의 역사적 한계」, 『역사비평』, 계간10호(1990년 가을), 197~198쪽.

28) 오성호, 「김동인 소설의 반역사성에 대하여」, 『역사비평』, 계간7호(1989년 겨울), 195쪽.

29) 박천홍, 『매혹의 질주, 근대의 횡단: 철도로 돌아본 근대의 풍경』, 산처럼, 2003, 47쪽.

30) 노주석, 「러 외교문서로 밝혀진 구한말 비사 (7) 불꽃 튀는 러, 일 첩보전」, 『대한매일』, 2002년 5월 30일, 23면.

31) 노주석, 「러 외교문서로 밝혀진 구한말 비사 (7) 불꽃 튀는 러, 일 첩보전」, 『대한매일』, 2002년 5월 30일, 23면.

32) 노주석, 「러 외교문서로 밝혀진 구한말 비사 (7) 불꽃 튀는 러, 일 첩보전」, 『대한매일』, 2002년 5월 30일, 23면.

33) 강성학, 『시베리아 횡단열차와 사무라이: 러일전쟁의 외교와 군사전략』, 고려대학교 출판부, 1999, 321~324쪽.

34) 송우혜, 「[운명의 20년] 10. 러일전쟁(1)-旅順전투: 日, 어둠 틈타 러함대 기습공격… "20세기 최초의 대전투"」, 『조선일보』, 2004년 9월 15일자.

35) 강성학, 『시베리아 횡단열차와 사무라이: 러일전쟁의 외교와 군사전략』, 고려대학교 출판부, 1999, 325, 346~347쪽.

36) 김학준, 『러시아혁명사』, 문학과지성사, 1979, 181쪽.

37) 송우혜, 「[운명의 20년] 11. 러일전쟁(2)-무기력한 대한제국: 조선땅서 러일전쟁 중인데도 지도층은 우왕좌왕만/무력하고 무능한 지도자와 제 집마저 버리고 도망치는 백성…」, 『조선일

보』, 2004년 9월 22일자.

38) 송우혜, 「[운명의 20년] 11. 러일전쟁②-무기력한 대한제국: 조선땅서 러일전쟁 중인데도 지도층은 우왕좌왕만/무력하고 무능한 지도자와 제 집마저 버리고 도망치는 백성…」, 『조선일보』, 2004년 9월 22일자.

39) 손세일, 「[연재] 손세일의 비교 전기/한국 민족주의의 두 유형: 이승만과 김구」, 『월간조선』, 2002년 12월호.

40) 김기정, 『미국의 동아시아 개입의 역사적 원형과 20세기 초 한미관계 연구』, 문학과지성사, 2003, 158~161쪽.

41) 강성학, 『시베리아 횡단열차와 사무라이: 러일전쟁의 외교와 군사전략』, 고려대학교 출판부, 1999, 385~386쪽.

42) 서영희, 「대한제국의 보호국화와 일제 통감부」, 『역사비평』, 통권52호(2000년 가을), 203쪽.

43) 이계형, 『고종황제의 마지막 특사: 이준의 구국운동』, 역사공간, 2007, 134쪽.

44) 강동진, 반민족연구소 엮음, 『한국을 장악하라: 통감부의 조선침략사』, 아세아문화사, 1995, 94~95쪽.

45) 안주섭·이부오·이영화, 『영토한국사』, 소나무, 2006, 206쪽; 배영대, 「키워드로 푸는 역시 (1) 한일의정서와 독도의 관계는?」, 『중앙일보』, 2007년 2월 26일, 21면.

46) 김민남 외, 『새로 쓰는 한국언론사』, 아침, 1993, 159~160쪽; 진용옥, 『봉화에서 텔레파시 통신까지: 정보와 통신의 원형을 찾아서』, 지성사, 1996, 313쪽.

47) 정일성, 『이토 히로부미: 알려지지 않은 이야기들』, 지식산업사, 2002, 158~159쪽.

48) 유의영, 「아메리카-풍요를 좇아 산 고난의 90년: 해외동포 이민애사, 그 유랑의 세월」, 『역사비평』, 계간14호(1991년 가을), 233쪽.

49) 앙드레 슈미드, 정여울 옮김, 『제국 그 사이의 한국 1895~1919』, 휴머니스트, 2007, 542쪽.

50) 앙드레 슈미드, 정여울 옮김, 『제국 그 사이의 한국 1895~1919』, 휴머니스트, 2007, 542~543쪽.

51) 손세일, 「[연재] 손세일의 비교 전기/한국 민족주의의 두 유형: 이승만과 김구」, 『월간조선』, 2002년 10월호.

52) 한윤정, 「다시 쓰는 한반도 100년 (9) 하와이 이민과 한·일 갈등」, 『경향신문』, 2001년 10월 13일, 7면.

53) 한윤정, 「다시 쓰는 한반도 100년 (9) 하와이 이민과 한·일 갈등」, 『경향신문』, 2001년 10월 13일, 7면.

54) 유의영, 「아메리카-풍요를 좇아 산 고난의 90년: 해외동포 이민애사, 그 유랑의 세월」, 『역사비평』, 계간14호(1991년 가을), 236쪽; 손세일, 「[연재] 손세일의 비교 전기/한국 민족주의의 두 유형: 이승만과 김구」, 『월간조선』, 2002년 10월호.

55) 조정래, 『아리랑 1: 조정래 대하소설』, 해냄, 2001, 325쪽; 윤병석, 『한국독립운동의 해외사적 탐방기』, 지식산업사, 1994, 291쪽.

56) 손세일, 「[연재] 손세일의 비교 전기/한국 민족주의의 두 유형: 이승만과 김구」, 『월간조선』,

2002년 10월호; 강재언, 『신편 한국근대사 연구』, 한울, 1995, 379쪽.

57) 유의영, 「아메리카-풍요를 좇아 산 고난의 90년: 해외동포 이민애사, 그 유랑의 세월」, 『역사비평』, 계간14호(1991년 가을), 236쪽.

58) 최기영, 「제6장. 한말-일제 시기 미주의 한인언론」, 위암장지연선생기념사업회, 『한국근대 언론과 민족운동』, 커뮤니케이션북스, 2001, 214~215쪽.

59) 최기영, 「제6장. 한말-일제 시기 미주의 한인언론」, 위암장지연선생기념사업회, 『한국근대 언론과 민족운동』, 커뮤니케이션북스, 2001, 228쪽.

60) 앙드레 슈미드, 정여울 옮김, 『제국 그 사이의 한국 1895~1919』, 휴머니스트, 2007, 543~544쪽.

61) 앙드레 슈미드, 정여울 옮김, 『제국 그 사이의 한국 1895~1919』, 휴머니스트, 2007, 541, 553쪽.

62) 임종국, 『밤의 일제 침략사』, 한빛문화사, 2004, 145~147쪽; 김학준, 『러시아혁명사』, 문학과지성사, 1979, 182~190쪽.

63) 임종국, 반민족문제연구소 엮음, 『친일, 그 과거와 현재』, 아세아문화사, 1994, 27쪽.

64) 강성학, 『시베리아 횡단열차와 사무라이: 러일전쟁의 외교와 군사전략』, 고려대학교 출판부, 1999, 338, 396, 400쪽.

65) http://blog.naver.com/lovewing79?Redirect=Log&logNo=20005773450&vid=0.; 정순태, 「세계사의 결정적 순간들 (10) 대한해협 해전: 도고의 일본 연합함대, 러시아 발틱한대를 격멸시키다」, 『월간조선』, 2004년 11월, 559쪽.

66) 김재엽, 『122년간의 동거: 전환기에 읽는 한미관계 이야기』, 살림, 2004, 56쪽.

67) 이민원, 「당시 국제 역학관계: 러일전쟁 100주년」, 『한겨레』, 2004년 2월 17일, 6면.

68) 한승동, 「'한반도 분할' 일본 아이디어: 러일전쟁 전 러에 제안/미, 일 전쟁비용 지원」, 『한겨레』, 2001년 4월 14일, 7면.

69) 강병한, 「"일본 전쟁비용 지원위해 루스벨트, 미사업가 동원"」, 『경향신문』, 2007년 4월 26일, 12면; 노용택·박지훈, 「"미, 일제 한반도 강점 적극 지원 러일전쟁 전비 제공"」, 『국민일보』, 2007년 4월 26일, 1면.

70) 한승동, 「여전히 가쓰라와 태프트의 세계」, 『한겨레21』, 2007년 8월 23일자.

71) 김민남 외, 『새로 쓰는 한국언론사』, 아침, 1993, 160~162쪽; 한기홍, 「고종의 '자강' …노무현의 '자주' …문제는 '현실': 한반도 1904 vs 2004 (3) 강대국 틈바구니 홀로서기」, 『동아일보』, 2004년 1월 8일, A8면.

72) 「"일제 36년도, 통일 안 된 것도 미국 탓"이라니(사설)」, 『조선일보』, 2005년 10월 3일, A23면.

73) 고정휴, 「독립운동기 이승만의 외교 노선과 제국주의」, 『역사비평』, 계간31호(1995년 겨울), 137쪽.

74) 주진오, 「청년기 이승만의 언론·정치활동 해외활동」, 『역사비평』, 계간33호(1996년 여름), 186쪽; 이달순, 『이승만 정치 연구』, 수원대학교 출판부, 2000, 62쪽.

75) 손세일, 「[연재] 손세일의 비교 전기/한국 민족주의의 두 유형: 이승만과 김구」, 『월간조선』,

2002년 12월호.

76) 고정휴, 「독립운동기 이승만의 외교 노선과 제국주의」, 『역사비평』, 계간31호(1995년 겨울), 138쪽.

77) 강병한, 「"일본 전쟁비용 지원위해 루스벨트, 미사업가 동원"」, 『경향신문』, 2007년 4월 26일, 12면.

78) 정수일, 「'장막 속의 조선' 이해하거나 오해하거나: '서양인이 본 조선'에 대한 기록들」, 『한겨레』, 2005년 4월 26일, 16면.

79) 김기정, 『미국의 동아시아 개입의 역사적 원형과 20세기 초 한미관계 연구』, 문학과지성사, 2003, 170~171쪽.

80) 김기정, 『미국의 동아시아 개입의 역사적 원형과 20세기 초 한미관계 연구』, 문학과지성사, 2003, 173~174쪽.

81) 고정휴, 「독립운동기 이승만의 외교 노선과 제국주의」, 『역사비평』, 계간31호(1995년 겨울), 138쪽.

82) 주진오, 「청년기 이승만의 언론·정치활동 해외활동」, 『역사비평』, 계간33호(1996년 여름), 189쪽.

83) 고정휴, 「독립운동기 이승만의 외교 노선과 제국주의」, 『역사비평』, 계간31호(1995년 겨울), 138~139쪽.

84) 송우혜, 「[운명의 20년] 국제사회, 대한제국을 전리품 처리하듯 日에 넘겨: 13. 러일전쟁(4)-포츠머스 강화조약」, 『조선일보』, 2004년 10월 13일자.

85) 이덕주, 『조선은 왜 일본의 식민지가 되었는가』, 에디터, 2004, 337쪽.

86) 이민원, 「당시 국제 역학관계: 러일전쟁 100주년」, 『한겨레』, 2004년 2월 17일, 6면.

87) 정일성, 『이토 히로부미: 알려지지 않은 이야기들』, 지식산업사, 2002, 108~109쪽.

88) 송우혜, 「[운명의 20년] 국제사회, 대한제국을 전리품 처리하듯 日에 넘겨: 13. 러일전쟁(4)-포츠머스 강화조약」, 『조선일보』, 2004년 10월 13일자.

89) 정일성, 『이토 히로부미: 알려지지 않은 이야기들』, 지식산업사, 2002, 112쪽.

90) 이덕주, 『조선은 왜 일본의 식민지가 되었는가』, 에디터, 2004, 286~287쪽.

91) 강성학, 『시베리아 횡단열차와 사무라이: 러일전쟁의 외교와 군사전략』, 고려대학교 출판부, 1999, 439~444쪽.

92) 강성학, 『시베리아 횡단열차와 사무라이: 러일전쟁의 외교와 군사전략』, 고려대학교 출판부, 1999, 449~450쪽.

93) 도진순, 「세기의 망각을 넘어서: 러일전쟁 100주년 기념행사를 중심으로」, 『역사비평』, 통권 77호(2006년 겨울), 301쪽.

94) 안영배, 「1899년 대한제국과 1999년 대한민국/ '어설픈 근대화론이 조선 망쳤고, 서툰 세계화가 국난 불렀다'」, 『신동아』, 1999년 3월, 528~545쪽.

95) 송우혜, 「[운명의 20년] 국제사회, 대한제국을 전리품 처리하듯 日에 넘겨: 13. 러일전쟁(4)-포츠머스 강화조약」, 『조선일보』, 2004년 10월 13일자.

96) 박노자 · 허동현, 『열강의 소용돌이에서 살아남기』, 푸른역사, 2005, 90쪽.

97) 이선민, 「"100년전 러 · 일전쟁이 우리 운명 결정": '국제관계…' 낸 최문형 교수」, 『조선일보』, 2004년 2월 12일, A19면.

98) 박중언, 「'제국주의 첫발' 인식 뒷전/ '강한 일본' 향수 부추겨: 러일전쟁 100주년」, 『한겨레』, 2004년 2월 17일, 6면.

99) 박중언, 「'제국주의 첫발' 인식 뒷전/ '강한 일본' 향수 부추겨: 러일전쟁 100주년」, 『한겨레』, 2004년 2월 17일, 6면.

100) 도진순, 「세기의 망각을 넘어서: 러일전쟁 100주년 기념행사를 중심으로」, 『역사비평』, 통권77호(2006년 겨울), 311쪽에서 재인용.

101) 왕현종, 「'한반도' 열강 각축 인식 실마리」, 『한겨레』, 2005년 2월 23일, 3면.

102) 정재정, 「우리에게 남긴 교훈: 러일전쟁 100주년」, 『한겨레』, 2004년 2월 17일, 6면.

제5장

1) 손세일, 「[연재] 손세일의 비교 전기/한국 민족주의의 두 유형: 이승만과 김구」, 『월간조선』, 2002년 12월호.

2) 김기정, 『미국의 동아시아 개입의 역사적 원형과 20세기 초 한미관계 연구』, 문학과지성사, 2003, 225쪽.

3) 손세일, 「[연재] 손세일의 비교 전기/한국 민족주의의 두 유형: 이승만과 김구」, 『월간조선』, 2002년 12월호.

4) 강병한, 「"일본 전쟁비용 지원위해 루스벨트, 미사업가 동원"」, 『경향신문』, 2007년 4월 26일, 12면.

5) 손세일, 「[연재] 손세일의 비교 전기/한국 민족주의의 두 유형: 이승만과 김구」, 『월간조선』, 2002년 12월호.

6) 강창일, 『근대 일본의 조선침략과 대아시아주의: 우익 낭인의 행동과 사상을 중심으로』, 역사비평사, 2002, 229~230쪽.

7) 한상일, 『아시아 연대와 일본제국주의: 대륙낭인과 대륙팽창』, 오름, 2002, 186쪽.

8) 강창일, 『근대 일본의 조선침략과 대아시아주의: 우익 낭인의 행동과 사상을 중심으로』, 역사비평사, 2002, 226쪽.

9) 강창일, 『근대 일본의 조선침략과 대아시아주의: 우익 낭인의 행동과 사상을 중심으로』, 역사비평사, 2002, 231쪽.

10) 최영창, 「군(軍)동원해 협박 강제체결: '을사늑약' 체결과정의 부당성」, 『문화일보』, 2005년 11월 19일, 19면.

11) 송우혜, 「스스로 운명 개척못한 대한제국, 결국 운명의 나락으로…/제2부 동학농민군 재봉기서 망국까지/14.을사조약」, 『조선일보』, 2004년 10월 20일자.

12) 송우혜, 「스스로 운명 개척못한 대한제국, 결국 운명의 나락으로…/제2부 동학농민군 재봉

기서 망국까지/14.을사조약」,『조선일보』, 2004년 10월 20일자.

13) 강동진, 반민족연구소 엮음,『한국을 장악하라: 통감부의 조선침략사』, 아세아문화사, 1995, 125~126쪽.

14) 손세일, 「[연재] 손세일의 비교 전기/한국 민족주의의 두 유형: 이승만과 김구」,『월간조선』, 2003년 1월호.

15) 최영창, 「군(軍)동원해 협박 강제체결: '을사늑약' 체결과정의 부당성」,『문화일보』, 2005년 11월 19일, 19면.

16) 윤덕한,『이완용편전: 애국과 매국의 두 얼굴』, 중심, 1999, 230, 236~237쪽; 강동진, 반민족연구소 엮음,『한국을 장악하라: 통감부의 조선침략사』, 아세아문화사, 1995, 122쪽.

17) 윤덕한,『이완용편전: 애국과 매국의 두 얼굴』, 중심, 1999, 230, 236~237쪽.

18) 강동진, 반민족연구소 엮음,『한국을 장악하라: 통감부의 조선침략사』, 아세아문화사, 1995, 130~131쪽.

19) 강동진, 반민족연구소 엮음,『한국을 장악하라: 통감부의 조선침략사』, 아세아문화사, 1995, 141쪽.

20) 강동진, 반민족연구소 엮음,『한국을 장악하라: 통감부의 조선침략사』, 아세아문화사, 1995, 144~145쪽.

21) 정운현, 「친일의 군상:19/을사5적 李根澤 일가(정직한 역사 되찾기)」,『서울신문』, 1998년 12월 28일, 6면; 윤덕한,『이완용평전: 애국과 매국의 두 얼굴』, 중심, 1999, 233~234쪽.

22) 윤덕한,『이완용평전: 애국과 매국의 두 얼굴』, 중심, 1999, 239~240쪽.

23) H. B. 헐버트, 신복룡 역주,『대한제국멸망사』, 집문당, 1999, 263~264쪽.

24) 김기정,『미국의 동아시아 개입의 역사적 원형과 20세기 초 한미관계 연구』, 문학과지성사, 2003, 226쪽.

25) 김재엽,『122년간의 동거: 전환기에 읽는 한미관계 이야기』, 살림, 2004, 61~62쪽.

26) 손세일, 「[연재] 손세일의 비교 전기/한국 민족주의의 두 유형: 이승만과 김구」,『월간조선』, 2002년 12월호.

27) 안영배, 「1899년 대한제국과 1999년 대한민국/ '어설픈 근대화론이 조선 망쳤고, 서툰 세계화가 국난 불렀다'」,『신동아』, 1999년 3월, 528~545쪽.

28) 손세일, 「[연재] 손세일의 비교 전기/한국 민족주의의 두 유형: 이승만과 김구」,『월간조선』, 2002년 12월호; 이상찬, 「을사조약과 병합조약은 성립하지 않았다」,『역사비평』, 계간31호(1995년 겨울), 235쪽.

29) 손세일, 「[연재] 손세일의 비교 전기/한국 민족주의의 두 유형: 이승만과 김구」,『월간조선』, 2002년 12월호.

30) 손세일, 「[연재] 손세일의 비교 전기/한국 민족주의의 두 유형: 이승만과 김구」,『월간조선』, 2002년 12월호.

31) 이상찬, 「을사조약과 병합조약은 성립하지 않았다」,『역사비평』, 계간31호(1995년 겨울), 225~227쪽; 이태진, 「한국병합은 성립하지 않았다」, 이태진 편저,『한국병합, 성립하지 않

았다』, 태학사, 2001, 68~69쪽.

32) 이상찬, 「을사조약이 아니라 한일 외교권 위탁 조약안이다」, 『역사비평』, 통권73호(2005년 겨울), 33~34쪽.

33) 이상찬, 「을사조약이 아니라 한일 외교권 위탁 조약안이다」, 『역사비평』, 통권73호(2005년 겨울), 34~35쪽.

34) 이상찬, 「을사조약이 아니라 한일 외교권 위탁 조약안이다」, 『역사비평』, 통권73호(2005년 겨울), 36쪽.

35) 이상찬, 「을사조약이 아니라 한일 외교권 위탁 조약안이다」, 『역사비평』, 통권73호(2005년 겨울), 37쪽.

36) 신용하, 『일제 식민지정책과 식민지근대화론 비판』, 문학과지성사, 2006, 427~433쪽.

37) 김범수, 「"조약은 불법·무효" 고종 친서 등 역사 증거 생생: '민족의 치욕' 을사늑약 체결 100년」, 『한국일보』, 2005년 11월 11일, A22면.

38) 김범수, 「"한반도 현상황 구한말 흡사 무효선언 이후 과제 점검을": 김삼웅 독립기념관장」, 『한국일보』, 2005년 11월 11일, A22면.

39) 강근주, 「[학술] "고종의 근대화 노력 복권돼야": 『고종시대의 재조명』 펴낸 이태진 교수」, 『뉴스메이커』, 2000년 8월 31일, 44~45면.

40) 윤덕한, 『이완용평전: 애국과 매국의 두 얼굴』, 중심, 1999, 235~236쪽.

41) 윤덕한, 『이완용평전: 애국과 매국의 두 얼굴』, 중심, 1999, 235~236쪽.

42) 이주영, 「『한국 근·현대사』 교과서의 역사인식: 식민통치와 독립운동의 시대를 중심으로」, 역사학회 편, 『한국 근·현대사 교과서의 '독립운동사' 서술과 쟁점』, 경인문화사, 2006, 23쪽.

43) 정진석, 「대한매일 비사 (7) 배설과 장지연」, 『대한매일』, 1998년 12월 7일, 13면; 손세일, 「[연재] 손세일의 비교 전기/한국 민족주의의 두 유형: 이승만과 김구」, 『월간조선』, 2003년 1월호.

44) 동아일보사, 『민족과 더불어 80년: 동아일보 1920~2000』, 동아일보사, 2000, 96쪽.

45) 최덕교 편저, 『한국잡지백년 1』, 현암사, 2004, 70쪽.

46) 송우혜, 「스스로 운명 개척못한 대한제국, 결국 운명의 나락으로…/제2부 동학농민군 재봉기서 망국까지/14. 을사조약」, 『조선일보』, 2004년 10월 20일자.

47) 김성호, 「황성신문과 동지적 관계(다시 태어난 '대한매일' :7)」, 『서울신문』, 1998년 10월 23일, 3면.

48) 김성호, 「황성신문과 동지적 관계(다시 태어난 '대한매일' :7)」, 『서울신문』, 1998년 10월 23일, 3면.

49) 최기영, 『『뎨국신문』 연구』, 서강대언론문화연구소, 1989, 63쪽.

50) 최준, 『한국신문사』, 일조각, 1987, 127~129쪽; 정진석, 「대한매일 비사 (8) 시일야방성대곡 전재」, 『대한매일』, 1998년 12월 10일, 14면.

51) 김진송, 『현대성의 형성: 서울에 딴스홀을 허(許)하라』, 현실문화연구, 1999, 11쪽.

52) 앙드레 슈미드, 정여울 옮김, 『제국 그 사이의 한국 1895~1919』, 휴머니스트, 2007, 147~
149쪽.

53) 조운찬, 「'사이불사' 민영환선생 다시 본다: 을사늑약 항거 순국 100주년」, 『경향신문』,
2005년 11월 30일, 22면.

54) 손세일, 「[연재] 손세일의 비교 전기/한국 민족주의의 두 유형: 이승만과 김구」, 『월간조선』,
2003년 1월호.

55) 손세일, 「[연재] 손세일의 비교 전기/한국 민족주의의 두 유형: 이승만과 김구」, 『월간조선』,
2003년 1월호.

56) 조운찬, 「'사이불사' 민영환선생 다시 본다: 을사늑약 항거 순국 100주년」, 『경향신문』,
2005년 11월 30일, 22면.

57) 손세일, 「[연재] 손세일의 비교 전기/한국 민족주의의 두 유형: 이승만과 김구」, 『월간조선』,
2003년 1월호.

58) 손세일, 「[연재] 손세일의 비교 전기/한국 민족주의의 두 유형: 이승만과 김구」, 『월간조선』,
2003년 1월호.

59) 손세일, 「[연재] 손세일의 비교 전기/한국 민족주의의 두 유형: 이승만과 김구」, 『월간조선』,
2003년 1월호; 이계형, 『고종황제의 마지막 특사: 이준의 구국운동』, 역사공간, 2007, 156쪽.

60) 권재현, 「서거 100주년 민영환을 다시 본다」, 『동아일보』, 2005년 11월 29일, A22면.

61) 최진환, 「순국지사 민영환은 두얼굴?」, 『한국일보』, 2004년 3월 20일, B1면.

62) 최준, 『한국신문사』, 일조각, 1987, 127~129쪽.

63) 이영훈, 「의견광고/ 한·약분쟁 등 이슈 있을 때마다 등장(광고의 세계)」, 『한국경제』1996년
6월 15일, 27면.

64) 손세일, 「[연재] 손세일의 비교 전기/한국 민족주의의 두 유형: 이승만과 김구」, 『월간조선』,
2003년 1월호; 조운찬, 「'사이불사' 민영환선생 다시 본다: 을사늑약 항거 순국 100주년」,
『경향신문』, 2005년 11월 30일, 22면; 박성수, 「격동의 대한제국 이면사 비록 남가몽 (23):
을사조약 국치」, 『서울신문』, 1998년 9월 16일, 14면; 신봉승, 『역사 그리고 도전』, 답게,
1998, 115쪽.

65) 박노자, 『우리가 몰랐던 동아시아』, 한겨레출판, 2007, 195쪽.

66) 강성학, 『시베리아 횡단열차와 사무라이: 러일전쟁의 외교와 군사전략』, 고려대학교 출판
부, 1999, 467쪽.

67) 김기정, 『미국의 동아시아 개입의 역사적 원형과 20세기 초 한미관계 연구』, 문학과지성사,
2003, 218쪽.

68) F. H. 해링튼, 이광린 역, 『개화기의 한미관계: 알렌 박사의 활동을 중심으로』, 일조각, 1973,
319~336쪽.

69) 민경배, 『알렌의 선교와 근대한미외교』, 연세대학교 출판부, 1991, 403쪽; 김재엽, 『122년간
의 동거: 전환기에 읽는 한미관계 이야기』, 살림, 2004, 55쪽.

70) 김기정, 『미국의 동아시아 개입의 역사적 원형과 20세기 초 한미관계 연구』, 문학과지성사,

2003, 217쪽.

71) F. H. 해링튼, 이광린 역, 『개화기의 한미관계: 알렌 박사의 활동을 중심으로』, 일조각, 1973, 344쪽; 김기정, 『미국의 동아시아 개입의 역사적 원형과 20세기 초 한미관계 연구』, 문학과 지성사, 2003, 211~212쪽.

72) 김기정, 『미국의 동아시아 개입의 역사적 원형과 20세기 초 한미관계 연구』, 문학과지성사, 2003, 253, 258, 263~264쪽.

73) 김기정, 『미국의 동아시아 개입의 역사적 원형과 20세기 초 한미관계 연구』, 문학과지성사, 2003, 218~219쪽.

74) F. H. 해링튼, 이광린 역, 『개화기의 한미관계: 알렌 박사의 활동을 중심으로』, 일조각, 1973, 344쪽.

75) 최문형, 『국제관계로 본 러일전쟁과 일본의 한국병합』, 지식산업사, 2004, 222쪽.

76) F. H. 해링튼, 이광린 역, 『개화기의 한미관계: 알렌 박사의 활동을 중심으로』, 일조각, 1973, 350쪽.

77) 김기정, 『미국의 동아시아 개입의 역사적 원형과 20세기 초 한미관계 연구』, 문학과지성사, 2003, 213~215쪽.

78) 김기정, 『미국의 동아시아 개입의 역사적 원형과 20세기 초 한미관계 연구』, 문학과지성사, 2003, 221쪽.

79) 김기정, 『미국의 동아시아 개입의 역사적 원형과 20세기 초 한미관계 연구』, 문학과지성사, 2003, 195~196쪽.

80) 김기정, 『미국의 동아시아 개입의 역사적 원형과 20세기 초 한미관계 연구』, 문학과지성사, 2003, 222~223쪽.

81) F. H. 해링튼, 이광린 역, 『개화기의 한미관계: 알렌 박사의 활동을 중심으로』, 일조각, 1973, 352~353쪽.

제6장

1) 김용휘, 『우리 학문으로서의 동학』, 책세상, 2007, 181~182쪽; 최기영, 『한국근대계몽사상연구』, 일조각, 2003, 250~251쪽.

2) 최기영, 『한국근대계몽사상연구』, 일조각, 2003, 280쪽.

3) 김용휘, 『우리 학문으로서의 동학』, 책세상, 2007, 139~141쪽.

4) 김정인, 「동학의 천하관」, 『역사비평』, 통권53호(2000년 겨울), 316쪽.

5) 최제우, 김용옥 역주, 『도올심득 동경대전 1』, 통나무, 2004, 122쪽.

6) 최기영, 『한국근대계몽사상연구』, 일조각, 2003, 251~252쪽.

7) 최기영, 『한국근대계몽사상연구』, 일조각, 2003, 257~258쪽.

8) 황선희, 『한국근대사상과 민족운동 I: 동학·천도교편』, 혜안, 1996, 149쪽.

9) 박찬승, 『한국근대 정치사상사연구: 민족주의 우파의 실력양성운동론』, 역사비평사, 1992, 51

쪽; 최기영, 『한국근대계몽사상연구』, 일조각, 2003, 258~259쪽.

10) 황선희, 『한국근대사상과 민족운동 I: 동학 · 천도교편』, 혜안, 1996, 153쪽.

11) 이이화, 「손병희 1861~1922(농민전쟁 1백년/동학 인물열전:28)」, 『한겨레』, 1994년 3월 22일, 9면.

12) 이이화, 「이상옥(이용구)1868~1912(농민전쟁1백년/동학인물열전:15)」, 『한겨레』, 1993년 12월 21일, 9면.

13) 이규태, 「경평 대항 축구」, 『조선일보』, 1990년 9월 21일, 5면.

14) 윤경헌 · 최창신, 『국기(國技) 축구 그 찬란한 아침: 이야기 한국체육사 3』, 국민체육진흥공단, 1997, 22쪽.

15) 김성원, 『한국 축구 발전사』, 살림, 2006, 3쪽.

16) 스테판 지만스키 · 앤드루 짐벌리스트, 김광우 옮김, 『왜? 세계는 축구에 열광하고 미국은 야구에 열광하나』, 에디터, 2006, 86~87쪽.

17) 장원재, 「내가 만난 김화집: 뿌리가 되고, 거름이 되어」, 대한축구협회 엮음, 『한국축구의 영웅들: 축구 명예의전당 헌액 7인 열전』, 랜덤하우스중앙, 2005, 243쪽.

18) 김성원, 『한국 축구 발전사』, 살림, 2006, 3쪽.

19) 안성암, 「금석한담/말씀한 분 김윤기씨/10대에는 속공이 최고 테크닉: '뮌헨행' 길목에서 살펴본 초기의 '한국축구'」, 『조선일보』, 1973년 5월 27일, 조간 4면.

20) 신봉승, 『역사 그리고 도전』, 답게, 1998, 145쪽.

21) 박찬호, 안동림 옮김, 『한국가요사 1895~1945』, 현암사, 1992, 37쪽.

22) 김희경, 「프리뷰 / 'YMCA 야구단' "베쓰뽈 하는데 양반 머슴 따로 있소?"」, 『동아일보』, 2002년 9월 27일, 52면.

23) 박은봉, 「항일전선에 선 개화기 선각자」, 『한겨레21』, 1997년 8월 28일, 83면.

24) 박은봉, 「항일전선에 선 개화기 선각자」, 『한겨레21』, 1997년 8월 28일, 83면.

25) 박석분 · 박은봉, 『인물여성사』, 새날, 1994, 90~91쪽.

26) 임숙자, 「의상의 멋」, 전완길 외, 『한국생활문화 100년 1894~1994』, 장원, 1995, 127~128쪽.

27) 임종국, 민족문제연구소 엮음, 『한국인의 생활과 풍속(상)』, 아세아문화사, 1995, 260쪽.

28) 이이화, 『이이화의 역사 풍속 기행』, 역사비평사, 1999, 54~56쪽.

29) 이이화, 『이이화의 역사 풍속 기행』, 역사비평사, 1999, 56~57쪽.

30) 이이화, 『이이화의 역사 풍속 기행』, 역사비평사, 1999, 57쪽.

31) 이종호, 『김옥균: 신이 사랑한 혁명가』, 일지사, 2002, 47쪽.

32) 이이화, 『이이화의 역사 풍속 기행』, 역사비평사, 1999, 58~59쪽.

33) 권보드래, 『한국 근대소설의 기원』, 소명출판, 2000, 277~279쪽.

34) 권보드래, 『한국 근대소설의 기원』, 소명출판, 2000, 279쪽.

35) 이승원, 『학교의 탄생: 100년전 학교의 풍경으로 본 근대의 일상』, 휴머니스트, 2005, 306~307쪽.

36) 김형찬, 「성(性)의 상품화 조선후기 본격진행: 사회사학회 향락문화 학술회의」, 『동아일보』,

2003년 12월 18일, A18면.

37) 전경옥 · 변신원 · 박진석 · 김은정, 『한국여성문화사: 한국여성근현대사 1 개화기~1945년』, 숙명여자대학교 아시아여성연구소, 2004, 195쪽.

38) 김형찬, 「성(性)의 상품화 조선후기 본격진행: 사회사학회 향락문화 학술회의」, 『동아일보』, 2003년 12월 18일, A18면.

39) 권보드래, 『한국 근대소설의 기원』, 소명출판, 2000, 280쪽; 야마시다 영애, 「식민지 지배와 공창 제도의 전개」, 한국사회사학회, 『사회와 역사』, 통권 제51집(1997년 봄), 148~149쪽.

40) 이이화, 『한국사 이야기 19: 오백년 왕국의 종말』, 한길사, 2003, 317쪽; 권보드래, 『한국 근대소설의 기원』, 소명출판, 2000, 282쪽; 야마시다 영애, 「식민지 지배와 공창 제도의 전개」, 한국사회사학회, 『사회와 역사』, 통권 제51집(1997년 봄), 153~154쪽.

41) 홍성철, 『유곽의 역사』, 페이퍼로드, 2007, 35~36쪽.

42) 임종국, 『밤의 일제 침략사』, 한빛문화사, 2004, 27~28쪽.

43) 이능화, 이재곤 옮김, 『조선해어화사』, 동문선, 1992, 442쪽; 임종국, 민족문제연구소 엮음, 『한국인의 생활과 풍속(상)』, 아세아문화사, 1995, 219쪽.

44) 김형찬, 「성(性)의 상품화 조선후기 본격진행: 사회사학회 향락문화 학술회의」, 『동아일보』, 2003년 12월 18일, A18면.

45) 강정숙, 「매매춘공화국」, 한국역사연구회, 『우리는 지난 100년 동안 어떻게 살았을까 2』, 역사비평사, 1998, 294쪽; 권보드래, 『한국 근대소설의 기원』, 소명출판, 2000, 282쪽; 이이화, 『한국사 이야기 19: 오백년 왕국의 종말』, 한길사, 2003, 317쪽.

46) 권보드래, 『한국 근대소설의 기원』, 소명출판, 2000, 284쪽.

47) 야마시다 영애, 「식민지 지배와 공창 제도의 전개」, 한국사회사학회, 『사회와 역사』, 통권 제51집(1997년 봄), 156쪽; 박정애, 「국가의 관리아래 신음하는 매춘 여성: 일제시대 공창제」, 여성사연구모임 길밖세상, 『20세기 여성사건사: 근대 여성교육의 시작에서 사이버 페미니즘까지』, 여성신문사, 2001, 32쪽.

48) 야마시다 영애, 「식민지 지배와 공창 제도의 전개」, 한국사회사학회, 『사회와 역사』, 통권 제51집(1997년 봄), 156쪽; 김태수, 『꽃가치 피어 매혹케 하라: 신문광고로 본 근대의 풍경』, 황소자리, 2005, 18쪽.

49) 이능화, 이재곤 옮김, 『조선해어화사』, 동문선, 1992, 443쪽; 박정애, 「날고싶은 '농중조': 일제시대 기생 이야기」, 여성사연구모임 길밖세상, 『20세기 여성사건사: 근대 여성교육의 시작에서 사이버 페미니즘까지』, 여성신문사, 2001, 80쪽.

50) 이규태, 『한국학 에세이 2: 한국의 재발견』, 신원문화사, 1995, 316쪽.

51) 「화장」, 『조선일보』, 1968년 7월 7일, 4면.

52) 야마시다 영애, 「식민지 지배와 공창 제도의 전개」, 한국사회사학회, 『사회와 역사』, 통권 제51집(1997년 봄), 158~159쪽.

53) 박종성, 『한국의 매춘: 매춘의 정치사회학』, 인간사랑, 1994, 74~75쪽.

54) 노동은, 「애국가 가사는 언제, 누가 만들었나」, 『역사비평』, 계간25호(1994년 여름), 27~28쪽.

55) 노동은, 「애국가 가사는 언제, 누가 만들었나」, 『역사비평』, 계간25호(1994년 여름), 31쪽.

56) 김상현, 「애국가 노래말 최병헌-윤치호 공동작품?: 애국가 작사자 논란」, 『뉴스플러스』, 1998년 10월 22일, 10면.

57) 김용운, 「'애국가' 누가 작사했나…논쟁 재연」, 『조선일보』, 1998년 2월 18일, 21면.

58) 김상현, 「애국가 노래말 최병헌-윤치호 공동작품?: 애국가 작사자 논란」, 『뉴스플러스』, 1998년 10월 22일, 10면.

59) 노동은, 「애국가 가사는 언제, 누가 만들었나」, 『역사비평』, 계간25호(1994년 여름), 40쪽.

60) 이이화, 『한국사 이야기 19: 오백년 왕국의 종말』, 한길사, 2003, 231~232쪽.

제7장

1) 최문형, 『국제관계로 본 러일전쟁과 일본의 한국병합』, 지식산업사, 2004, 325쪽; 황현, 김준 옮김, 『완역 매천야록』, 교문사, 1994, 646쪽.

2) 정일성, 『이토 히로부미: 알려지지 않은 이야기들』, 지식산업사, 2002, 146쪽.

3) 최문형, 『국제관계로 본 러일전쟁과 일본의 한국병합』, 지식산업사, 2004, 325쪽.

4) 강창석, 『조선 통감부 연구』, 국학자료원, 1994, 62~63쪽.

5) 이이화, 『한국사 이야기 19: 오백년 왕국의 종말』, 한길사, 2003, 187~188쪽.

6) 홍성철, 『유곽의 역사』, 페이퍼로드, 2007, 65~66쪽.

7) 정진석, 「대한매일 비사 (10) 고종밀서 보도의 충격」, 『대한매일』, 1998년 12월 21일, 13면.

8) 정진석, 「대한매일 비사 (10) 고종밀서 보도의 충격」, 『대한매일』, 1998년 12월 21일, 13면.

9) 정진석, 「고종밀서 보도의 충격(대한매일 秘史:11)」, 『서울신문』, 1998년 12월 24일, 11면.

10) 김범수, 「"조약은 불법·무효" 고종 친서 등 역사 증거 생생: '민족의 치욕' 을사늑약 체결 100년」, 『한국일보』, 2005년 11월 11일, A22면.

11) 이상찬, 「을사조약과 병합조약은 성립하지 않았다」, 『역사비평』, 계간31호(1995년 겨울), 236쪽.

12) 강동진, 반민족연구소 엮음, 『한국을 장악하라: 통감부의 조선침략사』, 아세아문화사, 1995, 154~156쪽.

13) 김범수, 「"조약은 불법·무효" 고종 친서 등 역사 증거 생생: '민족의 치욕' 을사늑약 체결 100년」, 『한국일보』, 2005년 11월 11일, A22면.

14) 이상찬, 「을사조약과 병합조약은 성립하지 않았다」, 『역사비평』, 계간31호(1995년 겨울), 235쪽.

15) 정진석, 「고종밀서 보도의 충격(대한매일 秘史:11)」, 『서울신문』, 1998년 12월 24일, 11면.

16) 정진석, 「고종밀서 보도의 충격(대한매일 秘史:11)」, 『서울신문』, 1998년 12월 24일, 11면.

17) 김영자 편저, 『조선왕국 이야기: 100년전 유럽인이 유럽에 전한』, 서문당, 1997, 91~92쪽.

18) 박찬승, 『한국근대 정치사상사연구: 민족주의 우파의 실력양성운동론』, 역사비평사, 1992, 32쪽.

19) 김상봉, 「교육과 권력」, 『역사비평』, 통권77호(2006년 겨울), 156쪽.

20) 강재언, 정창렬 역, 『한국의 개화사상』, 비봉출판사, 1989, 378~379쪽; 이태진, 「일본도 광무 근대화 성과 예의 주시했다」, 이태진 · 김재호 외, 『고종황제 역사청문회』, 푸른역사, 2005, 148쪽; 한영우, 『다시 찾는 우리역사 (3) 근대 · 현대』, 경세원, 2004, 92쪽.

21) 강동진, 반민족연구소 엮음, 『한국을 장악하라: 통감부의 조선침략사』, 아세아문화사, 1995, 57~58쪽.

22) 전봉관, 「친일파 송병준과 조선총독부가 천문학적 거금을 두고 벌인 음모극: 이용익의 '사라진 백만원 예금'」, 『신동아』, 2006년 7월, 528~542쪽.

23) 손세일, 「[연재] 손세일의 비교 전기/한국 민족주의의 두 유형: 이승만과 김구」, 『월간조선』, 2003년 1월호.

24) 김승태, 「한국 개신교와 근대 사학」, 『역사비평』, 통권70호(2005년 봄), 127쪽.

25) 손세일, 「[연재] 손세일의 비교 전기/한국 민족주의의 두 유형: 이승만과 김구」, 『월간조선』, 2003년 1월호.

26) 박찬승, 『한국근대 정치사상사연구: 민족주의 우파의 실력양성운동론』, 역사비평사, 1992, 32쪽.

27) 최덕교 편저, 『한국잡지백년 1』, 현암사, 2004, 68, 74쪽.

28) 박찬승, 『한국근대 정치사상사연구: 민족주의 우파의 실력양성운동론』, 역사비평사, 1992, 36쪽.

29) 박노자, 『우리가 몰랐던 동아시아』, 한겨레출판, 2007, 215~216쪽.

30) 박찬승, 「'애국계몽운동' 잘못 알고 있다」, 『역사비평』, 계간8호(1990년 봄), 282쪽.

31) 박찬승, 「'애국계몽운동' 잘못 알고 있다」, 『역사비평』, 계간8호(1990년 봄), 282쪽.

32) 박찬승, 「'애국계몽운동' 잘못 알고 있다」, 『역사비평』, 계간8호(1990년 봄), 282~283쪽.

33) 신용하, 『한국 항일독립운동사연구』, 경인문화사, 2006, 54쪽.

34) 박찬승, 「'애국계몽운동' 잘못 알고 있다」, 『역사비평』, 계간8호(1990년 봄), 288쪽.

35) 윤사순 · 이광래, 『우리 사상 100년』, 현암사, 2001, 65~70쪽; 김정인, 「식민지 민족종교의 두 얼굴」, 한국역사연구회, 『우리는 지난 100년 동안 어떻게 살았을까 1』, 역사비평사, 1998, 209쪽; 임중빈, 『단재 신채호 일대기』, 범우사, 2003, 185~186쪽; 한영우, 『한국민족주의 역사학』, 일조각, 1994, 56쪽; 이이화, 『한국사 이야기 19: 오백년 왕국의 종말』, 한길사, 2003, 291쪽.

36) 김필동, 『한국사회조직사연구: 계조직의 구조적 특성과 역사적 변동』, 일조각, 1992, 316쪽.

37) 이혜석, 「초기 미국 선교사들은 무엇을 전파하였나」, 역사문제연구소 편, 『바로 잡아야 할 우리 역사 37 장면 1』, 역사비평사, 1993, 26쪽.

38) 이혜석, 「초기 미국 선교사들은 무엇을 전파하였나」, 역사문제연구소 편, 『바로 잡아야 할 우리 역사 37 장면 1』, 역사비평사, 1993, 26쪽.

39) 이혜석, 「초기 미국 선교사들은 무엇을 전파하였나」, 역사문제연구소 편, 『바로 잡아야 할 우리 역사 37 장면 1』, 역사비평사, 1993, 27~29쪽.

40) 이혜석, 「초기 미국 선교사들은 무엇을 전파하였나」, 역사문제연구소 편, 『바로 잡아야 할 우리 역사 37 장면 1』, 역사비평사, 1993, 28쪽.

41) 금장태, 『한국의 선비와 선비정신』, 서울대학교 출판부, 2000, 252쪽.

42) 강재언, 『한국근대사』, 한울, 1990, 130~131쪽; 신봉승, 『역사 그리고 도전』, 답게, 1998, 130~131쪽.

43) 신봉승, 『역사 그리고 도전』, 답게, 1998, 132쪽.

44) 오영섭, 『고종황제와 한말의병』, 선인, 1007, 97쪽.

45) 이광표, 「면암의 의로운 순국/"왜놈밥 먹느니 굶어죽겠다" 대쪽답게 일군회유 물리쳐」, 『동아일보』, 1998년 3월 6일, 30면.

46) 이광표, 「면암의 의로운 순국/"왜놈밥 먹느니 굶어죽겠다" 대쪽답게 일군회유 물리쳐」, 『동아일보』, 1998년 3월 6일, 30면; 정민, 매천 황현〈1855~1910〉(새로 쓰는 선비론:20)」, 『동아일보』, 1998년 2월 27일, 30면.

47) 홍영기, 『대한제국기 호남의병 연구』, 일조각, 2004, 180쪽.

48) 정옥자, 「면암 최익현〈1833~1906〉(새로 쓰는 선비론:21)」, 『동아일보』, 1998년 3월 6일, 30면.

49) 유한철, 「중기의병사(1904~1907) 연구의 성과와 과제」, 한국근현대사연구회 편, 『한국근현대사연구』, 제1집, 한울, 1995, 248쪽.

50) 조정래, 『아리랑 2: 조정래 대하소설』, 해냄, 2001, 74쪽.

51) 조정래, 『아리랑 2: 조정래 대하소설』, 해냄, 2001, 74~75쪽.

52) 앙드레 슈미드, 정여울 옮김, 『제국 그 사이의 한국 1895~1919』, 휴머니스트, 2007, 334~335쪽.

53) 앙드레 슈미드, 정여울 옮김, 『제국 그 사이의 한국 1895~1919』, 휴머니스트, 2007, 335쪽.

54) 앙드레 슈미드, 정여울 옮김, 『제국 그 사이의 한국 1895~1919』, 휴머니스트, 2007, 335~337쪽.

55) 앙드레 슈미드, 정여울 옮김, 『제국 그 사이의 한국 1895~1919』, 휴머니스트, 2007, 337쪽.

56) 권보드래, 『한국 근대소설의 기원』, 소명출판, 2000, 308쪽.

57) 권보드래, 『한국 근대소설의 기원』, 소명출판, 2000, 307~308쪽.

58) 권재현, 「서거 100주년 민영환을 다시 본다」, 『동아일보』, 2005년 11월 29일, A22면; 조운찬, 「'사이불사' 민영환선생 다시 본다: 을사늑약 항거 순국 100주년」, 『경향신문』, 2005년 11월 30일, 22면.

59) 권재현, 「서거 100주년 민영환을 다시 본다」, 『동아일보』, 2005년 11월 29일, A22면.

60) 최진환, 「순국지사 민영환은 두얼굴?」, 『한국일보』, 2004년 3월 20일, B1면.

61) 최진환, 「순국지사 민영환은 두얼굴?」, 『한국일보』, 2004년 3월 20일, B1면.

62) 박노자, 『우리가 몰랐던 동아시아』, 한겨레출판, 2007, 194~195쪽.

63) 황현, 김준 옮김, 『완역 매천야록』, 교문사, 1994, 646쪽.

64) 윤덕한, 『이완용평전: 애국과 매국의 두 얼굴』, 중심, 1999, 243~244쪽.

65) 윤덕한, 『이완용평전: 애국과 매국의 두 얼굴』, 중심, 1999, 242~243쪽; 한상일, 「아시아

연대와 일본제국주의: 대륙낭인과 대륙팽창」, 오름, 2002, 184~185쪽.

66) 윤덕한, 『이완용평전: 애국과 매국의 두 얼굴』, 중심, 1999, 243쪽.

67) 최준, 『한국신문사논고』, 일조각, 1995, 302쪽.

68) 최준, 『한국신문사』, 일조각, 1987, 118~120쪽.

69) 최기영, 『한국근대계몽사상연구』, 일조각, 2003, 254~255쪽.

70) 박명규, 「한말 '사회' 개념의 수용과 그 의미 체계」, 한국사회사학회 편, 『사회와 역사 59』, 문학과지성사, 2001, 58~59쪽.

71) 윤소영, 「근대 한·일의 만들어진 '현모양처' 론」, 장남호 외, 『화혼양재와 한국근대』, 어문학사, 2006, 136쪽.

72) 윤택림, 『한국의 모성』, 지식마당, 2001, 42쪽.

73) 최기영, 『대한제국시기 신문연구』, 일조각, 1996, 112~113쪽.

74) 최기영, 『대한제국시기 신문연구』, 일조각, 1996, 112~113쪽.

75) 김복순, 「신소설─근대성과 애국사상」, 『역사비평』, 계간14호(1991년 가을), 356쪽.

76) 이임자, 『한국 출판과 베스트셀러 1883~1996』, 경인문화사, 1998, 230쪽; 윤명구, 「애국계몽기의 소설」, 김윤식·김우종 외, 『한국현대문학사』, 현대문학, 2005, 53쪽.

77) 이근호, 「고전여행 (75)/서울대 선정 동서양 200선: 이인직 『혈의 누』」, 『한국일보』, 1996년 10월 19일, 17면.

78) 권영민, 『한국현대문학사 1 1896~1945』, 민음사, 2002, 127쪽.

79) 임헌영, 「친일을 애국으로 착각한 지식인들: 이광수와 최남선」, 역사문제연구소 편, 『인물로 보는 친일과 역사』, 역사비평사, 1993, 113쪽.

80) 임헌영, 「친일을 애국으로 착각한 지식인들: 이광수와 최남선」, 역사문제연구소 편, 『인물로 보는 친일과 역사』, 역사비평사, 1993, 114쪽.

81) 정진석, 『인물한국언론사』, 나남, 1995, 118~119쪽.

82) 오성호, 「김동인 소설의 반역사성에 대하여」, 『역사비평』, 계간7호(1989년 겨울), 194~195쪽.

83) 김윤식·정호웅, 『한국소설사』, 문학동네, 2000, 63쪽.

84) 장석주, 『20세기 한국문학의 탐험 1 1900~1934』, 시공사, 2000, 85~86쪽.

85) 김민환, 『한국언론사』, 사회비평사, 1996, 204쪽; 정진석, 『한국언론사연구』, 일조각, 1995, 250쪽; 최준, 『한국신문사논고』, 일조각, 1995, 303쪽; 김민남 외, 『새로 쓰는 한국언론사』, 아침, 1993, 171쪽.

86) 이해창, 『한국신문사연구: 자료 중심』, 성문각, 1983, 74쪽.

87) 한원영, 『한국현대 신문연재소설연구 上』, 국학자료원, 1999, 108쪽.

88) 최기영, 『대한제국시기 신문연구』, 일조각, 1996, 124~125쪽.

89) 최기영, 『대한제국시기 신문연구』, 일조각, 1996, 128~133쪽.

90) 최기영, 『대한제국시기 신문연구』, 일조각, 1996, 128~133쪽.

91) 정진석, 『한국언론사』, 나남, 1990, 206쪽.

92) 오미환, 「국내 최고 천주교 '경향잡지' 100돌」, 『한국일보』, 2006년 10월 12일, 27면.

93) 김종락, 「"경향잡지는 한국교회사 산증인"」, 『문화일보』, 2006년 10월 11일, 28면.

94) 정진석, 『한국언론사』, 나남, 1990, 204쪽.

95) 한원영, 『한국신문 한세기: 개화기편』, 푸른사상, 2002, 587쪽.

제8장

1) 한국기독교역사연구소, 『한국 기독교의 역사 I』, 기독교문사, 1989, 270쪽.

2) 김석종, 「한국교회 '제2부흥' 꿈꾼다: '평양대부흥' 100돌」, 『경향신문』, 2007년 1월 5일, 24면.

3) 이덕주, 『초기한국기독교사연구』, 한국기독교역사연구소, 1995, 96쪽.

4) 이만열, 『한국기독교와 민족의식: 한국기독교사연구논고』, 지식산업사, 1991, 251쪽.

5) 박용규, 『평양대부흥운동: 100주년기념 개정판』, 생명의말씀사, 2007, 234쪽.

6) 이덕주, 『초기한국기독교사연구』, 한국기독교역사연구소, 1995, 99쪽.

7) 박재찬, 「원로목사 40인 "저희부터 무릎꿇고 참회합니다"… 목사안수 100주년 맞아 각성운동」, 『국민일보』, 2007년 8월 8일자.

8) 류대영, 『개화기 조선과 미국 선교사: 제국주의 침략, 개화자강, 그리고 미국 선교사』, 한국기독교역사연구소, 2004, 432~433쪽; 김석종, 「한국교회 '제2부흥' 꿈꾼다: '평양대부흥' 100돌」, 『경향신문』, 2007년 1월 5일, 24면.

9) 함태경, 「"교세 약하고 영적 지도력 부족 탓": 부산·경남서 평양대부흥운동 미미했던 이유」, 『국민일보』, 2006년 12월 22일, 29면.

10) 김석종, 「한국교회 '제2부흥' 꿈꾼다: '평양대부흥' 100돌」, 『경향신문』, 2007년 1월 5일, 24면.

11) 김무정, 「남북 손잡고 '100년만의 기도': 평양대부흥운동 시작된 장대현교회 옛터」, 『국민일보』, 2007년 1월 18일, 25면.

12) 조용래, 「한마당: 1907년」, 『국민일보』, 2007년 1월 17일, 27면.

13) 이태형, 「"평양대부흥, 삶 변화시킨 기적"… 성서학 심포지엄」, 『국민일보』, 2007년 5월 26일자.

14) 이태형, 「신학자들 '평양대부흥 100돌' 선언문 "사회적 책임 다할 것"」, 『국민일보』, 2007년 5월 28일자.

15) 김한수, 「"한국교회 부흥은 가슴치는 회개로부터": '평양대부흥 100주년' 기념대회… 10만여명 참석」, 『조선일보』, 2007년 7월 9일자.

16) 남경욱, 「목사안수100주년 참회기도회 준비 김형태 목사: "원로 목사들부터 무릎 꿇고 참회합니다"」, 『한국일보』, 2007년 8월 13일자.

17) 류대영, 『개화기 조선과 미국 선교사: 제국주의 침략, 개화자강, 그리고 미국 선교사』, 한국기독교역사연구소, 2004, 435쪽; 최기영, 『한국근대계몽사상연구』, 일조각, 2003, 338쪽.

18) 류대영, 『개화기 조선과 미국 선교사: 제국주의 침략, 개화자강, 그리고 미국 선교사』, 한국기독교역사연구소, 2004, 434쪽.

19) 이덕주, 『한국교회 처음 이야기』, 홍성사, 2006, 218쪽.

20) 주진오, 「미국제국주의의 조선침략과 친미파」, 『역사비평』, 계간3호(1988년 겨울), 82쪽.

21) 이만열, 『한국기독교와 민족의식: 한국기독교사연구논고』, 지식산업사, 1991, 250쪽.

22) 이만열, 『한국기독교와 민족의식: 한국기독교사연구논고』, 지식산업사, 1991, 250~251쪽.

23) 김정기, 「1882년 조미수호통상조약과 이권침탈」, 『역사비평』, 계간17호(1992년 여름), 31쪽

24) 이혜석, 「초기 미국 선교사들은 무엇을 전파하였나」, 역사문제연구소 편, 『바로 잡아야 할 우리 역사 37 장면 1』, 역사비평사, 1993, 28쪽.

25) 강성만, 「"기독교 친미보수 성향 평양대부흥이 그 뿌리": 김진호 목사, 당대비평 단행본서 비평」, 『한겨레』, 2007년 6월 28일자; 김진호, 「민주화 시대의 '미화화된 기독교'와 한국 보수주의」, 당대비평 편집위원회 엮음, 『더 작은 민주주의를 상상한다』, 웅진지식하우스, 2007, 213~233쪽.

26) 김석종, 「"평양대부흥은 기독교 보수화 뿌리" 민중사학자들 좌담」, 『경향신문』, 2007년 7월 6일자; 최형묵·백찬홍·김진호, 『무례한 자들의 크리스마스: 미국 복음주의를 모방한 한국 기독교 보수주의, 그 역사와 정치적 욕망』, 평사리, 2007, 285쪽.

27) 김석종, 「"평양대부흥은 기독교 보수화 뿌리" 민중사학자들 좌담」, 『경향신문』, 2007년 7월 6일자; 최형묵·백찬홍·김진호, 『무례한 자들의 크리스마스: 미국 복음주의를 모방한 한국 기독교 보수주의, 그 역사와 정치적 욕망』, 평사리, 2007, 287쪽.

28) 김태웅, 『뿌리깊은 한국사 샘이깊은 이야기 6: 근대』, 솔, 2003, 214쪽; 이윤상, 「대한제국을 좌지우지한 외국인 고문들」, 『역사비평』, 통권43호(1998년 여름), 152~153쪽; 강만길, 『고쳐쓴 한국근대사』, 창작과비평사, 1994, 260쪽; 강만길 엮음, 『한국 자본주의의 역사: 빼앗긴 들에 서다』, 역사비평사, 2000, 87쪽.

29) 이태진, 「식민사관의 덫을 경계해야 한다」, 이태진·김재호 외, 『고종황제 역사청문회』, 푸른역사, 2005, 31쪽.

30) 김재호, 「대한제국에는 황제만 산다」, 이태진·김재호 외, 『고종황제 역사청문회』, 푸른역사, 2005, 39쪽.

31) 안영배, 「1899년 대한제국과 1999년 대한민국/ '어설픈 근대화론이 조선 망쳤고, 서툰 세계화가 국난 불렀다'」, 『신동아』, 1999년 3월, 528~545쪽.

32) 구대선, 「"시민운동·기부문화 효시…큰 뜻 이어가자": '국채보상운동 100돌' 대구서 정신 되살리기 활발」, 『한겨레』, 2007년 2월 20일, 13면.

33) 전준호, 「"5,000만 동포가 서로 격려하면 담대 끊는 것이 어찌 걱정이랴": 국채보상운동 100주년…기념사업회 대대적 금연운동」, 『한국일보』, 2007년 1월 13일, 11면.

34) 「국채보상운동 100년, 그때 대구의 마음으로(사설)」, 『조선일보』, 2007년 2월 22일, A35면.

35) 이규태, 『한국인의 생활문화 1: 멋과 풍류의 생활철학』, 신원문화사, 2000, 47쪽.

36) 정진석, 「국채보상운동과 언론의 역할」, 신용하 외, 『일제경제침략과 국채보상운동』, 아세아문화사, 1994, 202~204쪽.

37) 이광린, 「『대한매일신보』 간행에 대한 일고찰」, 이광린 외, 『대한매일신보연구: 인문연구논

총 제16집』, 서강대학교 인문과학연구소, 1986, 45~46쪽; 조항래, 「국채보상운동의 발단과
전개」, 조항래 편저, 『1900년대의 애국계몽운동연구』, 아세아문화사, 1993, 238쪽; 정진석,
「국채보상운동과 언론의 역할」, 신용하 외, 『일제경제침략과 국채보상운동』, 아세아문화사,
1994, 204~205쪽.

38) 최덕교 편저, 『한국잡지백년 1』, 현암사, 2004, 114쪽.

39) 안영배, 「1899년 대한제국과 1999년 대한민국/ '어설픈 근대화론이 조선 망쳤고, 서툰 세계
화가 국난 불렀다'」, 『신동아』, 1999년 3월, 528~545쪽.

40) 김재영, 「다시 태어난 '대한매일' (11) 국채보상운동 앞장」, 『서울신문』, 1998년 10월 29일,
3면.

41) 김재영, 「다시 태어난 '대한매일' (11) 국채보상운동 앞장」, 『서울신문』, 1998년 10월 29일, 3
면.

42) 김정미, 「16. 시민의 힘으로 나라 빚 갚겠다! 국채보상운동」, 대구·경북역사연구회, 『역사
속의 대구, 대구사람들』, 중심, 2001, 222쪽.

43) 신동원, 「미국과 일본 보건의료의 조선 진출: 제중원과 우두법」, 『역사비평』, 통권56호(2001
년 가을), 341쪽; 황상익, 「한말 서양의학의 도입과 민중의 반응」, 『역사비평』, 통권44호
(1998년 가을), 272쪽.

44) 황상익, 「한국 근대의학 변천사」, 『전통과 현대』, 통권17호(2001년 겨울), 57~59쪽; 이광린,
『개화기의 인물』, 연세대학교 출판부, 1993, 184~188쪽.

45) 신동원, 「미국과 일본 보건의료의 조선 진출: 제중원과 우두법」, 『역사비평』, 통권56호(2001
년 가을), 342쪽; 김수진, 「新한국교회사」 (14) 제중원 확장과 의료선교 활동」, 『국민일보』,
2001년 4월 25일, 18면; 황상익, 「한국 근대의학 변천사」, 『전통과 현대』, 통권 17호(2001년
겨울), 60쪽.

46) 민경배, 『알렌의 선교와 근대한미외교』, 연세대학교 출판부, 1991, 419~420쪽.

47) 민경배, 『알렌의 선교와 근대한미외교』, 연세대학교 출판부, 1991, 421쪽.

48) 서정민, 『언더우드가 이야기: 한국과 가장 깊은 인연을 맺은 서양인 가문』, 살림, 2005, 108쪽.

49) 신동원, 「20세기 전후 한국 사회의 위생, 의학과 근대성」, 장석만 외, 『한국 근대성 연구의
길을 묻다』, 돌베개, 2006, 119, 122쪽.

50) 김종서, 「개화기 사회문화 변동과 종교인식」, 권태억 외, 『한국 근대사회와 문화 I: 19세기
말에서 20세기 초를 중심으로』, 서울대학교 출판부, 2003, 405쪽.

51) 노치준, 「한말의 근대화와 기독교」, 『역사비평』, 계간27호(1994년 겨울), 309쪽; 황상익, 「한
국 근대의학 변천사」, 『전통과 현대』, 통권17호(2001년 겨울), 59쪽.

52) 이광린, 『개화기의 인물』, 연세대학교 출판부, 1993, 192쪽.

53) 서정민, 『제중원과 초기 한국기독교』, 연세대학교출판부, 2003, 36~37쪽; 주진오, 「근대의
학 뿌리논쟁이 간과한 것」, 『경향신문』, 2007년 3월 22일, 27면.

54) 주진오, 「근대의학 뿌리논쟁이 간과한 것」, 『경향신문』, 2007년 3월 22일, 27면.

55) 임지선·이고은, 「대한의원 '일제 잔재' 논쟁」, 『경향신문』, 2007년 1월 9일, 11면.

56) 이경선, 「"대한의원 식민지배 수단으로 설립": 경희대 박윤재 박사」, 『국민일보』, 2007년 3월 6일, 9면.

57) 주진오, 「근대의학 뿌리논쟁이 간과한 것」, 『경향신문』, 2007년 3월 22일, 27면.

58) 주진오, 「근대의학 뿌리논쟁이 간과한 것」, 『경향신문』, 2007년 3월 22일, 27면.

59) 주진오, 「근대의학 뿌리논쟁이 간과한 것」, 『경향신문』, 2007년 3월 22일, 27면.

60) 윤민용, 「서울대병원 '대한의원 100돌·제중원 122돌' 국제 심포지엄」, 『경향신문』, 2007년 4월 3일, 23면.

61) 최유정미, 「세상을바꾼여성들/박에스더: 100년전 미국유학 첫 여의사 소외된 여성 '인술' 펴다 요절」, 『한겨레』, 2002년 8월 26일, 20면; 장명수, 「스승을 그리워하다」, 『한국일보』, 2007년 6월 1일자.

62) 강창일, 『근대 일본의 조선침략과 대아시아주의: 우익 낭인의 행동과 사상을 중심으로』, 역사비평사, 2002, 232쪽.

63) 강창일, 『근대 일본의 조선침략과 대아시아주의: 우익 낭인의 행동과 사상을 중심으로』, 역사비평사, 2002, 235~236쪽.

64) 윤덕한, 『이완용평전: 애국과 매국의 두 얼굴』, 중심, 1999, 249~250쪽.

65) 이이화, 「영원히 씻을 수 없는 매국노의 오명: 이완용과 송병준」, 역사문제연구소 편, 『인물로 보는 친일파 역사』, 역사비평사, 1993, 76쪽.

66) 서영희, 『대한제국 정치사 연구』, 서울대학교 출판부, 2003, 350쪽.

67) 무라세 신야, 「헤이그의 굴욕 경험한 이위종, 적군(赤軍)에 가담하다: 일본인 학자가 본 1907년 헤이그 밀사 사건」, 『월간조선』, 2007년 7월, 194쪽; 유석재, 「헤이그 밀사 100주년 (1) 제대로 된 '신임장'도 없이 떠난 길: 급조한 '황제의 밀서' 내밀지도 못하고…」, 『조선일보』, 2007년 6월 23일자; 최문형, 『국제관계로 본 러일전쟁과 일본의 한국병합』, 지식산업사, 2004, 366쪽.

68) 금동근, 「한국, 초청국 명단에 12번째 올라…' 불청객' 아니었다: 1907~2007 헤이그 특사 파견 100년」, 『동아일보』, 2007년 2월 17일, 3면.

69) 무라세 신야, 「헤이그의 굴욕 경험한 이위종, 적군(赤軍)에 가담하다: 일본인 학자가 본 1907년 헤이그 밀사 사건」, 『월간조선』, 2007년 7월, 194쪽; 정권현, 「100년 전의 6월」, 『조선일보』, 2007년 6월 7일자.

70) 금동근, 「한국, 초청국 명단에 12번째 올라… '불청객' 아니었다: 1907~2007 헤이그 특사 파견 100년」, 『동아일보』, 2007년 2월 17일, 3면.

71) 금동근, 「한국, 초청국 명단에 12번째 올라… '불청객' 아니었다: 1907~2007 헤이그 특사파견 100년」, 『동아일보』, 2007년 2월 17일, 3면.

72) 최문형, 『국제관계로 본 러일전쟁과 일본의 한국병합』, 지식산업사, 2004, 367쪽.

73) 노주석, 「러 외교문서로 밝혀진 구한말 비사 (4) 새로 밝혀진 사실들」, 『대한매일』, 2002년 5월 20일, 17면.

74) 노주석, 「러 외교문서로 밝혀진 구한말 비사 (4) 새로 밝혀진 사실들」, 『대한매일』, 2002년 5

월 20일, 17면.

75) 노주석, 「러 외교문서로 밝혀진 구한말 비사 (4) 새로 밝혀진 사실들」, 『대한매일』, 2002년 5월 20일, 17면.

76) 유석재, 「헤이그 밀사 100주년 [3] 러시아 황제의 '배신' : 앞에선 '돕겠다' 뒤에선 '밀사와 접촉말라'」, 『조선일보』, 2007년 6월 28일자.

77) 금동근, 「한국, 초청국 명단에 12번째 올라… '불청객' 아니었다: 1907~2007 헤이그 특사파견 100년」, 『동아일보』, 2007년 2월 17일, 3면.

78) 금동근, 「"정의를 찾아왔건만 여기도 정의란 없단 말인가": 당시 평화회의보에 실린 한국대표 절박한 호소」, 『동아일보』, 2007년 2월 17일, 3면.

79) 금동근, 「"정의를 찾아왔건만 여기도 정의란 없단 말인가": 당시 평화회의보에 실린 한국대표 절박한 호소」, 『동아일보』, 2007년 2월 17일, 3면; 정권현, 「100년 전의 6월」, 『조선일보』, 2007년 6월 7일자.

80) 무라세 신야, 「헤이그의 굴욕 경험한 이위종, 적군(赤軍)에 가담하다: 일본인 학자가 본 1907년 헤이그 밀사 사건」, 『월간조선』, 2007년 7월, 197쪽.

81) 이병구, 「100년 전 헤이그, 오늘의 한국」, 『한국일보』, 2007년 6월 28일자.

82) 금동근, 「"정의를 찾아왔건만 여기도 정의란 없단 말인가": 당시 평화회의보에 실린 한국대표 절박한 호소」, 『동아일보』, 2007년 2월 17일, 3면; 정권현, 「100년 전의 6월」, 『조선일보』, 2007년 6월 7일자.

83) 정권현, 「100년 전의 6월」, 『조선일보』, 2007년 6월 7일자.

84) 유석재, 「헤이그 밀사 100주년 [5・끝] 헤이그, 마지막 20일: 버려진 밀사들… 회의장 밖 광장서 "을사늑약은 무효"」, 『조선일보』, 2007년 7월 9일자.

85) 유석재, 「헤이그 밀사 100주년 [5・끝] 헤이그, 마지막 20일: 버려진 밀사들… 회의장 밖 광장서 "을사늑약은 무효"」, 『조선일보』, 2007년 7월 9일자.

86) 금동근, 「한국, 초청국 명단에 12번째 올라… '불청객' 아니었다: 1907~2007 헤이그 특사파견 100년」, 『동아일보』, 2007년 2월 17일, 3면.

87) 무라세 신야, 「헤이그의 굴욕 경험한 이위종, 적군(赤軍)에 가담하다: 일본인 학자가 본 1907년 헤이그 밀사 사건」, 『월간조선』, 2007년 7월, 200쪽.

88) 금동근, 「돌아오지 못한 그들의 길…우리가 가야 할 길: 헤이그 특사파견 100년」, 『동아일보』, 2007년 2월 17일, 1면.

89) 정운현, 『호외, 백년의 기억들: 강화도 조약에서 전두환 구속까지』, 삼인, 1997, 17쪽; 유석재, 「헤이그 밀사 100주년 [2] 이준 열사, 자결했나 분사(憤死)했나: 홀로 남은 이상설 '슬프다, 너무 슬프다'」, 『조선일보』, 2007년 6월 25일자.

90) 유석재, 「헤이그 밀사 100주년 [2] 이준 열사, 자결했나 분사(憤死)했나: 홀로 남은 이상설 '슬프다, 너무 슬프다'」, 『조선일보』, 2007년 6월 25일자; 유권하, 「이준 열사 순국 100주년 (下) 서울서 헤이그까지 여정 재구성」, 『중앙일보』, 2007년 6월 29일자; 이계형, 『고종황제의 마지막 특사: 이준의 구국운동』, 역사공간, 2007, 238쪽.

91) 금동근, 「"정의를 찾아왔건만 여기도 정의란 없단 말인가": 당시 평화회의보에 실린 한국대표 절박한 호소」, 『동아일보』, 2007년 2월 17일, 3면.

92) 유석재, 「헤이그 밀사 100주년 [5 · 끝] 헤이그, 마지막 20일: 버려진 밀사들… 회의장 밖 광장서 "을사늑약은 무효"」, 『조선일보』, 2007년 7월 9일자; 이계형, 『고종황제의 마지막 특사: 이준의 구국운동』, 역사공간, 2007, 250쪽.

93) 이영종, 「북한도 애국지사로 … 생가 개축: 신상옥 감독 납북 뒤 영화화」, 『중앙일보』, 2007년 6월 28일자.

94) 금동근, 「돌아오지 못한 그들의 길…우리가 가야 할 길: 헤이그 특사파견 100년」, 『동아일보』, 2007년 2월 17일, 1면.

95) 유석재, 「100년 전 '헤이그 밀사'를 기억하는가」, 『조선일보』, 2007년 6월 9일자.

96) 금동근, 「한국, 초청국 명단에 12번째 올라… '불청객' 아니었다: 1907~2007 헤이그 특사파견 100년」, 『동아일보』, 2007년 2월 17일, 3면; 김승현, 「이준 열사는 '우리나라 최초 검사'」, 『중앙일보』, 2007년 6월 29일자; 손택균 · 김진균, 「[헤이그 특사의 길을 따라서]⟨4⟩현지서 100주년 기념행사」, 『동아일보』, 2007년 7월 16일자; 김형수, 「이준 열사 순국이 항일투쟁 불 지폈다」, 『중앙일보』, 2007년 7월 16일자.

97) 김승욱, 「'할아버지의 나라' 찾아온 헐버트 박사 외손녀」, 『연합뉴스』, 2007년 8월 1일자.

98) 유용원, 「고종이 헐버트 박사에 보낸 편지 첫 공개: 헐버트박사 58주기 추모식서 외손녀가 전달」, 『조선일보』, 2007년 8월 4일자.

99) 이덕일, 「[이덕일 사랑] 고종의 비밀 금괴」, 『조선일보』, 2007년 8월 8일자.

100) 이상찬, 「을사조약과 병합조약은 성립하지 않았다」, 『역사비평』, 계간31호(1995년 겨울), 237쪽.

101) 김삼웅, 『친일정치 100년사』, 동풍, 1995, 63쪽.

102) 윤민용, 「이토 히로부미 고종 옭아매려 헤이그특사 방기」, 『경향신문』, 2007년 6월 22일자.

103) 윤민용, 「이토 히로부미 고종 옭아매려 헤이그특사 방기」, 『경향신문』, 2007년 6월 22일자.

104) 유윤종, 「책갈피속의오늘/1907년 대한제국 황제없는 양위식: "역적같은 놈들"」, 『동아일보』, 2005년 7월 20일, A27면.

105) 무라세 신야, 「헤이그의 굴욕 경험한 이위종, 적군(赤軍)에 가담하다: 일본인 학자가 본 1907년 헤이그 밀사 사건」, 『월간조선』, 2007년 7월, 200쪽.

106) 유윤종, 「책갈피속의오늘/1907년 대한제국 황제없는 양위식: "역적같은 놈들"」, 『동아일보』, 2005년 7월 20일, A27면.

107) 유윤종, 「책갈피속의오늘/1907년 대한제국 황제없는 양위식: "역적같은 놈들"」, 『동아일보』, 2005년 7월 20일, A27면.

108) 유윤종, 「책갈피속의오늘/1907년 대한제국 황제없는 양위식: "역적같은 놈들"」, 『동아일보』, 2005년 7월 20일, A27면.

109) 길윤형, 「공화국 시대 황실의 비극」, 『한겨레21』, 2006년 8월 29일, 34~36면.

110) 신동준, 「한국사 인물탐험/갑신정변의 주역에서 일본의 귀족된 박영효: '양반 타파'를 외친

철종의 사위 고종 제거-대통령을 꿈꾸다!」, 『월간조선』, 2007년 7월, 507쪽.

111) 강동진, 반민족연구소 엮음, 『한국을 장악하라: 통감부의 조선침략사』, 아세아문화사, 1995, 224~225쪽; 서영희, 『대한제국 정치사 연구』, 서울대학교 출판부, 2003, 371~372쪽.

112) 신동준, 「한국사 인물탐험/갑신정변의 주역에서 일본의 귀족된 박영효: '양반 타파'를 외친 철종의 사위 고종 제거-대통령을 꿈꾸다!」, 『월간조선』, 2007년 7월, 507쪽.

113) 박성수, 「박영효의 귀거래(秘錄 南柯夢:25)」, 『서울신문』, 1998년 10월 1일, 14면.

114) 이광린, 『개화기의 인물』, 연세대학교 출판부, 1993, 158~160쪽.

115) 이광린, 『개화기의 인물』, 연세대학교 출판부, 1993, 161쪽; 신동준, 「한국사 인물탐험/갑신정변의 주역에서 일본의 귀족된 박영효: '양반 타파'를 외친 철종의 사위 고종 제거-대통령을 꿈꾸다!」, 『월간조선』, 2007년 7월, 507쪽; 강재언, 『신편 한국근대사 연구』, 한울, 1995, 302~303쪽.

116) 이상찬, 「을사조약과 병합조약은 성립하지 않았다」, 『역사비평』, 계간31호(1995년 겨울), 242쪽.

117) 노주석, 「러 외교문서로 밝혀진 구한말 비사 (9) 고종-니콜라이2세 특별한 관계」, 『대한매일』, 2002년 6월 6일, 25면.

118) 이이화, 『오백년 왕국의 종말: 한국사 이야기 19』, 한길사, 2003, 296쪽.

119) 권보드래, 『한국 근대소설의 기원』, 소명출판, 2000, 290쪽.

120) 이이화, 『한국사 이야기 19: 오백년 왕국의 종말』, 한길사, 2003, 296쪽.

121) 이승원, 『학교의 탄생: 100년전 학교의 풍경으로 본 근대의 일상』, 휴머니스트, 2005, 135쪽.

122) 김상웅, 『심산 김창숙평전』, 시대의창, 2006, 122~123쪽.

123) 이규태, 『한국인의 민속문화 3: 우리 민속문화의 정체성』, 신원문화사, 2000, 139~140쪽.

124) 노주석, 「러 외교문서로 밝혀진 구한말 비사 (4) 새로 밝혀진 사실들」, 『대한매일』, 2002년 5월 20일, 17면.

125) 노주석, 「러 외교문서로 밝혀진 구한말 비사 (4) 새로 밝혀진 사실들」, 『대한매일』, 2002년 5월 20일, 17면.

126) 노주석, 「러 외교문서로 밝혀진 구한말 비사 (4) 새로 밝혀진 사실들」, 『대한매일』, 2002년 5월 20일, 17면.

127) 노주석, 「러 외교문서로 밝혀진 구한말 비사 (4) 새로 밝혀진 사실들」, 『대한매일』, 2002년 5월 20일, 17면.

128) 노주석, 「러 외교문서로 밝혀진 구한말 비사 (4) 새로 밝혀진 사실들」, 『대한매일』, 2002년 5월 20일, 17면.

제9장

1) 김용구, 『세계외교사』, 서울대학교 출판부, 2006, 551쪽.

2) 김용구, 『세계외교사』, 서울대학교 출판부, 2006, 551쪽.

3) 윤덕한, 『이완용평전: 애국과 매국의 두 얼굴』, 중심, 1999, 265~266쪽.

4) 이광린, 「『대한매일신보』 간행에 대한 일고찰」, 이광린 외, 『대한매일신보연구: 인문연구논총 제16집』, 서강대학교 인문과학연구소, 1986, 42쪽.

5) 박용, 「[책갈피 속의 오늘]1907년 대한제국 군대 해산」, 『동아일보』, 2007년 8월 1일자; 김택근, 「[여적]군대해산 100년」, 『경향신문』, 2007년 8월 1일자.

6) 윤덕한, 『이완용평전: 애국과 매국의 두 얼굴』, 중심, 1999, 267~268쪽; 나윤도, 「겨레의 맥박으로 89년 (7) 대한매일신보에서 서울신문까지」, 『서울신문』, 1993년 2월 9일, 7면.

7) 나윤도, 「겨레의 맥박으로 89년 (7) 대한매일신보에서 서울신문까지」, 『서울신문』, 1993년 2월 9일, 7면.

8) 오영섭, 「한말의 국내외 정세와 한국독립운동」, 역사학회 편, 『한국 근·현대사 교과서의 '독립운동사' 서술과 쟁점』, 경인문화사, 2006, 40~41쪽.

9) 김삼웅, 『친일정치 100년사』, 동풍, 1995, 65쪽.

10) 장석주, 『20세기 한국문학의 탐험 1 1900~1934』, 시공사, 2000, 95~96쪽.

11) 김택근, 「[여적]군대해산 100년」, 『경향신문』, 2007년 8월 1일자.

12) 김재영, 「다시 태어난 '대한매일' (13) 의병활동」, 『서울신문』, 1998년 10월 31일, 5면.

13) 강재언, 『한국근대사』, 한울, 1990, 132~135쪽.

14) 조정래, 『아리랑 1: 조정래 대하소설』, 해냄, 2001, 86~87쪽.

15) 김정환, 『역사의 희망과 희망의 역사: 근·현대편』, 푸른숲, 1998, 25쪽.

16) 조항래, 『한국사의 이해』, 아세아문화사, 2000, 333쪽.

17) 이광린, 『한국사강좌 5:근대편』, 일조각, 1997, 514쪽.

18) 신용하, 『한국 항일독립운동사연구』, 경인문화사, 2006, 23~24쪽.

19) 신용하, 『한국 항일독립운동사연구』, 경인문화사, 2006, 43쪽.

20) 김삼웅, 『서대문형무소 근현대사: 일제시대편』, 나남출판, 2000, 62~63쪽.

21) 김삼웅, 『서대문형무소 근현대사: 일제시대편』, 나남출판, 2000, 61~64쪽.

22) 채백, 「통신매체의 도입과 한국 근대의 사회변화」, 박정규 외, 『한국근대사회의 변화와 언론』, 한국정신문화연구원, 1995, 179~180쪽.

23) 채백, 「통신매체의 도입과 한국 근대의 사회변화」, 박정규 외, 『한국근대사회의 변화와 언론』, 한국정신문화연구원, 1995, 179~180쪽.

24) 서울특별시사편찬위원회 『서울 육백년사』 인터넷 홈페이지.

25) 강창일, 「일본 대륙낭인의 한반도 침략: 일본우익의 대아시아주의에 대한 이해를 위하여」, 『역사비평』, 계간28호(1995년 봄), 201쪽.

26) 홍영기, 『대한제국기 호남의병 연구』, 일조각, 2004, 412~420쪽.

27) 홍영기, 「1907~8년 일제의 자위단 조직과 한국인의 대응」, 한국근현대사연구회 편, 『한국근현대사연구』, 제3집, 한울, 1995, 98~99쪽; 홍영기, 『대한제국기 호남의병 연구』, 일조각, 2004, 443쪽.

28) 정일성, 『이토 히로부미: 알려지지 않은 이야기들』, 지식산업사, 2002, 147쪽.

29) 홍순권, 「의병학살의 참상과 '남한대토벌'」, 『역사비평』, 통권45호(1998년 겨울), 32쪽.

30) 박용규, 『평양 대부흥운동: 100주년기념 개정판』, 생명의말씀사, 2007, 572쪽; 홍영기, 『대한제국기 호남의병 연구』, 일조각, 2004, 431~435쪽.

31) 홍영기, 『대한제국기 호남의병 연구』, 일조각, 2004, 432~443쪽.

32) 이기훈, 「친일과 협력」, 『역사비평』, 통권73호(2005년 겨울), 48쪽.

33) 김학준, 『한말의 서양정치학 수용 연구: 유길준·안국선·이승만을 중심으로』, 서울대학교출판부, 2000, 58~59쪽.

34) 김학준, 『한말의 서양정치학 수용 연구: 유길준·안국선·이승만을 중심으로』, 서울대학교출판부, 2000, 59쪽.

35) 김윤희·이욱·홍준화, 『조선의 최후』, 다른세상, 2004, 100~101쪽; 윤병희, 「일본망명시절 유길준의 쿠데타음모사건」, 한국근현대사연구회 편, 『한국근현대사연구』, 제3집, 한울, 1995, 35~59쪽; 김원모, 『한미수교사: 조선보빙사의 미국사행편(1883)』, 철학과현실사, 1999, 294~295쪽.

36) 박노자, 『나를 배반한 역사』, 인물과사상사, 2003, 38쪽; 박노자, 『나는 폭력의 세기를 고발한다: 박노자의 한국적 근대 만들기』, 인물과사상사, 2005, 328쪽; 정용화, 『문명의 정치사상: 유길준과 근대 한국』, 문학과지성사, 2004, 107쪽.

37) 김원모, 『한미수교사: 조선보빙사의 미국사행편(1883)』, 철학과현실사, 1999, 300~301쪽.

38) 김원모, 『한미수교사: 조선보빙사의 미국사행편(1883)』, 철학과현실사, 1999, 306~307쪽.

39) 정용화, 『문명의 정치사상: 유길준과 근대 한국』, 문학과지성사, 2004, 108쪽; 이상찬, 「한말 지방자치 실시 논의와 그 성격」, 『역사비평』, 계간13호(1991년 여름), 25쪽; 박노자, 『우리가 몰랐던 동아시아』, 한겨레출판, 2007, 207~208쪽.

40) 김복수, 「유길준의 개화운동과 근대신문 창간에 미친 영향」, 『한국언론학보』, 제44-4호(2000년 가을), 12~13쪽.

41) 현광호, 「유길준과 안중근의 동아시아인식 비교: 중국과 일본에 대한 상이한 시선」, 『역사비평』, 통권76호(2006년 가을), 52쪽; 김복수, 「유길준의 개화운동과 근대신문 창간에 미친 영향」, 『한국언론학보』, 제44-4호(2000년 가을), 12~13쪽; 박노자, 『우리가 몰랐던 동아시아』, 한겨레출판, 2007, 207쪽.

42) 정용화, 『문명의 정치사상: 유길준과 근대 한국』, 문학과지성사, 2004, 102쪽.

43) 정용화, 『문명의 정치사상: 유길준과 근대 한국』, 문학과지성사, 2004, 102~103쪽.

44) 김태익, 「보존경위와 발견(유길준과 개화의 꿈 9)」, 『조선일보』, 1994년 11월 20일, 8면.

45) 이하원, 「'세계화 1세대'의 꿈 120년만에 꽃피다: 미 피바디 에섹스박물관의 '유길준 전시실'」, 『조선일보』, 2003년 9월 10일, A11면.

46) 최종고, 「역사적 의미(유길준과 개화의 꿈 8)」, 『조선일보』, 1994년 11월 18일, 6면.

47) 김재호, 「"훌륭한 인물 기리는 좋은 선례될 것": 유길준 선생 명예졸업장 가버너 더머 아카데미서」, 『조선일보』, 2003년 4월 21일, A19면.

48) 이하원, 「'세계화 1세대'의 꿈 120년만에 꽃피다: 미 피바디 에섹스박물관의 '유길준 전시

실」, 『조선일보』, 2003년 9월 10일, A11면.

49) 이진영, 「유길준, 일(日)남작작위 거부했다」, 『동아일보』, 2003년 12월 2일, A30면.

50) 하쓰다 토오루, 이태문 옮김, 『백화점: 도시문화의 근대』, 논형, 2003, 9쪽.

51) 하야시 히로시게, 김성호 옮김, 『미나카이백화점』, 논형, 2007, 35~44쪽.

52) 요시미 순야, 이태문 옮김, 『박람회: 근대의 시선』, 논형, 2004, 38~39쪽.

53) 박성진, 『한말~일제하 사회진화론과 식민지사회사상』, 선인, 2003, 249~250쪽.

54) 박천홍, 『매혹의 질주, 근대의 횡단: 철도로 돌아본 근대의 풍경』, 산처럼, 2003, 262쪽.

55) 민경배, 『알렌의 선교와 근대한미외교』, 연세대학교 출판부, 1991, 294~295쪽.

56) 백성현·이한우, 『파란 눈에 비친 하얀 조선』, 새날, 1999, 385쪽.

57) 요시미 순야, 이종욱 옮김, 『만국박람회의 환상: 전후 정치의 주술과 시민의식』, 논형, 2007, 44~45쪽.

58) 이승원, 『학교의 탄생: 100년전 학교의 풍경으로 본 근대의 일상』, 휴머니스트, 2005, 261~264쪽.

59) 박천홍, 『매혹의 질주, 근대의 횡단: 철도로 돌아본 근대의 풍경』, 산처럼, 2003, 257~258쪽.

60) 이승원, 『학교의 탄생: 100년전 학교의 풍경으로 본 근대의 일상』, 휴머니스트, 2005, 265~267쪽.

61) 신주백, 「박람회-과시·선전·계몽·소비의 체험공간」, 『역사비평』, 통권67호(2004년 여름), 375쪽; 박천홍, 『매혹의 질주, 근대의 횡단: 철도로 돌아본 근대의 풍경』, 산처럼, 2003, 263쪽.

62) 최인진, 『한국사진사 1631~1945』, 눈빛, 1999, 215~217쪽.

63) 최인진, 『한국사진사 1631~1945』, 눈빛, 1999, 259쪽.

64) 최인진, 『한국사진사 1631~1945』, 눈빛, 1999, 182~184쪽; 김태수, 『꽃가치 피어 매혹케 하라: 신문광고로 본 근대의 풍경』, 황소자리, 2005, 338쪽; 김일란, 「기생, 혹은 근대여성의 중식주체」, 『문화과학』, 제31호(2002년 가을), 269쪽.

65) 최인진, 『한국사진사 1631~1945』, 눈빛, 1999, 223쪽; 김태수, 『꽃가치 피어 매혹케 하라: 신문광고로 본 근대의 풍경』, 황소자리, 2005, 338쪽.

66) 박천홍, 『매혹의 질주, 근대의 횡단: 철도로 돌아본 근대의 풍경』, 산처럼, 2003, 60쪽.

67) 김영진, 「자동차」, 김성곤 외, 『21세기 문화 키워드 100』, 한국출판마케팅연구소, 2003, 307쪽.

68) 민족문제연구소 엮음, 『한국인의 생활과 풍속(상): 임종국 선집 3』, 아세아문화사, 1995, 120쪽.

69) 백성현·이한우, 『파란 눈에 비친 하얀 조선』, 새날, 1999, 122쪽.

70) 백성현·이한우, 『파란 눈에 비친 하얀 조선』, 새날, 1999, 125~126쪽.

71) 김형국, 「한국사학을 읽는 방외자의 넋두리」, 『한국사 시민강좌』, 제41집, 일조각, 2007, 225쪽.

72) 이규태, 『한국인의 민속문화 3: 우리 민속문화의 정체성』, 신원문화사, 2000, 92쪽; 이규태, 『한국인의 주거문화 2: 풍수지리로 보는 우리 문화』, 신원문화사, 2000, 136쪽.

73) 박천홍, 『매혹의 질주, 근대의 횡단: 철도로 돌아본 근대의 풍경』, 산처럼, 2003, 159쪽.

74) 김종혁, 「조선후기의 대로」, 『역사비평』, 통권69호(2004년 가을), 372쪽.

75) 이덕주, 『조선은 왜 일본의 식민지가 되었는가』, 에디터, 2004, 273쪽.

76) 박천홍, 『매혹의 질주, 근대의 횡단: 철도로 돌아본 근대의 풍경』, 산처럼, 2003, 176쪽.

77) 이윤상, 「대한제국의 경제정책과 재정상황」, 한영우 외, 『대한제국은 근대국가인가』, 푸른역사, 2006, 112쪽.

78) 김형국, 「한국사학을 읽는 방외자의 넋두리」, 『한국사 시민강좌』, 제41집, 일조각, 2007, 225쪽.

79) 잭 런던, 윤미기 옮김, 『잭 런던의 조선사람 엿보기: 1904년 러일전쟁 종군기』, 한울, 1995, 37~38쪽.

80) 조정래, 『아리랑 2: 조정래 대하소설』, 해냄, 2001, 67, 132, 173~174쪽.

81) 주강현, 「근대 문화유산의 보고 군산: 수탈첨병 은행건물엔 불꺼진 카바레 간판만」, 『서울신문』, 2005년 2월 21일, 23면; 이형렬, 「광복 60돌…일제 쌀 수탈현장 미공개사진 지상전시」, 『새전북신문』, 2005년 8월 10일, 16면; 김중규, 『군산이야기: 고지도와 옛사진으로 풀어본 군산역사』, 나인, 2001, 240쪽.

82) 노형석, 『모던의 유혹 모던의 눈물: 근대 한국을 거닐다』, 생각의나무, 2004, 78쪽.

83) 이창구, 「구한말엔 인력거 우측 통행: 경찰청 당시 관보 분석」, 『대한매일』, 2003년 2월 24일, 15면; 박천홍, 『매혹의 질주, 근대의 횡단: 철도로 돌아본 근대의 풍경』, 산처럼, 2003, 149~150쪽.

84) 김동국, 「좌측보행 87년 만에 바뀌려나」, 『한국일보』, 2007년 9월 5일, 12면.

85) 윤복자, 「위생생활의 변천」, 전완길 외, 『한국생활문화 100년 1894~1994』, 장원, 1995, 296~297쪽.

86) 박진희, 「과학기술, 우리의 일상을 바꾸어 놓다」, 국사편찬위원회 편, 『근현대과학기술과 삶의 변화』, 두산동아, 2005, 288쪽.

87) 조정래, 『아리랑 2: 조정래 대하소설』, 해냄, 2001, 8~9쪽.

88) 강효상, 「통계로 본 구한말/갑오경장 백주년 통계청 공개」, 『조선일보』, 1994년 7월 29일, 10면.

89) 박진희, 「과학기술, 우리의 일상을 바꾸어 놓다」, 국사편찬위원회 편, 『근현대과학기술과 삶의 변화』, 두산동아, 2005, 288~289쪽.

90) 강충식·박승기, 「국내 물값 세계최저 수준」, 『서울신문』, 2006년 3월 22일, 7면.

91) 이광린, 「『대한매일신보』 간행에 대한 일고찰」, 이광린 외, 『대한매일신보연구: 인문연구논총 제16집』, 서강대학교 인문과학연구소, 1986, 21쪽.

92) 최준, 『한국신문사논고』, 일조각, 1995, 277쪽.

93) 채백, 「개화기의 언론수용자운동」, 『한국언론정보학회보』, 통권 18호(2002년 봄), 324쪽.

94) 박노자, 「개화기 신문도 '촌지'를 먹었다: 『독립신문』『제국신문』 등은 과연 민족지였나…고종의 하사금에 길들여져 정권 미화에 급급」, 『한겨레21』, 2005년 4월 19일, 84~85면.

95) F. A. 매켄지, 신복룡 역주, 『대한제국의 비극』, 집문당, 1999, 208쪽.

96) 이광린, 「『대한매일신보』 간행에 대한 일고찰」, 이광린 외, 『대한매일신보연구: 인문연구논 총 제16집』, 서강대학교 인문과학연구소, 1986, 43쪽.

97) 이광린, 「『대한매일신보』 간행에 대한 일고찰」, 이광린 외, 『대한매일신보연구: 인문연구논 총 제16집』, 서강대학교 인문과학연구소, 1986, 33쪽.

98) 이광린, 「『대한매일신보』 간행에 대한 일고찰」, 이광린 외, 『대한매일신보연구: 인문연구논 총 제16집』, 서강대학교 인문과학연구소, 1986, 33쪽; 정진석, 『한국언론사』, 나남, 1990, 241쪽; 이기백, 『한국사신론』, 일조각, 1997, 421쪽.

99) 김민환, 『개화기 민족지의 사회사상』, 나남, 1988, 69쪽.

100) 한철호, 「한국: 우리에게 러일전쟁은 무엇인가」, 『역사비평』, 통권69호(2004년 가을), 302쪽.

101) 박노자, 『나를 배반한 역사』, 인물과사상사, 2003, 53쪽.

102) 리용필, 『조선신문 100년사』, 나남, 1993, 69~71쪽; 이광린, 「『대한매일신보』 간행에 대한 일고찰」, 이광린 외, 『대한매일신보연구: 인문연구논총 제16집』, 서강대학교 인문과학연구 소, 1986, 34~35쪽; 김재영, 「다시 태어난 '대한매일' (13) 의병활동」, 『서울신문』, 1998년 10월 31일, 5면; 정용화, 『문명의 정치사상: 유길준과 근대 한국』, 문학과지성사, 2004, 103쪽.

103) 박노자, 『우승열패의 신화』, 한겨레신문사, 2005, 370쪽.

104) 김민환, 『개화기 민족지의 사회사상』, 나남, 1988, 275~276쪽.

105) 이용원, 「대한매일신보 명논설 4편」, 『서울신문』, 1998년 11월 4일, 5면.

106) 이용원, 「대한매일신보 명논설 4편」, 『서울신문』, 1998년 11월 4일, 5면.

107) 이승원, 『학교의 탄생: 100년전 학교의 풍경으로 본 근대의 일상』, 휴머니스트, 2005, 345쪽.

108) 이승원, 『학교의 탄생: 100년전 학교의 풍경으로 본 근대의 일상』, 휴머니스트, 2005, 348쪽.